Von Whisky, Werwölfen und Weichspüler

Spendenanthologie

Lektorat/Korrektorat von: Rieke Conzen, rc-lektorat.de

Coverdesign und Illustrationen von: Eva Schlosser, lunar-coverdesign.at

Herstellung und Verlag:
BoD – Books on Demand, Norderstedt

ISBN: 9783758368394

INHALTSVERZEICHNIS

Vorwort

Wenn eine Autorin und eine Lektorin feststellen, dass es trotz aller gemeinschaftlichen Vereine und ehrenamtlichen Tätigkeiten, trotz der wertvollen Aufklärungsarbeit und des fortschreitenden Denkwandels im Bezug auf Diversität und Tierwohl immer etwas gibt, das man tun kann, dann entsteht eine wunderbare Idee.

Eine Idee, die in der Zusammenarbeit mit 20 weiteren Schreibenden zu etwas Großem und Wunderbarem gewachsen ist, das mitunter nicht die Welt verändern oder gar retten kann, aber seinen Teil dazu beiträgt, dass der Tierschutzverein aktion tier weiterhin so wichtige und wertvolle Arbeit leisten kann.

Wir wünschen spannende, humorvolle, schmachtende und einmalige Lesestunden, bei denen das Bummeln durch die Geschichten so viel mehr erreichen kann, als nur Türen zu neuen Welten zu öffnen.

Anna Kügler wurde am gleichen Tag geboren wie E. A. Poe, allerdings fast 200 Jahre später. Sie lebt und liebt in einem Dorf bei Göttingen, wo sie hauptberuflich als Gesundheits- und Krankenpflegerin arbeitet. In ihrer Freizeit schreibt sie Dystopien mit einem kleinen Touch Hoffnung. Ihr Debütroman *SPLITTERSTERNE – Toter Himmel* erschien 2023.

Anna Kügler

Seidiges Haar

Ich wusste, dass etwas faul war, als mich abends auf dem Esstisch ein Glas Whisky erwartete, und zwar neben einem Zettel, auf dem stand: *Trink erst mal was, Paps, und komm dann ins Wohnzimmer.*

Nach all den Jahren kannte ich meine Töchter gut genug, um ihren Worten Folge zu leisten. Sicherheitshalber goss ich mir noch ein zweites Glas ein, bevor ich die gute Stube betrat.

Dort saßen meine acht Töchter auf Sofa und Sessel versammelt und guckten mir betreten entgegen.

»Äh, Paps«, fing Marta an. Sie war die Älteste und die anderen bewunderten sie für ihre drei Minuten Vorsprung vor Sally. »Sei bitte nicht sauer.«

»Du *hast* doch was getrunken, oder?«, vergewisserte Angie sich.

Vielleicht sollte ich demnächst mal ein Gespräch darüber führen, dass Alkohol keine Probleme löste. Bei dem Anblick, der sich mir bot, wünschte ich mir allerdings, viel mehr als nur ein Glas Whisky intus zu haben.

Die Mädchen sahen aus, als hätten die Achtzigerjahre ein Comeback gefeiert und dabei die doppelte Dosis an Haarspray verwendet – um anschließend fröhlich ein paar Cheerleader-Pompons in die Luft zu jagen, auf den Köpfen meiner Kinder zu befestigen und das Ergebnis dann *Frisur* zu nennen. Das Whisky-Glas entglitt meinen Fingern.

June rollte sich von der Couch und fing es auf, bevor es den Boden erreichte. Nicht ein Tropfen Alkohol wurde vergossen. Mit reumütigem Gesichtsausdruck gab sie es mir zurück. »Nicht sauer sein«, bat sie kleinlaut.

Ich brauchte einen Moment – und einen großen Schluck –, um meine Stimme wiederzufinden. »Was ist hier passiert?«, fragte ich dann – nicht

3

gerade originell, aber man sah auch selten seine Kinder mit explodierten Dauerwellen auf dem Kopf.

Auf dem Sofa gab es ein allgemeines Ellbogengeschubse, an dessen Ende Marta sich räusperte. »Na jaaa«, fing sie an und gab sich dabei sehr erwachsen. Dass ihre Haare aussahen wie ein geplatztes Sofakissen, half nicht. »Weißt du, Paps, es gibt doch diese App.«

»MoonTok«, warf Carla hilfsbereit ein. »Du weißt schon, mit diesen Videos.«

Oh, ganz toll. Ich scheuchte Sina und Bella mit einer Handbewegung vom Sessel runter und setzte mich. »Ich ahne Furchtbares.«

Nora grinste hilflos unter ihrer gruseligen Puschelfrisur. »Jaaa, Paps, aber du siehst das völlig falsch.«

Was gab es daran denn bitte falsch zu sehen? Eine riesige Onlineplattform, auf der junge Werwölfe sich dämliche Videos schickten, in denen sie beinahe von Menschen bei der Verwandlung gesehen wurden oder versuchten, in Wolfsgestalt Menschendinge zu bedienen, zum Beispiel Fahrstühle, Computer oder so etwas Simples wie Besteck.

»Na, ich weiß ja nicht«, fing ich an, doch ich kam nicht weit.

»Neiiiin, Paps, das ist total wichtig!«, unterbrach Marta mich und fand zustimmendes Nicken bei all ihren Schwestern. Was eine Überraschung. »Wir haben doch sonst sooo wenig Möglichkeiten, uns zu connecten.«

Mein angeschickertes Hirn brauchte einen kleinen Moment, um das zu übersetzen. »Wieso?«, wollte ich dann wissen. »Es gibt mehr als genug Treffpunkte für Untote.«

»Jaaa, Paps, aber die sind alle sooo analog!« Marta rollte mit den Augen, als sei es eine große und unfassbare Zumutung, mal bei Vollmond nach draußen zu gehen. »Wir brauchen doch auch online ein paar Friends!«

Äh, ja, wenn sie das sagte. Aber das erklärte noch nicht alles.

»Wie dem auch sei…« Ich tat so, als hätte ich die Unterhaltung bisher dominiert. »Was ist denn jetzt mit euren Haaren?«

»Na, Paps, da gab es so ein Video«, murmelte Sina.

»Einen Lifehack!«, warf Nora ein. »Das funktioniert sonst immer!«

Wollte ich wirklich darüber nachdenken, wie viele dieser ›Lifehacks‹ meine Töchter schon ausprobiert hatten? Vielleicht sollte ich nächsten Vollmond doch besser das Kabel vom WLAN-Router durchkauen.

»Und?«, hakte ich nach. Ich hätte echt gern den Ton eines bösen, gefährlichen Leitwolfs angeschlagen, aber irgendwie klang ich dann doch wie ein alleinerziehender Vater, der dringend eine Mütze Schlaf brauchte.

Trotzdem genügte es, um meine Töchter zur Kooperation zu bringen. Marta holte nach ausgiebigen Blickwechseln ihr Smartphone aus der Handtasche – das Teil war so groß, dass sie es mit beiden Händen halten musste – und tippte darauf herum. Dann reichte sie es mir. »Hier, Paps«, sagte sie und klang dabei wie ein Wolf, der unter einer undichten Regenrinne stand. »Es tut uns echt leid, weißt du.«

»Wir wollten doch nur –« Was immer Angie nur wollte, wurde von einem Schluchzer unterbrochen. Carla schlang einen Arm um ihre Schultern. Na, immerhin trösteten sie sich gegenseitig. Das war doch ein Anfang.

Zögerlich warf ich einen Blick auf Martas Handy. Auf dem Display war eine junge Frau zu sehen, die einen Filter über ihr Video gelegt hatte, der sie mit Hundeohren versah. Wie *witzig*. Sie strahlte, trug eine viel zu tief ausgeschnittene Bluse und erzählte irgendwas über flauschiges Haar. Ah, so langsam verstand ich, worauf das hinauslief. »Echt jetzt?«, stöhnte ich, noch bevor die Wolffluencerin im Smartphone auf den Punkt kam. »Ich dachte, ihr wärt schlauer.«

»Maaann, Paps!«, jammerte Marta. »Guck wenigstens bis zum Ende!«

Wer war ich, da zu widersprechen? Ich schluckte einen weiteren bösen Kommentar runter und guckte weiter zu, wie die Wölfin im Handy ihre Haare mit etwas wusch, das dem Etikett nach Weichspüler war.

»Du weißt doch, dass Menschenhaarpflegeprodukte bei uns nichts bringen«, jaulte Sina. »Und was ist denn so schlimm daran, seidiges Haar zu wollen?«

»Gar nichts«, antwortete ich automatisch und starrte weiter aufs Handy. Die Wolffluencerin schüttelte gerade ihre – ja, okay – seidigen Haare und hielt eine Flasche Weichspüler in die Kamera. Echt jetzt? »Aber, Mädels ... Weichspüler?!«

Es gab eine ganze Menge verlegenes Gescharre mit den Füßen, bis Marta sagte: »Na jaaa ... Es war einen Versuch wert, oder?«

Wenn ich mir ihre Frisuren so ansah, dann nicht, nein.

»Und, Paaaaps ...« Angie dehnte das letzte Wort beunruhigend lang. »Weißt du, wir schämen uns ja. Und du könntest uns jetzt *eeecht* mal einen Gefallen tun.«

Sofort blinzelten mir acht große, herzzerreißende Augenpaare entgegen. Das war nicht fair! Wie sollte ich den Mädchen so denn irgendwas abschlagen?

»Was wollt ihr?«, fragte ich und fühlte mich von den lieben Blicken und dem hoffnungsvollen Lächeln in die Defensive gedrängt.

»Na jaaa«, meinte Marta, die ohne ihre dämliche Explosionsfrisur bestimmt eine hinreißende Politikerin abgegeben hätte. »Wir können morgen nicht in die Schule. Ist ja klar. Alle würden uns auslachen.«

»Und das würde dem Ruf des Rudels schaden!«, legte Carla eifrig nach. So begeistert, wie sie das sagte, könnte sie auch mit heraushängender Zunge und wedelndem Schwanz vor mir sitzen.

»Aber ihr würdet vielleicht etwas daraus lernen«, meinte ich und gab mir wirklich große Mühe, entschlossen zu klingen. »Zum Beispiel, dass ihr euch nicht jedem dummen Trend im Internet anschließen müsst. Und dass ihr die Folgen eurer eigenen Handlungen selber tragen müsst!« In diesem Fall auf dem Kopf. Selbst schuld.

Ein großer Chor von »Ooooh nein, Paps!« über »Aber Paaaaps!« bis zu »Paaaps, das kannst du nicht von uns verlangen!« erklang. Unglaublich, wie einig sie sich sein konnten, wenn sie nur wollten. Normalerweise führte schon das Abendessen zu Beißereien unter den Mädchen.

»Oh doch, ich kann!«, behauptete ich und nahm noch einen großen Schluck Whisky.

Das half nicht gegen acht Augenpaare, in denen Tränchen schimmerten. Acht zitternde Unterlippen. Acht Gesichter, in denen die Angst stand, ausgelacht zu werden.

»Nein, Mädels.« Ich versuchte, meinen Standpunkt zu verteidigen. »Das ist nicht okay! Ich kann euch doch nicht allen für morgen eine Entschuldigung schreiben.«

»Schreib, wir haben Flöhe!«, schlug Sina vor. »Oder irgendwie so was!«

»Wir brauchen nur zwei, drei Tage, um unsere Haare in Ordnung zu bringen!«, fügte Nora hinzu.

Und schon waren es drei Tage. Das wurde ja immer besser. Aber diese großen flehenden Augen … »Guckt nicht so!«, wehrte ich ab. »Das ist nicht fair!«

»Das Leben ist nicht fair!«, rief Marta. »Und die Schule ist es auch nicht. Biiiitte, Paps, nur drei Tage! Wir lassen uns auch die Hausaufgaben herbringen!«

Ja, von Jakob, dem Nachbarwolf, der sich gar nicht entscheiden konnte, welcher meiner Töchter er nachhecheln wollte. Das kannte ich bereits.

Nora grinste noch etwas breiter. »Und wir versprechen auch, keine MoonTok-Challenges mehr mitzumachen«, flötete sie.

Das war verlockend. »Versprochen?«, vergewisserte ich mich in die Runde.

»Versprochen!«, schallte es mir achtstimmig entgegen.

Na, was sollte ich da noch tun? »Dann gebt mir halt eure Entschuldigungshefte.«

Ich seufzte schwer. Das war beim nächsten Elternabend garantiert wieder Thema. Und abgesehen von Eliza, die alleine einen Wurf Jungs aufzog, verstand mich wieder niemand. Aber damit kam ich klar. Was machte man nicht alles für seine Familie?

Marie Herwegh, geboren 1992, lebt zwischen Hamburg und Buchwelten. Seit ihrer Kindheit schreibt sie Geschichten, die bisher nur die eigene Familie zu Gesicht bekam. Mit ihren Kurzgeschichten bewegt sie sich mit ihren Charakteren zum ersten Mal in das Licht der Öffentlichkeit.

Marie Herwegh

Das schnellste Kind der Welt

Der Mittag war eine grausame Tageszeit. Auf den Straßen Ehrachs wimmelte es von Menschen, die nach Nahrung suchten und dabei ihre Manieren vergaßen. Schultaschen wurden in Schultern gerammt und Münzen fielen klirrend zu Boden, meist gefolgt von Flüchen. Doch niemand machte sich die Mühe, sich zu bücken und danach zu suchen. Denn sie wussten, wer sich dort aufhielt, und niemand wollte ihr begegnen.

Whisky war ein ungewöhnliches Mädchen. Keiner wusste genau, wie jung sie war, aber es wurde gemunkelt, sie müsste mittlerweile die Schule besuchen. Dort gesehen hat sie nie jemand. Und niemand hat je nach ihr gefragt.

Whisky kaufte sich von dem gefundenen Geld grobe Würste beim Metzger und teilte sie mit den Straßenhunden in den Häusergassen. Sie waren ihre besten Freunde und die Einzigen in der ganzen Stadt, die genauso schnell waren wie sie. Dafür reichten ihr die Tiere, die sonst ihre Zähne bleckten, die Pfote. Und niemand war überrascht. Für die meisten Leute bestand kein Unterschied zwischen dem Mädchen und ihren Freunden.

Whisky trug den Geruch der Gosse als Parfüm und ihre Haare dienten ihr als Mantel. Ihre Mähne reichte bis zu den Knöcheln und war verfilzt, sodass sie wenig liebevoll »Werwolfspelz« genannt wurde. Auf ihren Wegen durch die Ortschaft blieben Schulkinder stehen und warfen kleine Papierflieger nach ihr, stets in der Hoffnung, dass diese in ihren Haaren hängen blieben. Dann fletschte Whisky ihre Zähne und fauchte, sodass sogar die größten Jungen Reißaus nahmen.

Die meiste Zeit verbrachte Whisky in der kleinen Eckkneipe, die ihrem Onkel gehörte, wo normalerweise aber nur ihre Tante anzutreffen war. Niemand hier würdigte Whisky eines Blickes und falls doch, boten sie ihr Getränke an. Whisky streckte ihnen als Antwort die Zunge entgegen und sammelte weiter leere Flaschen vom Boden auf.

Sie hatte schon einmal Bier getrunken. Ihr Onkel hatte es ihr angeboten, als sie das erste Mal in die Kneipe kam. Er trank es jeden Tag, wie schlimm konnte es also schon sein? Doch es hatte scheußlich geschmeckt und es war ihr davon stundenlang schlecht gegangen. Ein grausames Gebräu! Seitdem hielt sie Abstand von Bier und ihrem Onkel, der allzu oft danach roch. Zum Glück half ihre Tante in der Kneipe aus und machte den Ort zu einer annehmbaren Alternative zur Straße.

Nichts an dem heutigen Tag war anders. Selbst das Wetter schmückte sich im Alltagsgrau. Und so legte sie auch heute die Flaschen klirrend in einen Beutel, den sie in der Besenkammer deponierte. Doch als sie die Tür schloss, stand er plötzlich vor ihr.

Er hatte die blonden Haare akkurat zur Seite gekämmt und duftete nach Weichspüler. »Kinder dürfen nicht in Kneipen«, stellte er fest und starrte sie mit unschuldigen Augen an.

»Du bist doch auch hier!«, erwiderte Whisky und fletschte die Zähne.

Der Junge legte den Kopf schräg, wich jedoch nicht zurück. »Meine Mutter will nur schnell etwas erledigen, dann gehen wir wieder!«, stellte er klar.

»Umso besser!«, fauchte Whisky und drängte sich an ihm vorbei. Doch der Junge folgte ihr.

»Ich bin übrigens Leonhard, aber eigentlich nennen mich alle Leon.«

Whisky lief durch das Labyrinth an Tischbeinen und Stühlen, doch er trottete einfach hinter ihr her.

»Whisky.«

»Nein danke. Das ist nichts für Kinder!«

»Das ist mein Name!«, fauchte sie.

»Whisky?« Leon lachte, aber es war anders als das Lachen

der Schuljungen am Straßenrand. »Trinkst du das gerne?«

Whisky fuhr herum. »Eine dumme Frage! Und ich rede nicht mit dummen Menschen!«

Leon legte erneut den Kopf schräg. »Um genau zu sein, redest du noch gar nicht viel«, stellte er fest. »Was machst du mit den Flaschen?« Er deutete auf die Besenkammer.

»Geht dich nichts an!«, zischte Whisky und ihre Haare wippten vor Wut. Was ging es diesen verzogenen Jungen an, was sie tat? Niemanden interessierte, was sie tat.

»Zeig es mir und ich verrate es niemandem.«

Dieser arrogante Schnösel! Whisky entblößte ihre Zähne und fauchte ihn an. Das war ihre wildeste Geste und sie half immer.

Leon fuhr zurück, fing sich aber nach nur wenigen Schritten wieder.

»Zu zweit kann man doppelt so viel tragen, weißt du?«, fügte er hinzu, seine Stimme leiser als zuvor.

Er ging sicherlich zur Schule. Whisky roch es an der Art, wie er sich ausdrückte. Er war klug, aber er sprach dummes Zeug!

Sie dachte kurz nach. Vielleicht hatte sie doch eine Verwendung für ihn! Der Beutel war heute besonders voll, die Gäste der Kneipe hatten ganze Arbeit geleistet.

»Wenn du mich verrätst, suche ich dich in ganz Ehrach!«, drohte sie ihm, doch ein leichtes Grinsen huschte über Leons Gesicht.

Das gefiel ihr nicht und sie rauschte an ihm vorbei. Zusammen zogen sie den großen Beutel mit leeren Glasflaschen aus der Besenkammer und zerrten ihn hinaus.

»Du nimmst den hinteren Teil!«, befahl sie ihm und deutete auf einen Zipfel des Stoffbeutels. Nur von ihrem Keuchen begleitet, stapften sie die Straße hinunter bis zu den Feldern, die Ehrach umgaben, und hinein in den Wald.

»Du kennst dich hier aus?«, fragte Leon und sah zu den hohen Baumwipfeln auf, die sich langsam im Wind wiegten.

»Manchmal verirre ich mich auch, aber spätestens nach zwei Tagen finde ich immer wieder zurück.«

»Zwei Tage?« Leon ließ fast seinen Zipfel fallen. Whisky sah, dass seine Knöchel hervortraten. Schwächling!

»Hier ist es!«, verkündete sie und schob ein paar Äste zur Seite. Eine kleine Lichtung erschien, auf der sich ein Berg an leeren Flaschen erhob. Statt reiner Waldluft roch es hier nach Kneipe.

Whisky leerte den Beutel und die Glasflaschen fielen scheppernd auf den Haufen. Sie zog eine rot gefärbte Flasche daraus hervor und deutete auf einen abgeholzten Baumstumpf. »Das ist meine Werkstatt!«, sagte sie und ließ sich zu Boden fallen, wobei sie auf ihrem Werwolfspelz Platz nahm.

Mit einem Hammer zerbrach sie die Flasche, nahm eine Glasscherbe und zog ein Schleifpapier aus ihren Röcken. Leon stand nur vor ihr, während sie sich an die Arbeit machte. Sie wand das Glasstück in ihren Händen und rundete die Ecken ab.

»Fertig!«, sagte sie und hielt triumphierend das geschliffene Glas in die Luft.

»Und was soll das sein?«, fragte Leon.

Enttäuscht ließ Whisky das Glas sinken und funkelte ihn an. »Wir gehen zurück!«

»Das war doch gar nicht böse gemeint!«, verteidigte sich Leon und stolperte hinter Whisky her, während sie den Wald verließen.

Als die Eckkneipe schon in Sichtweite war, bog Whisky in eine Gasse ab, schnell genug, dass Leon ihr nicht folgen konnte. Was hatte sie sich bloß dabei gedacht, so einem arroganten Jungen ihr größtes Geheimnis zu zeigen?

»Alle Kinder müssen in die Schule!« Leon stand vor ihr, sein Schulranzen drückte seine schmalen Schultern nach unten.

Er passte nicht in ihre Kneipe, befand Whisky und baute weiter an ihrem Stühlelabyrinth, das sie sich für heute vorgenommen hat.

»Gehst du denn morgen mit in die Schule?« Leon ließ nicht locker mit seinem nervigen Thema.

Whisky zuckte mit den Schultern. »Vielleicht.«

»Ich wette, ich bin schneller als du!«

Whisky erstarrte bei ihrem Stühlebau und sah ihn das erste Mal direkt an. Welch eine Dreistigkeit! Es gab kein schnelleres

Kind als sie! Schon gar keins, das in die Schule ging!

»Pah! Niemals!«, schnaubte sie und schüttelte entgeistert den Kopf.

»Wenn ich gewinne, kommst du mit mir in die Schule!« Leon hielt ihr eine Hand hin.

Whisky starrte sie an und ihr Blick glitt zu seinem Gesicht. Er meinte es tatsächlich ernst! Vielleicht war er doch so dumm, wie er immer redete.

Ohne einzuschlagen, trat sie an ihm vorbei. »Einverstanden«, rief sie. Es gab wenig Wetten, denen sie lieber zugesagt hatte. »Wenn ich gewinne, kommst du nie wieder in die Kneipe!«

Sie hielt ihm die Tür auf, sodass Leon an ihr vorbei in den Regen treten konnte. Er trug helle Hosen und ein gebügeltes Hemd. Beides würde er ruinieren, wenn er auch nur einen Fuß in den Schlamm der Straßen setzte. Wie gesagt, die leichteste Wette ihres Lebens!

Doch Leon nahm seine Tasche ab und stapfte an ihr vorbei. »Kommst du, Whisky?«

Sie erschauderte. Das war das erste Mal, dass jemand ihren Namen aussprach, ohne dabei zu spucken.

Nun gut, er wollte es so! Sie trat neben ihn, der Regen perlte auf ihrem Werwolfspelz ab und sie schielte zu Leon. Sein Gesicht war ernst und er zählte laut herunter.

»Bis zum Waldrand! Drei, zwei, eins, los!«

Schlamm spritzte auf, als sie losstürmten. Leons Hose färbte sich in Sekunden und er atmete laut. Aber er war schnell.

Whisky biss die Zähne zusammen, das gab ihr immer mehr Schnelligkeit. Und sie verkleinerte ihre Augen zu schmalen Schlitzen, um wie ein Blitz voranzukommen. Mit ihren Armen griff sie nach Leon, sie musste gewinnen. Leon hingegen rannte mit seinen dünnen Beinen, als wären die Straßenhunde hinter ihm her, und sein sonst so blasses Gesicht wurde feuerrot. Und dann strahlte es.

Whisky fehlten die Worte, als sie hinter ihm zum Stehen kam. Ein anderes Kind war schneller als sie. Und dieses Kind war blass, klein und zu gut angezogen. Und dann lachte sie. Zum ersten Mal in ihrem kurzen Leben lachte sie so laut, dass sie es hören konnte.

Es war so komisch! Dieser feine Junge war das schnellste Kind, das sie kannte! Ohne zu wissen, was sie amüsierte, stieg Leon mit in ihr Lachen ein und sie fielen zu Boden, weil ihre Bäuche anfingen zu schmerzen.

»Dann kommst du morgen mit!«, sagte Leon triumphierend, während sie sich wieder beruhigten. Sie erhoben sich aus dem Dreck, doch anstatt ihn loszuwerden, verteilten sie ihn über die letzten sauberen Stellen.

»Deine Mutter wird sauer sein!«, stellte Whisky fest. Nicht einmal Leons Haare glänzten mehr hell.

»Sie hat gesagt, ich soll Freunde finden. Das ist also in Ordnung.«

»Hast du denn Freunde?«, fragte Whisky. Den Begriff kannte sie, aber bis auf die Straßenhunde konnte sie niemanden leiden.

»Ich kenne dich«, sagte Leon und stupste sie an. »Und jetzt bist du meine Freundin!«

»Aber können wir das einfach so sein?«

»Ja klar!«, sagte Leon und lachte laut. »Du bist witzig, deswegen mag ich dich.«

Whisky zog die Augenbrauen zusammen, wie sie es so oft bei ihrer Tante Loura beobachtete, wenn diese nachdachte. Es hatte Vorteile, mit dem schnellsten Jungen der Stadt befreundet zu sein. Auch wenn er dumme Sachen sprach.

Sie nickte. War es so leicht, Freunde zu finden?

Die Papierflieger folgten ihnen den ganzen Weg. Als sie an der Schule ankamen, war Whiskys Haar gespickt mit weißem Papier.

»Lasst sie in Ruhe!«, schimpfte Leon mit ihnen, doch seine Stimme übertönte ihr Lachen nicht.

»Die Waldhexe will lesen lernen!«, riefen sie.

Whisky streckte ihre Zunge heraus. Sie wollte nicht lesen lernen. Aber sie hatte verloren und jetzt hielt sie ihr Versprechen. Sie durchquerten die Schülergruppen und traten in das alte Schulgebäude. Ein paar Lehrer blieben stehen und beobachteten sie, während sie sich den Weg zum Klassenzimmer bahnten.

Leon legte ihr einen Stift und Zettel zurecht und setzte sich direkt neben sie.

Whisky wusste nicht, was sie erwartet hatte. Aber nicht das. Die Lehrerin bedachte sie mit einem Lächeln, fragte alle nach ihrem Lieblingsessen und forderte sie auf, es zu malen. Der Stift fühlte sich komisch an in Whiskys Hand, selbst nachdem Leon ihr erklärt hatte, wie man ihn hielt. Und doch war es lustig, dass die schwarzen Linien fein auf dem Papier blieben und nicht immer verwischten, wie es mit dem Ruß auf der Hauswand war.

»Werwolfspelz kann nicht einmal malen!«, schrie ein Schüler, doch die Lehrerin brachte ihn mit erhobenem Zeigefinger zum Schweigen. Dann kniete sie sich vor Whisky und flüsterte ihr so zu, dass nur sie es hören konnte: »Lass dir niemals sagen, was du kannst! Da ist eine Welt draußen für dich, die deinen Namen noch hören muss.«

Whisky nickte, verstand zwar nicht genau, was sie meinte, aber sie mochte die Frau. Vielleicht würde sie sie auch fragen, ob sie ihre Freundin werden würde.

Leon holte sie immer an der Eckkneipe ab. Heute wartete sie mit dem Beutel auf ihn, in dem sie normalerweise ihre Flaschen transportierte. Er war zusammengeknotet, sodass sie ihn schräg über ihre Brust tragen konnte.

»Ich habe auch eine Schultasche!«, erklärte sie Leon und strahlte.

»Du hast doch nur einen Stift!«

»Na und?«, fragte Whisky. »Dafür ist er von dir!« Sie hakte sich bei ihm unter und sie gingen bei den Straßenhunden vorbei, um sie mit Leons Pausenbrot zu füttern.

Die Schule war eine gute Alternative zum Wald, befand Whisky. Sie bekam Bücher und ihre Lehrerinfreundin half ihr mit dem Lesen. Und es war gar nicht so schlimm wie gedacht. Vielleicht sogar spannend. Aber das würde sie Leon nie erzählen.

Mittlerweile konnte sie ihre Eckkneipe zeichnen, auch wenn ihr die Blätter von den anderen weggenommen wurden und sie sich als Papierflieger in ihrem Haar wiederfanden. Doch Leon stupste sie immer an und grinste.

Meistens rannten sie um die Wette zurück und hielten sich die Bäuche vor Lachen. Und dann spazierten sie in den Wald. Leon fragte nicht mehr, warum sie Glas schliffen, und er war eine gute Hilfe.

Heute zog Whisky ihn aber stattdessen mit in die Räume der Eckkneipe. »Meine Tante backt heute Kekse, da können wir nicht in den Wald!«

Das war keine Lüge, auch wenn Leon laut lachte, als hätte sie einen Scherz gemacht. Tante Louras Kekse waren nicht von dieser Welt und besser als alles, was Whisky jemals in ihrem Leben probiert hatte. Wegen der Arbeit in der Kneipe kam Tante Loura nur selten dazu, aber heute war wieder so ein Tag. Whisky hatte die Butter und die Eier schon in ihrem Einkaufskorb erspäht und wenn sie richtiglag, waren dort auch Haselnüsse gewesen.

Nur zwei ältere Herren unterhielten sich leise an der Bar, sonst waren die Stühle leer. Der übliche Biergeruch wurde von einem anregenden Duft überzogen. Whisky und Leon streiften ihre Taschen ab und ließen sie zu Boden fallen. Whisky kroch unter dem Tresen durch und zog Leon in die kleine Küche. Eine Frau mit grauen Strähnen in ihren braunen Locken stand am Ofen und grinste die beiden an.

»Ich habe mich schon gewundert, wo du so lange bleibst!« Sie hob ein Blech und reichte es ihnen hinab. Große Kekse leuchteten ihnen entgegen.

Whisky nahm sich drei und gab Leon einen ab.

»Das ist Leon, mein Freund!«, stellte Whisky ihn vor. »Und das ist Tante Loura.«

Loura riss die Augen auf. »Dein Freund, Whisky?« Ihr Blick glitt von Whisky zu Leon und sie strahlte ihn an. »Dass ich so etwas noch erlebe!«

»Wir gehen zusammen zur Schule!«

Loura stellte das Tablett ab und schüttelte lachend den Kopf. »Meine Whisky geht zur Schule. Da hast du ordentlich was mit ihr angestellt, Leon!«

Leon grinste, Schokostücke färbten seine Zähne braun und Whisky strahlte zurück.

»Was machen die Bälger hier?«, donnerte es durch den Raum.

Whisky fuhr herum und riss Leon mit. Ein großer, vollbärtiger Mann trat ein und stellte sein Bier neben das Backblech.

»Das ist Whiskys Freund und ich habe ihnen Kekse gebacken«, entschuldigte Tante Loura sie.

»Komm mit!«, flüsterte Whisky Leon zu und zog ihn rückwärts aus dem Raum. »Wir sollten lieber gehen.«

Sie rannten aus der Küche, in ihrem Griff brachen die Kekse.

»Wir sind eine Kneipe, keine Bäckerei!«, hallten die Worte noch durch die Gänge.

Sie stolperten vor die Tür und setzten sich in eine der verwinkelten Gassen Ehrachs.

»Wer war das?«, fragte Leon und seine hellen Augen waren aufgerissen.

»Mein Onkel Thomson. Ihm gehört die Eckkneipe. Er sagt, er trinkt sein Bier lieber zu Hause, aber manchmal kommt er vorbei.«

»Mag er keine Kekse?«, fragte Leon.

Whisky schüttelte den Kopf.

»Sie sind aber wirklich lecker!«, stellte Leon fest und sog die letzten Krümel von seinem Hemd mit dem Mund auf.

Whisky lächelte stolz. Sie kannte die beste Keksbäckerin, den schnellsten Läufer und die netteste Lehrerin der Stadt. Wer würde als Nächstes dazustoßen?

Der Nebel hing tief in den Gassen, obwohl die Sonne schon aufgegangen war. Whisky stand an der Eckkneipe, ihren Beutel um die Brust geknüpft. Leon war spät dran heute. Normalerweise kam er immer pünktlich. Vielleicht hatte er sich bei dem Nebel verlaufen.

Whisky trottete langsam los. Sie wollte nicht ihre Lehrerinfreundin enttäuschen.

Leon kam nicht zum Unterricht. Die Papierflieger hagelten auf sie ein und er war nicht da, um sie aufzumuntern.

Langsam trottete Whisky zurück. Ihr fiel auf, dass sie nicht wusste, wo Leon wohnte. Ihr gemeinsames Zuhause war die Eckkneipe gewesen. Eine unausgesprochene Abmachung. Doch jetzt war Leon nicht da. Vielleicht war ihm etwas passiert?

Sie wanderte durch die Gassen Ehrachs. Zeitweise kroch sie zwischen den Passanten hindurch und sammelte heruntergefallene Münzen auf. Eine Aktivität einer anderen Zeit. Und wie immer hatte sie Glück. Zwei Schilling lagen auf dem Boden, im Schlamm der Pflastersteine versenkt.

Sie spazierte zu dem großen Marktplatz und kaufte ein Stück Schokolade. Leon liebte Schokolade. Vielleicht war er krank und Schokolade half bei allem. Sie überreichte der Verkäuferin das Geld und dann sah sie ihn.

Ein blonder Schopf lief an der Hand seiner Mutter an der alten Apotheke vorbei. Sein Kopf hing herab und schüttelte sich im Trott seiner Schritte.

»Leon!«, rief Whisky und winkte ihm zu. Er sah auf und suchte den Marktplatz ab. Dann sah er in ihre Richtung. Sie winkte ihm erneut, hob die Schokolade und rannte auf ihn zu.

Er jedoch wandte sich ab und ließ sich von seiner Mutter in das nächste Geschäft zerren. Als Whisky ankam, stellte sich ihr ein Mann in blauer Uniform entgegen.

»Kinder haben keinen Zutritt zu diesem Laden«, sagte er und blickte auf sie herab.

»Aber mein Freund Leon ist auch dort!«, rief Whisky.

»Nur in Begleitung der eigenen Eltern!«

Whisky starrte durch die gläserne Tür. Leon stand einsam in der Mitte und sein Blick schweifte umher. Sie winkte wild und versuchte, ihn herauszulocken, doch Leon reagierte nicht und trottete seiner Mutter hinterher.

Das konnte nicht sein, er musste sie hören! Whisky klopfte gegen die Fensterscheibe, was der Mann in der Uniform wohl nicht sehr lustig fand, denn er schickte sie daraufhin fort.

Unentschlossen blieb Whisky auf dem Platz stehen. Sie verstand nicht, was los war. Leon sah nicht krank aus und er war nicht weggezogen. Aber er hatte nicht geantwortet. Oder war die Wahrheit, dass er nicht antworten wollte?

Aber das konnte nicht sein. Freunden antwortete man.

Die Schokolade schmolz in ihrer Hand und tropfte auf den Boden.

Dann begriff sie.

Und das tat weh.

Whisky lief los. So schnell sie konnte.

Durch die Gassen und Straßen. Vorbei an der Eckkneipe und vorbei an ihrem Glasberg. In den tiefen Wald.

Sie wusste, dass man anderen Menschen nicht trauen konnte. Wie hatte sie nur glauben können, dass sie ein normales Leben führen konnte? Und warum musste sie sich Tränen wegwischen?

Freunde waren nichts anderes als Papierfliegerwerfer, nur tat es noch viel mehr weh. Denn es schmerzte im Inneren, dort, wo sie kein Pflaster auftragen konnte.

Wenn das Freundschaft war, dann brauchte sie diese nicht. Nicht den schnellsten Läufer der Stadt und auch keine Lehrerinfreundin. Sie würde ab jetzt hier leben. Im Wald gab es das alles nicht.

Whisky baute sich aus Holzstämmen ein Baumzelt. Am Fluss konnte sie Wasser holen, auch wenn sie keinen Durst verspürte. Um diese Jahreszeit war es frisch, aber es gab zahlreiche Beeren und Äpfel, falls sie Hunger bekam.

Doch meistens saß sie am Fluss und warf Steine. Einen nach dem anderen. Und beobachtete, wie das Wasser sofort über sie hinwegrauschte, als wären sie nicht gerade in einer neuen Umgebung angekommen und bräuchten etwas Aufmerksamkeit.

Und immer wieder huschte ein Gesicht dazwischen.

Warum wollte Leon sie nicht mehr sehen? Was hatte sie getan?

Die Vögel riefen sie aus dem Schlaf, doch Whisky wollte nicht aufstehen. Die Gedanken an die Welt da draußen krochen in ihr Baumzelt und sie zog ihre Beine an den Bauch. Langsam wippte sie auf und ab.

So verbrachte sie die nächsten Tage und Wochen. Mindestens so lange musste es gewesen sein, doch Whisky zählte nicht mit. Es war ihr egal. Alles war ihr egal und sie wollte nicht zurück in die Schule ohne Leon. Sie wollte nicht zurück in die Eckkneipe ohne Leon und sie wollte nicht mehr laufen ohne Leon.

Aber es gab eine Sache, die sie doch vermisste.

Die Sonne ging gerade unter, als Whisky in die Straße der Eckkneipe einbog. Das rote Licht kroch über die Spitzen der Gebäude und der Geruch von gebratenen Zwiebeln und gekochtem Kohl zog die Menschen in ihre Häuser.

Whisky trat in die Eckkneipe und obwohl dies normalerweise eine beliebte Stunde für Gäste war, saß nicht einmal ein älterer Herr am Tresen. Stattdessen hörte Whisky zwei Stimmen, die lautstark miteinander stritten. Sie kamen aus der Küche. Langsam schlich Whisky näher.

»Den Verlust des heutigen Abends wirst du mir mit deinem Trinkgeld bezahlen!«, schimpfte Onkel Thomson.

»Ich muss sie suchen gehen. Sie ist schon zu lange verschwunden!«, sagte Tante Loura und ihre Stimme brach gelegentlich ab.

»Whisky verschwindet ständig. Es sind erst fünf Tage!«

»Hörst du dir selber zu? Fünf Tage! Ihr kann alles passiert sein!«

»Unsinn! Es ist Whisky, von der wir hier reden! Sie wird schon wiederkommen. Ganz im Gegensatz zu dem Geld, das ich heute verpasse!«

Tante Loura schluchzte auf. »Immer du und dein Geld! Ich werde heute meine Whisky suchen und sie nach Hause holen!«

Ein lauter Knall ließ Whisky zusammenfahren. Aus dem Gang heraus sah sie, dass Onkel Thomson sein Bier auf die Küchenzeile gedonnert hatte, sodass es überschwappte, und er sich mit beiden Armen darüberlehnte.

»Wir wissen doch beide, was los ist!«, sagte er mit ruhiger Stimme.

Whisky musste sich vorlehnen, um sie weiter zu verstehen.

»Dass dir Geld wichtiger ist als ein Kind, so sieht es doch aus!«, kreischte Tante Loura und verbarg ihr Gesicht in den Händen.

»Sag das nicht, Loura! Ich bin zwar betrunken, aber nicht blind und taub. Ich habe mitbekommen, dass du mit der Mutter von Whiskys Freund gesprochen hast!«

Whisky fuhr zusammen. Leons Mutter und Tante Loura? Sie wusste gar nicht, dass sie sich kannten.

»Sie hat sich Sorgen gemacht. Wie soll sie das auch nicht, mit einem Trunkenbold in der Nähe ihres Sohnes!«, schrie Tante Loura und ihre Stimme überschlug sich.

»Und warum wirkte sie so verschreckt, während du mit ihr gesprochen hast? Hast du ihre Bedenken angefeuert?«

»Unsinn! Warum sollte ich das? Es ist Whiskys erster und einziger Freund.«

»Und genau das ist das Problem, Loura! Hör auf mit den Lügen, du willst Whisky für dich und ganz allein für dich.«

Tante Loura kreischte auf. »Das Gespräch ist beendet! Du redest wirr!«

Jetzt hob auch Onkel Thomson seine Stimme wieder. »Ich habe dich gehört. Wie du mit Whiskys Freund gesprochen hast. Nein, gedroht hast du ihm! Dass du seine Kekse vergiften wirst, wenn er sie noch einmal sieht. Du hast einem Kind gedroht! Und weißt du warum? Weil du der einzige Mensch sein willst, den Whisky sehen möchte. Sie macht dich und dein elendiges Leben besonders. Sie ist deine Droge! Und du lachst über meinen Alkohol. Immerhin ruiniere ich nicht die Leben anderer, um mich besser zu fühlen!«

Tante Loura lachte laut. »Meins ruinierst du! Ich kümmere mich alleine um Whisky und dieser Junge hat ihr nicht gutgetan! Sie ist eine Einzelgängerin und ein Freigeist. Niemand weiß das besser als ich, denn ich habe sie großgezogen!«

Onkel Thomson schüttelte den Kopf und hob sein Bier auf. »Mach, was du willst. Aber lass meinen Laden in Ruhe!«, sprach er und schob sich an Tante Loura vorbei.

Whiskys Erstarrung löste sich auf und sie rannte davon. Vor der Eckkneipe drückte sie sich an die Wand und atmete tief durch. Das konnte nicht sein! Nicht Tante Loura! Nicht die beste Keksbäckerin der Welt! Nicht das Letzte, was ihr geblieben war!

Die Dämmerung war eingetreten und Whisky trottete durch die Gassen. Sie ließ sich in einer zu Boden fallen und legte ihr Haar als Decke über sich. Warum war die Welt so kompliziert? Sie verstand das alles nicht.

Sie wurde geweckt vom Keifen vorbeilaufender Schuljungen.

»Sie ist wieder dort, wo sie hingehört!«, schrie einer und eine Flut weißer Papierflieger regnete auf sie herab. Whisky suchte nach ihrer Grimasse, aber fand nur eine Träne, die ihr über die Wange lief.

Ihr Magen knurrte und sie sammelte kleine Münzen auf dem Marktplatz. Dieses Mal aß sie die Wurst alleine und ignorierte das bettelnde Jaulen der Hunde neben sich. Das war ihr neues Zuhause. Nicht die Eckkneipe. Sondern die Gassen.

Der Herbstregen setzte ein und die Pfützen wurden zu kleinen Teichen. Es wurde ungemütlich und Whisky verbrachte ihre Tage in den Hinterhöfen von Bäckereien, um sich an den Hauswänden zu wärmen.

Die Schulkinder liefen an ihr vorbei, doch keine Papierflieger flogen mehr. Ihnen schien der Spaß vergangen zu sein, seitdem Whisky stumm am Boden saß. Sie hatte keine Kraft, ihren Spielen zu trotzen.

Sie mied Tante Loura, die öfter durch die Gassen wanderte und ihren Namen rief. Und niemals kam Leon vorbei.

Nur wenige Münzen blieben zwischen den Pflastersteinen hängen und die Kälte hielt sie vom Schlafen ab. Das Schlimmste aber war die Langeweile, die sich in ihre Trauer mischte. Wohin sollten all ihre Gedanken fliehen, wenn nichts ihre Finger beschäftigt hielt?

Und als der erste Schnee fiel, stand Whisky am Waldrand und sah der aufgehenden Sonne zu, während sie sich in ihren Beutel wickelte. Dann lief sie weiter. Der Schnee knirschte unter ihren Füßen und der Weg führte sie zu ihrer alten Glasschmiede. Vielleicht konnte sie sich damit ihre Zeit vertreiben.

Sie trat durch die Büsche und erstarrte. Es gab keinen

Glasflaschenberg mehr. Und auch keine kleine Lichtung. Stattdessen thronte vor ihr eine Hütte aus gesteckten Flaschen. Die Sonne schien durch die kahlen Bäume und auf das Glashaus. Bunte Farben fielen auf den Boden und spielten über den Schnee.

Mit offenem Mund trat Whisky ein. Es war das Schönste, was sie je gesehen hatte.

Innen war eine kleine Feuerstelle mit Steinen abgegrenzt. Ein Bücherlabyrinth bildete einen Tresen, wie in ihrer Eckkneipe. Moos deckte den Boden und ihre Freunde, die Straßenhunde, schmiegten sich darauf. Sogar die schnellsten Tiere der Welt brauchten mal eine Pause. Ein Lächeln huschte über Whiskys Gesicht.

In der hinteren Ecke stand ihr alter Holzstamm. Nur lag dieses Mal kein Schleifpapier dort, sondern Stift und Papier. Die Glasfarbsprenkel färbten es in ein buntes Licht.

Whisky trat näher und las langsam vor: »Lass dir niemals sagen, was du kannst! Da ist eine Welt draußen für dich, die deinen Namen noch hören muss. Und für mich bist du schon jemand. Meine Freundin. Die beste Freundin der ganzen Welt.«

Oliver Gross wurde im Jahr des Drachen (1976) geboren und lebt im Münsterland. Neben seinem Hauptberuf arbeitet er als Autor in den Genres Thriller und Krimi mit Ausflügen in die Bereiche Science-Fiction, Horror und Fantasy. Er schreibt schon seit der Schulzeit, damals inspiriert von Klassikern und populären Autoren wie Stephen King zunächst Horror- und Science-Fiction-Kurzgeschichten. Außerdem ist er Co-Autor einer Episode einer populären ZDF-Krimireihe. Im Juli 2023 erschien sein erster Thriller, im November 2023 eine Kurzgeschichte in einer Science-Fiction-Anthologie. Eine Thriller-Fortsetzung, ein Fantasy-Projekt und einige andere Ideen befinden sich in Arbeit.

Oliver Gross

Die Lektion

»Whisky«, orderte ich und schob mein Hinterteil auf den ungepolsterten Barhocker. Jeder Muskel in meinem Körper ächzte bei der Bewegung. Und weshalb klang meine Stimme wie eine Mischung aus Krächzen und Brummen?

»Geht's etwas genauer, Schätzchen?«, fragte die Frau hinter der Theke mit hochgezogener Augenbraue. Sie stützte sich mit beiden Händen auf dem blank polierten Holz ab und nickte mit einer knappen Kopfbewegung hinter sich.

Mein Blick fiel auf das riesige, verspiegelte Regal mit der Auswahl unzähliger Spirituosen.

»Laphroaig«, sagte ich und strich mir mit beiden Händen verschwitzte Haarsträhnen aus der Stirn. Wo war nur mein Haarband abgeblieben? »Einen Doppelten. Bitte.«

Die Barfrau verzog einen Mundwinkel zu einem Schmunzeln. »Na, geht doch. Auf Eis?«

»Warum nicht«, gab ich achselzuckend zurück. Vielleicht half das Eis, mein Gemüt zu kühlen. Ich zwang mich, tief durchzuatmen und mich nicht umzudrehen. Die Theke hatte ich für mich allein, aber aus den Schatten der Bar spürte ich die bohrenden Blicke der sechs anderen Gäste – alles Kerle – in meinem Rücken. Besonders auf dem Streifen nackter Haut zwischen der Lederjacke und dem Bund der Jeans.

Die Barkeeperin legte eine Papierserviette vor mir hin und platzierte das Whiskyglas darauf. Ihre sehnigen Unterarme waren mit Tattoos übersät. Ein harter Zug umspielte die Lippen in dem scharf geschnittenen Gesicht. Der Name Jenna stand auf einem kleinen Schild, das rechts über ihrem üppigen Busen tanzte.

»Danke, Jenna«, sagte ich und nahm das Glas mit der hellgoldenen Flüssigkeit auf.

Die Eiswürfel klimperten leise darin. Unsere Blicke begegneten sich kurz.

Ich leerte das Glas in einem Zug. Brennend und rauchig bahnte sich die ölige Flüssigkeit ihren Weg durch meinen Rachen und meine Speiseröhre. Kurz musste ich einen Hustenreiz unterdrücken und räusperte mich stattdessen. Die Wärme erreichte meine Körpermitte und breitete sich von dort aus. Als ich wieder aufsah, beobachtete Jenna mich.

»Gleich noch einen?«, erkundigte sie sich.

»Da sage ich nicht Nein.«

Sie griff nach der Flasche und schenkte mir ein.

Ich schickte den Whisky seinem Vorgänger hinterher. Die Eiswürfel klackerten gegen meine Zähne, und ich ließ einen auf meine Zunge gleiten.

»Harte Nacht?«, fragte Jenna.

Ich funkelte sie finster an. »Was soll die Frage?«

Sie hob beschwichtigend die Hände. »Hey, mir ist es gleich, wie du dein Geld verdienst, Schätzchen. Hauptsache, du kannst die Zeche zahlen.«

Zur Antwort fingerte ich eine Geldnote aus der Hosentasche und warf sie auf die Theke. Jenna sammelte sie ein. Ich lenkte meinen Blick wieder auf das Whiskyglas, das sich langsam zwischen meinen Fingern drehte, während der Eiswürfel in meinem Mund zügig schmolz.

»Hartes Leben«, antwortete ich schließlich undeutlich.

Jenna nickte verständnisvoll. »Wer ist schuld? Ein Kerl? Oder ein Mädchen?«

»Kerl.«

Sie hob eine Augenbraue. Einen Moment später stellte sie ein zweites Whiskyglas neben meines und füllte beide zu zwei Fingerbreit. Der fragende Ausdruck auf meinem Gesicht ließ sie schmunzeln.

»Trinken wir darauf?«, fragte sie und hob ihr Glas.

Wir stießen an. Diesmal begnügte ich mich mit einem Schluck, der sich mit dem Rest des eisigen Wassers in meinem Mund vermengte. Mit geschlossenen Augen genoss ich die Aromen von Rauch, Islay-Torf, Seeluft, Vanille und Apfel, die sich auf Zunge und Gaumen ausbreiteten. Sie weckten Erinnerungen an frühere Zeiten ...

»Willst du darüber reden?«

Ich schüttelte den Kopf. Als ich die Augen wieder öffnete, war Jennas Blick tiefer gewandert.

»Glotzt du gerade auf meine Brüste?«, stieß ich gedämpft hervor, damit die anderen Gäste mich nicht hörten.

»Ist das Blut?«, fragte Jenna ungerührt zurück.

Ich sah an mir hinunter. An meinem Dekolleté hatte ich nichts auszusetzen, aber auf dem silbrigen Seidenstoff, unter dem sich meine Brüste verbargen, prangten mehrere dunkle Flecken und Spritzer.

»Scheiße«, zischte ich. »Das ist mein Lieblingstop.« Schnell kontrollierte ich die Lederjacke, aber auf dem schwarzen Material konnte ich keine Spuren entdecken.

»Mit Waschmittel allein bekommst du die Flecken jedenfalls nicht raus«, sagte Jenna.

»Na toll!«

»Versuch es mit kaltem Wasser«, riet sie mir, »und mach zwei Aspirin mit rein. Und danach eine Runde mit Weichspüler.«

»Und das soll funktionieren?«

Sie zwinkerte mir verschwörerisch zu. »Noch einen Whisky auf den Schreck?«

»Auf jeden Fall«, sagte ich und schob ihr mein Glas hin, in dem das verbliebene Eis sich fast aufgelöst hatte.

»Für ein Mädchen verträgst du ganz ordentlich was.«

Wenn du wüsstest, dachte ich und zuckte die Achseln.

Das geräuschvolle Aufstoßen der Tür unterbrach unsere Konversation. Drei Männer stürzten herein, lautstark lamentierend.

Na großartig, dachte ich sarkastisch. *Warum habe ich mir auch die nächstbeste Bar ausgesucht?*

Die Neuankömmlinge steuerten direkt die Theke an und besetzten drei Barhocker. Zwischen uns ließen sie zwei Plätze frei. Ich hatte bereits genug gesehen und wandte meine Aufmerksamkeit wieder meinem Glas zu. Zumindest scheinbar.

»So etwas hab ich echt noch nie gesehen«, ließ der Lauteste

des Trios die anderen wissen.

Jenna schwebte hinter der Theke zu ihnen hinüber und schenkte ihnen ein freundliches Lächeln, das eindeutig gespielt war. »Hallo Jungs! Was kann ich für euch tun? Dasselbe wie immer?«

Alle drei bestellten Wodka Red Bull. Keiner von ihnen bemerkte, wie die Barkeeperin die Augen verdrehte, als sie sich umwandte, um die drei Drinks zuzubereiten. Sie hatten längst wieder die Köpfe zusammengesteckt und tuschelten.

Ich ließ einen Schluck Whisky in meinem Mund umherschwappen, genoss seine Wärme und honigartige Süße, die durch den Rauch drang, und lauschte. Trotz meines scharfen Gehörs verstand ich nur einzelne Bruchstücke ihrer Unterhaltung. *Verletzt ... Verrückter ... Krankenhaus ... wir denn jetzt?*

»Fehlt nicht einer von euch?«, fragte Jenna, als sie den drei Männern ihre Getränke servierte. »Der mit den blöden Sprüchen?«

Alle drei brummten zustimmend, bis einer von ihnen sagte: »Chris hatte eine Art ... Unfall ...«

Ein anderer quittierte diese Formulierung mit einem verächtlichen Grunzen.

»Ein Unfall?«, echote Jenna. »Was ist denn passiert?«

»Was interessiert's dich?«, fauchte der dritte Mann barsch. Seine Stimme klang undeutlich, als wäre er bereits angetrunken.

»Entschuldige mal!«, entgegnete sie in gleichem Ton. »Ich versuche nur, höflich zu sein. Solltest du auch mal probieren.«

Er murmelte etwas, das ich nicht verstand, und erhob sich von seinem Barhocker. »Ich gehe mal pinkeln.«

Unwillkürlich schoss mein Blick zu dem Typen, einem breitschultrigen Glatzkopf. Mit leicht unsicheren Schritten schob er sich dicht hinter mir vorbei in Richtung der Toiletten. Eine Mischung aus Red Bull, Zigarettenrauch und Schweiß umwehte ihn. Angstschweiß. Fast kalt.

»Also?«, fragte Jenna die anderen zwei.

Der mir am nächsten Sitzende mit blondem Kurzhaarschnitt warf den Kopf in den Nacken und leerte sein Glas. Dann seufzte er tief, ehe er zu einer Antwort ansetzte. »Wir waren in diesem neuen Club zwei Straßen entfernt. Vielleicht hast du schon von ihm gehört. Ziemlich düsterer Laden, auch die Musik.« Er schaute tief in sein leeres Glas und schüttelte den Kopf. »War nicht so richtig etwas für uns. Wir hatten schon überlegt zu gehen, aber dann entdeckte Chris dieses Mädel …«

»Oje«, sagte Jenna, als ahnte sie bereits, worauf die Erzählung hinauslief.

»Du kennst Chris ja. Immer einen coolen Spruch auf den Lippen. Er fand die Kleine scharf, hat sie übelst angegraben und einfach nicht locker gelassen.«

»Und dann ist ihr Freund aufgetaucht?«

Der Blonde schüttelte den Kopf.

»Die Bitch war allein da«, ergänzte der andere Kerl, der einen dunklen Bart trug. »Das war völlig klar. Aber sie wollte nichts von Chris.«

Darauf nahm ich noch einen Schluck von dem zehnjährigen Laphroaig. Einer der besten Whiskys der Welt.

Jenna lachte leise, aber humorlos auf. »Ihr Jungs solltet wirklich mal lernen, die Signale der Frauen richtig zu deuten. Auch wenn ihr euch für die Tollsten haltet –«

Der Bärtige schlug hart mit der flachen Hand auf die Theke. Das laute Klatschen ließ Jenna zusammenfahren.

»Das ist nicht witzig«, rief er, »überhaupt nicht witzig!«

»Irgendwann ist die Kleine Richtung Hinterausgang verschwunden«, fuhr der Blonde unbeeindruckt fort. »Und Chris ist gleich hinterher. – Machst du mir bitte noch einen?«

Jenna nickte und wandte sich um, um drei frische Wodka Red Bull zu mixen. »Und was ist dann passiert?«

»Das wissen wir nicht. Scheiße …« Blondschopf schluckte hart.

Der Bärtige ergriff erneut das Wort. Seine Stimme zitterte. »Fünf Minuten später fanden wir Chris im Dunkeln im Hinterhof. Er war … Er lebte noch, aber er war schlimm zugerichtet. Blutete aus zig Wunden. Als hätte jemand mit einem Messer …« Er brach ab und trank einen großen Schluck von seinem Drink.

»Die Sanitäter vermuteten, dass ihn vielleicht ein aggressiver

Hund angefallen haben könnte«, berichtete der Blonde.

»Ein Hund?«, wiederholte Jenna ungläubig.

»Denkst du, von uns glaubt das einer?«, schnaubte der Bärtige.

»Ganz sicher nicht!«, mischte sich der Glatzköpfige ein, der plötzlich auf der anderen Seite von mir aufgetaucht war. Er drängte sich an mir vorbei, stieß mich dabei mit der Schulter an und nuschelte »Tschuldigung«.

Unwillkürlich verspannte sich mein Körper bei der Berührung, auch wenn diese – hoffentlich – unabsichtlich erfolgt war. Meine Finger krallten sich förmlich um das Glas.

Der Glatzkopf blieb neben seinen Kumpanen stehen und wandte mir seinen breiten Rücken zu.

»Und wo ist euer Freund jetzt?«, fragte die Barkeeperin.

»Im Krankenhaus, wo sonst«, antwortete Blondschopf.

»Und das Mädchen?«

Ich zwang mich, nicht aufzusehen, um Jenna nicht zu einem Seitenblick zu mir zu verleiten. Hätte ich mich in Luft auflösen können, hätte ich es in diesem Moment getan, aber diese nützliche Fähigkeit zählte nicht zu meinem Portfolio.

»Wir werden die Schlampe schon finden«, versprach der Glatzkopf.

Ich hörte das Klirren der drei Gläser, als die Männer ihren Schwur besiegelten.

»Wisst ihr denn, wie sie … ausgesehen hat?«, erkundigte sich Jenna vorsichtig.

»Das wissen wir sogar verdammt genau«, sagte der Bärtige. »Etwa eins sechzig groß, schlank, schwarze Haare …«

»Lange schwarze Haare«, verbesserte ihn der Blonde.

»Jeans«, ergänzte der Glatzkopf. »Und …« Seine Stimme nahm den typischen Klang desjenigen an, dem gerade ein Licht aufging. »… Lederjacke …«, vollendete er seine Beschreibung und wandte seinen massigen Körper langsam um. »So wie du.« Diese letzten Worte sprach er in meine Richtung.

Ich drehte betont zögerlich den Kopf und begegnete seinem Blick. Er hatte den großen Schädel leicht schief gelegt. Blondschopf reckte sich, um an seinem Freund vorbeisehen zu können, und der Bärtige rutschte hinter ihnen von seinem Hocker.

»Scheiße noch mal, das darf doch nicht wahr sein!«, stieß der Glatzkopf hervor.

»Ich weiß wirklich nicht, wovon du redest«, sagte ich ruhig. »Ich hab eure Geschichte gehört. Tut mir leid, was eurem Freund passiert ist.«

Er schnaubte verächtlich. »Ich glaub dir kein verdammtes Wort.« Langsam, die Hand flach über die Theke gleitend, bewegte er sich auf mich zu.

Der Bärtige war direkt hinter ihm und starrte mich mit offenem Mund an. »Das glaube ich nicht. Das ist doch die Bitch!«

»Das kann gar nicht sein«, rief Jenna dazwischen. »Die Kleine sitzt schon seit Stunden hier an der Bar.«

Nun erhob sich auch der Blonde von seinem Hocker und drohte ihr mit ausgestrecktem Zeigefinger. Seine Stimme bebte vor Wut. »Halt du dich da besser raus, Jenna! Das geht dich überhaupt nichts an.«

Im Hintergrund nahm ich wahr, dass die anderen Gäste eilig die Kneipe verließen. Ihnen war die angespannte Stimmung an der Theke nicht entgangen, und sie zogen es vor, Ärger aus dem Weg zu gehen. Keiner von ihnen schien sich für Jenna oder mich einsetzen zu wollen.

Ich rutschte mit einem leisen Seufzen von meinem Hocker, ehe die Männer mich erreichten. Mit der Zurückhaltung war es jetzt wohl vorbei.

»Ihr Typen solltet wirklich mal an euren Umgangsformen arbeiten«, sagte ich. Den Spruch hatte ich mal in einem Buch gelesen, und in dieser Situation passte er perfekt.

Der Glatzkopf und der Bärtige bauten sich vor mir auf. Da beide mich um einen oder anderthalb Köpfe überragten, musste ich zwangsläufig zu ihnen aufschauen. Das gelang mir, ohne eingeschüchtert auszusehen.

Die kräftige Hand des Glatzkopfes packte den Aufschlag meiner Lederjacke und zog mich näher zu ihm, als ich es gewollt hätte. Sein Atem roch auch ohne meine empfindliche Nase eklig süß. Aber – und das war entscheidend – er machte mir keine Angst.

»Was hast du mit unserem Freund gemacht, du Miststück?«, zischte er durch zusammengepresste Zähne.

Ich hielt seinem Blick stand und antwortete emotionslos: »Ihm eine Lektion erteilt. Damit er endlich versteht, dass das Wort Nein auch Nein bedeutet. Dass man einer Frau mit Respekt begegnen sollte. Klingelt da was bei euch?«

»Was hast du ihm angetan?«, rief der Bärtige wütend und griff nach meinem Oberarm.

»Ihr seid auch nicht schlauer als er«, sagte ich ernüchtert und griff mit beiden Händen zu. Jede Hand packte den Schritt einer Hose und schloss sich um den empfindsamen Inhalt.

Gleichzeitig fuhr ich die Krallen aus. Nadelspitz und messerscharf bohrten sie sich zwei Zentimeter tief durch den Hosenstoff.

Der Bärtige stieß ein winziges Japsen aus, ehe beide Männer urplötzlich verstummten und ihre Körper sich versteiften, als hätten sie Medusa persönlich ins Antlitz geblickt. Die Farbe wich aus ihren Gesichtern, und auf der hohen Stirn des Glatzkopfes bildeten sich Schweißperlen.

»Es sieht jetzt so aus«, erklärte ich den beiden Kerlen und ihrem blonden Freund, und meine Stimme sank mit jedem Wort eine Nuance tiefer. »Ich habe euch bei den Eiern. Eine falsche Bewegung und eure besten Stücke verabschieden sich.« Während ich sprach, empfand ich mit Wohlwollen das schmerzhafte Reißen, als mein Gesicht sich umzuformen begann, die Zähne wuchsen und mein Kiefer sich knackend streckte.

Die Augen der Männer, die aus nächster Nähe der Verwandlung beiwohnten, weiteten sich. Der Bärtige zitterte wie Espenlaub.

»Ich kann eure Angst riechen, das ist gut … Jetzt bin ich gespannt, wie lange ihr die Luft anhalten könnt«, sagte ich leise lachend. Im Zusammenspiel mit dem kehligen Knurren musste es in den Ohren der Typen äußerst unheilvoll klingen. »Übrigens: Pinkelt einer von euch mir auf die Hand, kann ich für nichts mehr garantieren. Dann mache ich Hackfleisch aus euch Arschlöchern.«

Der Glatzkopf schnappte mit einem Heulton nach Luft. Tränen rannen an seinen zitternden Wangen hinab. Ich bleckte meine nadelspitzen Reißzähne zu dem bösartigsten Lächeln, zu dem ich fähig war. Dann blickte ich zu dem Blonden im Hintergrund, der sich an der Theke festklammerte, und stellte sicher, dass ich auch seine Aufmerksamkeit hatte.

»Wenn ich euch gehen lasse, werdet ihr hier verschwinden und nicht mehr wiederkommen. Ist das klar?« Alle drei Männer nickten. »Und eurem Freund dürft ihr ausrichten, dass er verdammtes Glück gehabt hat. Beim nächsten Mal könnte er wirklich an die Falsche geraten. Denkt daran, wenn ihr das nächste Mal eine Frau anmachen wollt.«

Der Bärtige starrte mich immer noch entgeistert an. »Was zum Teufel bist du?«, presste er mühsam hervor.

»Das, mein Lieber, überlasse ich ganz deiner Fantasie – und deinen Albträumen.«

Sein Adamsapfel hüpfte, als er mühsam schluckte.

»Und jetzt: Lauft!«, rief ich und gab ihre Gemächte frei.

Mit diesem Startsignal sprinteten die Männer los. Der Blonde sprang von seinem Hocker, stolperte und schlug lang zu Boden. Der Glatzkopf stürzte über ihn bei seinem Versuch, als Erster den Ausgang zu erreichen. Der Bärtige half ihm hastig auf und stieß ihn vor sich her gegen die Tür und dann hinaus. Der Blonde drängelte sich hinterher. Keiner von ihnen blickte zurück.

Als die Tür langsam wieder zuschwang, war Jennas herzhaftes Lachen das einzige Geräusch in der Kneipe, die nun uns allein gehörte. Ich konnte mich nicht mehr beherrschen und stimmte in das Gelächter ein.

Nachdem die Anspannung sich gelöst hatte, hob ich die Hände vor mein Gesicht und beobachtete, wie Krallen und Fell sich innerhalb von Sekunden wieder zurückzogen, was ein scharfes Prickeln auf der Haut hinterließ, das zum Glück nur kurz anhielt. Auch Zähne und Kiefer – das spürte ich – bildeten sich wieder zur menschlichen Form zurück. Mit einem lauten

Seufzen stieg ich auf meinen Barhocker.

Jennas Lachen verebbte, aber sie ließ mich nicht aus den Augen. Sie hielt eine Hand gegen ihr Dekolleté gepresst. Ihr Gesicht glühte förmlich, aber sie strahlte. Meine teilweise Verwandlung hatte sie offensichtlich nicht zu Tode erschreckt.

»Denen hast du es ordentlich gezeigt, Schätzchen«, stellte sie fest und spendete mir ein paar Sekunden Applaus. »Ich feiere dich dafür. Und deshalb geht die nächste Runde auch aufs Haus.«

Ich nickte ihr dankend zu und schob mein leeres Glas über die Theke. Jenna legte Eiswürfel nach und schenkte uns beiden einen doppelten Whisky ein. Dann hob sie mir feierlich ihr Glas entgegen. »Auf uns Mädels! Und vor allem auf dich!«

Ich winkte ab. »Nicht der Rede wert. Man sollte sich halt nicht mit einem Werwolf anlegen ...«

Die Barkeeperin schluckte und wedelte mit der Hand. »Nein, nein, du solltest das schon korrekt formulieren«, meinte sie grinsend und zwinkerte mir zu. »*Mann* sollte sich nicht mit einer *Werwölfin* anlegen.«

Ann M. Hoermann (@annmhoermann).

Die promovierte Biologin und Mutter von Drachen – äh, Jungs – aus dem Bayerischen Wald lässt ihre jungen Protagonisten für gewöhnlich irgendwo in den Weiten des Alls leiden. Doch anstatt in die Zukunft zu reisen, hat sie für diese Anthologie ihre Zeitmaschine in die entgegengesetzte Richtung bestiegen. Jegliche Ähnlichkeiten mit real existierenden Personen und Ereignissen sind selbstverständlich rein zufällig und unbeabsichtigt.

Ann M. Hoermann

Schwer vermittelbar und nicht auf der Suche

Von wegen, die Party wird total genial.
Statt die stressige Woche im Labor stilvoll im Kuschelsweater und mit dem Buch, auf das ich mich seit Tagen freute, ausklingen zu lassen, war ich wider besseres Wissen in der muffigen WG einer ehemaligen Kommilitonin gelandet. Geburtstag nachfeiern … Dabei war die Bude für die fast vierzig Leute eindeutig zu klein. Aber was tat man nicht alles um der alten Zeiten willen?

Ich unterdrückte einen Seufzer und ließ mich tiefer in die vergilbten Kissen der Sofaecke sinken, die auch schon mal bessere Tage gesehen hatte. Vielleicht wäre es vernünftiger gewesen, sich nicht allzu viele Gedanken über die Herkunft der verschiedenen Flecken auf den Polstern zu machen. Aber mir fiel gerade nichts Besseres ein, um mich von dem endlosen Geschwätz meines Sitznachbarn abzulenken. Im Laufe des Abends hatte ich sämtliche Phasen von höflichkeitshalber interessiert über schweigsam zurückhaltend bis hin zu gelangweilt gähnend durchlaufen. Doch das hatte den Typen an meiner Seite nicht davon abgehalten, mich weiterhin damit zuzutexten, was für ein toller Fang er sei. Medizinstudenten …

Da hilft wohl nur noch ein intensiver Waschgang.
Gegen die Flecken natürlich, nicht gegen meinen Gesprächspartner, dessen Name mir partout nicht mehr einfallen wollte. Ich war mir fast sicher, dass ich in der Küche eine Flasche Weichspüler gesehen hatte – auf der Waschmaschine, gleich neben dem

37

Kartoffelsalat mit dem Balsamicodressing, der sich nicht nur optisch gut auf der nächsten Halloweenparty machen würde –, da dürfte ein potentes Waschmittel auch nicht weit sein.

Um in die Küche zu gelangen, hätte ich mich allerdings an Mister Unwiderstehlich vorbeiquetschen oder ihn bitten müssen, mich durchzulassen – es sei denn, ich hätte Lust gehabt, über den Couchtisch zu steigen. Großartige Aussichten. Und als wäre das nicht schon schlimm genug gewesen, waren in der Sofaecke auch noch die Snacks vergriffen. Nachschub? In der Küche …

Mein einziger Lichtblick in dieser ausweglosen Situation war eine Flasche Whisky, die ich kurzerhand zu meinem Privatbesitz erklärt hatte und mit bösen Blicken zu verteidigen wusste. Um kein Risiko einzugehen, goss ich mir jedes Mal nach, sobald mein Glas leer war. Sicher war sicher.

Ob man Whisky auch als Fleckenentferner verwenden kann?

»Findest du nicht, dass du bereits genug hattest?«

Natürlich musste ausgerechnet in dem Moment, in dem ich still und heimlich den Rest der Flasche leeren wollte, mein bester Freund auftauchen, um mein Gewissen zu spielen.

»Ah, sieh an … Florian. Wie nett, dass du auch mal vorbeischaust, um Hallo zu sagen.«

Gut … ja, ich war sauer. Ein bisschen zumindest. Dabei gab es Gründe, warum Florian sich an diesem Abend noch kein einziges Mal bei mir hatte blicken lassen. Genauer gesagt, einen Grund. Einen kleinen, stupsnasigen Grund mit langen blonden Haaren. Seit Sarah bei uns im Institut arbeitete, hatte er alle Hände voll damit zu tun, unserer neuen Kollegin jeden Wunsch von den Augen abzulesen. Laborführung? Immer gerne. Umzugskisten schleppen? Wird sofort erledigt. Bei der Bedienung der Feinwaage helfen? Klar doch. Den neuen Kleiderschrank aufbauen? Sag mir einfach, wann ich vorbeikommen soll. Und zu allem Überfluss war diese Person auch noch die neue Mitbewohnerin des Geburtstagskinds.

Kümmere dich um deinen eigenen Kram. Und überhaupt … hättest du nicht wenigstens ein paar Snacks mitbringen können?

»Lass sie doch, wenn es ihr Spaß macht.«

Wer hätte das gedacht? Es gab tatsächlich Punkte, in denen meine ungebetene Gesellschaft und ich auf einer Wellenlänge schwammen. Florian schien von dieser Aussage allerdings weniger angetan. Doch bevor er irgendetwas erwidern konnte, tauchte *sie* auf und wedelte mit ihren Autoschlüsseln vor seiner Nase herum.

»Florian, mein Lieber. Ich glaube, ich habe meine Jacke im Auto vergessen. Macht es dir was aus, wenn du sie für mich holst?« Sarah klimperte mit ihren langen Wimpern und Florian ließ sich widerstandslos die Schlüssel in die Hand drücken.

Gekonnt ist gekonnt.

»Danke dir. Du bist ein Schatz.«

Ein Lächeln wie zu viel Zucker.

»Vielleicht können wir nachher noch einen kleinen Spaziergang an der Donau machen. Von der schlechten Luft hier drin bekomme ich Kopfschmerzen.«

Florian nickte und schickte sich an, seinen neuen Auftrag auszuführen. Er war schon halb aus dem Raum, als er sich anscheinend doch noch darauf besann, dass er eigentlich gerade vorgehabt hatte, mich zu bevormunden, bevor Sarahs Erscheinen sein Gehirn ausgeknipst hatte. Seinen ernsten Blick in meine Richtung konterte ich, indem ich ihm mein breitestes Lächeln schenkte – eines von der Sorte Lachyogaseminar mit übertriebener Zahnzurschaustellung – und ihm freundschaftlich zuprostete. Erst als das Glas meine Lippen berührte und ich mir einen ordentlichen Schluck genehmigte, wandte er den Blick ab und verließ kopfschüttelnd das Zimmer. 1:0 für mich.

Auch mein Alleinunterhalter schien zufrieden mit dem Ende der Unterbrechung und nahm sofort den Gesprächsfaden wieder auf – vermutlich genau an der Stelle, wo er ihn verloren hatte. Aber Inhalte kümmerten mich bei dieser einseitigen Unterhaltung schon lange nicht mehr. Sarah warf mir noch einen giftigen Blick zu, bevor sie Florian auf den Flur folgte. Wahrscheinlich wollte sie sichergehen, dass er auch ja den Weg zur Wohnungstür fand. Zuzutrauen wäre es ihr. Für einen besseren Blick auf die Geschehnisse im Eingangsbereich legte ich den Kopf schief und wäre dabei beinahe auf der Schulter meines

Mediziners gelandet. Ein Fehler, der mir ganz sicher nicht noch einmal passieren würde.

»Du bist echt süß, wenn du verlegen bist.«

Hilfe!

Ich rutschte von dem Kerl weg, so weit es das Sofa zuließ. Zum Glück schien er keinen Bedarf daran zu verspüren, diesen Gedankengang weiter zu erörtern. Wer hätte es für möglich gehalten, dass ich mich an diesem Abend noch einmal über die langweiligen Ausführungen zu seinem Anatomiekurs freuen würde? Eigentlich sollte man meinen, dass das Zerlegen von Leichen die ein oder andere spannende Geschichte hergab, aber egal. Hauptsache, unverfänglich. In der Zwischenzeit sollte ich mir einen Plan zurechtlegen, wie ich mich möglichst elegant aus dieser Zwickmühle befreien konnte. Es war sinnlos, noch länger darauf zu hoffen, dass dieser Schwätzer früher oder später das Interesse an seinen eigenen Monologen verlieren würde. Außerdem sprach nichts gegen einen baldigen Abflug – von meinem strategisch schlechten Sofastandort mal abgesehen.

Das Geburtstagskind hatte sich längst mit ihrem aktuellen Lover auf ihr Zimmer zurückgezogen und Florian kam offensichtlich bestens ohne meine Gesellschaft zurecht. Mir war zwar schleierhaft, was er an dieser manipulativen Frau fand, aber gut. Wenn sie ihn glücklich machte, würde ich ihm ganz sicher nicht im Weg stehen. Zumindest solange ich nicht ebenfalls mit ihr befreundet sein musste. Leute, die den Wert eines Kollegen an der Länge der Publikationsliste maßen und an dem Impactfaktor der Journals, in denen veröffentlicht wurde, gab es in meinem Umfeld bereits zur Genüge. Aber Sarah setzte dem Ganzen noch die Krone auf. Ihren Respekt hatte man nur, wenn man mindestens zwei große Hightechmonitore zum Arbeiten brauchte. Da hatte ich mit meinem Zwölf-Zoll-Laptop und dem ausrangierten Monitor aus dem Institutsinventar, der außer Pixelfehlern nichts zu bieten hatte, von vornherein schlechte Karten gehabt.

Wo die Liebe hinfällt …

Wenn ich sah, wie Florian sich auf der Jagd nach Sarah mehr und mehr selbst vergaß, konnte ich wirklich froh sein, dass es bisher keinem Mann gelungen war, mein Herz im Sturm zu erobern. Zumindest keinem aus Fleisch und Blut. Zum Glück waren die Mr. Darcys in dieser Welt dünn gesät, wenn sie überhaupt außerhalb der weiblichen Vorstellungskraft existierten. Von dieser Seite bestand also keine Gefahr. Außerdem gab es möglicherweise nichts mehr, das erobert werden könnte – meiner unbedarften Jugend sei Dank. Dabei hatte es über ein halbes Jahrzehnt gedauert, bis ich mir auch nur annähernd eingestehen konnte, warum ich jedes Mal an die unmöglichste Person, die mir je begegnet war, denken musste, wenn ich jemand Neues kennenlernte. Eine Erkenntnis, für die es zu diesem Zeitpunkt längst zu spät gewesen war. Wer bitte verlobte sich heutzutage noch mit Mitte zwanzig?

Gefühle werden sowieso überbewertet.

Gut, die Hoffnung auf den Einen, den Richtigen hatte sich trotz dieser Einsicht hartnäckiger gehalten als der Glaube an den Weihnachtsmann – Hollywood-Zeichentrickfilmen sei Dank –, aber auch das hatte ich inzwischen hinter mir. Alles, was ich wollte, war ein leichtes Kribbeln – nicht mehr und nicht weniger. War das denn wirklich zu viel verlangt? Und wenn das nicht drin war, dann wenigstens ein paar waschechte Hitzewallungen. Ich hatte schließlich nicht vor, als alte Jungfer zu enden. Ein leckerer Werwolf-Alpha, wie der Protagonist der Geschichte, die ich neulich an einem Stück verschlungen hatte – ja, das wäre schon was. Da würde ich gut und gerne freiwillig auf die Schmetterlinge im Bauch verzichten. Ich spähte zu dem armen Kerl neben mir, der sich noch immer um Kopf und Kragen redete. Definitiv kein Leitwolfpotenzial. Mit seinem selbstverliebten Gewäsch war er eher ein Fall für die Tierrettung. Nein … dies war ganz sicher nicht der Abend, an dem ich auch noch meine letzten Prinzipien in Sachen Männer über Bord werfen würde.

»Entschuldigst du mich bitte kurz? Ich brauche dringend etwas frische Luft.«

Statt seine Füße einzuziehen und mich durchzulassen, stand er ebenfalls auf und machte Anstalten, mich zu begleiten. Etwas, womit ich hätte rechnen müssen. Aber nach dem letzten Glas Whisky fiel nicht nur das Stehen schwer. Für eine kleine Klolüge war es jetzt jedenfalls zu spät. Blieb nur noch der Weg über den Couchtisch, in der Hoffnung, dass ich damit genügend Vorsprung herausholen konnte.

Elegant geht anders. Aber egal.

Immerhin hatte ich die Kletterpartie geschafft, ohne eines der diversen Gläser mit unterschiedlichem Füllstand vom Tisch zu treten. Die spontane Aktion war so schnell und unauffällig über die Bühne gegangen, dass kaum jemand davon Notiz genommen hatte. Außer die Nervensäge, die immer noch mit seinem Sitznachbarn verhandeln musste, damit er mir folgen konnte. Und Florian … War ja klar, dass der ausgerechnet jetzt zurückkommen musste.

»Was genau wird das, wenn es fertig ist?«

Er hätte sich ruhig etwas mehr Mühe geben können, sein wenig charmantes Grinsen zu verbergen.

»Wonach sieht es denn aus?«

Ich schenkte Florian einen, wie ich hoffte, besonders giftigen Blick und er besaß genügend Grips, um mich direkt vorbeizulassen. Kluge Entscheidung, denn ich hätte ihn, ohne zu zögern, zur Seite gewrestlt, wenn er auch nur eine Sekunde länger im Weg gestanden hätte. Ich musste hier raus. Kostete es, was es wollte. Sonst würde ich gleich selbst zum Werwolf werden und der Teppichboden würde Flecken bekommen, die selbst mit dem besten Waschmittel der Welt nicht mehr zu entfernen wären.

Obwohl ich bei der Suche nicht gerade zimperlich vorging, dauerte es gefühlt eine Ewigkeit, bis ich in dem Schuhchaos vor der Haustür endlich meine Sneakers gefunden hatte. Zu lange, um einen Abflug zu machen, bevor mich die Probleme einholten.

Seufzend setzte ich mich auf die oberste Treppenstufe und zog meine Schuhe an, während der Medizinstudent so tat, als hätte ich unsere Unterhaltung nie unterbrochen. Ich sah erst auf, als mir meine Jacke hingestreckt wurde. Florian lächelte mich aufmunternd an. Dann baute er sich vor meinem Anhängsel auf und gab ihm deutlich zu verstehen, dass ich jetzt nach Hause gehen und er mich begleiten würde, weil wir im selben Ortsteil im Norden der Stadt wohnten.

Moment mal, was?!

Ja, es stimmte. Wir waren beinahe Nachbarn und nach der Arbeit spazierten wir nicht selten gemeinsam nach Hause. Doch warum wollte er den für ihn vielversprechenden Abend abbrechen? *Verdammt.* Ich hatte absolut keine Lust, mich seinetwegen das ganze Wochenende mit Gewissensbissen herumzuschlagen – auch wenn ich zugegebenermaßen froh darüber war, dass sich der Plagegeist auf Flos Ansage hin verflüchtigt hatte.

»Bist du sicher, dass du nicht länger bleiben willst? Wegen mir musst du echt nicht jetzt schon aufbrechen.«

Da versuchte ich es extra auf die verbindliche Tour und er suchte nach seinen Schuhen, als hätte ich überhaupt nichts gesagt?!

»Ich komme auch ohne Begleitschutz klar«, ergänzte ich nicht mehr ganz so freundlich.

Eine hochgezogene Augenbraue? Echt jetzt?! Was für ein Klischee. Wenigstens hatte ich jetzt seine volle Aufmerksamkeit.

»Wenn mich nicht alles täuscht, lief es zwischen Sarah und dir heute Abend sehr vielversprechend. Diese Chance solltest du dir meinetwegen nicht entgehen lassen.«

»Schon möglich«, murmelte er schulterzuckend, während er sich wieder auf seine Schnürsenkel konzentrierte.

Dieser Typ treibt mich noch in den Wahnsinn.

Ohne ein Wort zu wechseln, liefen wir gemeinsam zur Haltestelle. Nach den letzten Stunden war die Ruhe ein wahrer Segen. Genau wie die bessere Gesellschaft. Mit Florian konnte ich mich stundenlang über Gott und die Welt unterhalten, doch wir waren mindestens genauso gut darin, gemeinsam zu schweigen – ohne dass die Stille zwischen uns je unangenehm wurde.

Die friedliche Nachtstimmung der Kleinstadt und die frische

Luft taten ihr Übriges, damit ich mich fast schon wieder klar im Kopf fühlte, als der Bus vorfuhr, der uns zum Universitätsgelände bringen würde. Von dort wäre es nur noch ein Katzensprung, bis ich mich endlich in mein kuscheliges Federbett fallen lassen konnte. Über die Aussicht, dass dieser Abend doch noch eine erfreuliche Wendung nehmen würde, war ich dermaßen erleichtert, dass ich sogar problemlos ausblenden konnte, dass ich nur die Party hätte absagen müssen, um sofort und ohne Umwege das hätte haben können, worauf ich mich jetzt freute.

»Hannes und du? Es hätte dich schlechter treffen können.«
Hä?!
Ich war weggedämmert, sobald wir im Bus gesessen hatten, und das Letzte, woran ich mich erinnern konnte, war Florian, der mir gegenübergesessen und aus dem Fenster geschaut hatte, als gäbe es auf der ganzen Welt nichts Spannenderes. Und dann kam er mir plötzlich so?
»Ich habe nicht die geringste Ahnung, wovon du sprichst.«
»Immerhin wird er in ein paar Jahren Arzt sein.«
Ah, stimmt ... Hannes ... so heißt der Labersack also.
»Du klingst wie meine Mutter.«
Ein grinsender Florian gefiel mir eindeutig besser als ein nachdenklicher.
»Außerdem sieht er gar nicht mal so übel aus.«
Hat man da Worte?! Nimm du ihn doch, wenn du ihn so toll findest. Ist mir zwar neu, dass du auf Männer stehst, aber hey – warum eigentlich nicht? Besser als Sarah ist er vermutlich allemal.
»Warum genau erzählst du mir das?«
Mein lauernder Tonfall ließ ihn zögern.
»Sarah meinte, dass du es möglicherweise nicht bemerkt hast, dass der Typ dich den ganzen Abend angebaggert hat.«
Nicht bemerkt?! Weil ich so blind bin oder so beschränkt oder beides? Na, auf die Erklärung bin ich jetzt aber wirklich gespannt.
Ich verschränkte die Arme vor der Brust und sah ihn fragend an.
»Deine Introvertiertheit ...«

44

Ich lachte so laut, dass er seinen Satz nicht zu Ende brachte und sich die wenigen Fahrgäste, mit denen wir uns um diese Zeit den Bus teilen mussten, sofort nach uns umdrehten. Eine Grimasse von mir und die hungrige Meute verkroch sich wieder in ihren Sitzen.

»Na, wenn deine Angebetete das sagt, dann muss es wohl stimmen.«

Florian drehte sich wieder zum Fenster und spielte den Beleidigten.

War ja klar. Jedes Mal, wenn ich ihn auf Sarah ansprach, machte er dicht. Ein schöner bester Freund. Sobald es um seine Gefühle ging, war er raus, aber über mein Liebesleben zu reden, war völlig in Ordnung? Dabei war ich immer noch sauer, dass er ausgerechnet jetzt, wo ich meinen Frieden mit diesem Abend bereits geschlossen hatte, von diesem nervigen Medizinstudenten anfangen musste, den ich lieber heute als morgen wieder vergessen wollte.

Doch so einfach würde ich ihn dieses Mal nicht davonkommen lassen. Wir würden noch eine Viertelstunde gemeinsam in diesem Bus festsitzen. Mehr als genügend Zeit für einen Profiinquisitor, um endlich ein paar pikante Informationen aus ihm herauszukitzeln.

»Leugnen ist zwecklos. Wirklich jeder am Institut hat mitbekommen, wie du seit Wochen an ihrem Rockzipfel hängst und ihr jeden noch so blöden Wunsch von den Augen abliest.«

Sogar die introvertierte Blindschleiche mit Beschränkung.

»Hat dir eigentlich schon mal jemand gesagt, dass du echt fies bist, wenn du zu viel getrunken hast?«

Autsch. Das hatte gesessen. Ich schluckte meine nächste Bemerkung, dass sich sogar schon unser Chef bei mir erkundigt hatte, ob die beiden ein Paar waren, herunter. Offensichtlich war das kein Thema, dem ich weiter nachgehen sollte, wenn mir unsere Freundschaft lieb war. So hatte ich ihn jedenfalls noch nie erlebt. Das konnte nur eines bedeuten:

Die Sache mit Miss Doppelmonitor ist ihm wirklich ernst.

Na, großartig. Und mir fiel nichts Besseres ein, als ihn auch noch damit aufzuziehen. Dabei war es meine Schuld, dass er an diesem Abend nicht mehr dazu kommen würde, die Sache mit Sarah endlich klarzumachen. Den Titel für die beste Freundin des Jahres konnte ich wohl vergessen. Ich wich seinem anklagenden Blick aus und ließ mich tiefer in meinen Sitz sinken. Zum Glück ließ er es dabei bewenden und widmete sich wieder den Lichtern der Stadt, die vor dem Fenster vorbeizogen.

Schweigend stiegen wir an der Unihaltestelle aus und schweigend liefen wir den halben Kilometer Feldweg, der uns von unseren Wohnungen trennte. Ein gemeinsames Schweigen, das absolut nichts Beruhigendes hatte. Hoffentlich blieb ein dicker Brummschädel der einzige Preis, den ich für diesen Abend zahlen würde. So wie Florian mich eben im Bus angesehen hatte, war ich mir dessen absolut nicht sicher. Wäre ich doch nur nicht auf diese blöde Party gegangen …

Die Dunkelheit über den Feldern hatte etwas Beklemmendes, obwohl ich den Weg gut kannte. In den letzten zehn Jahren war ich ihn fast täglich gegangen, manchmal auch nachts, allein, aber so wie in dieser Nacht hatte ich mich dabei noch nie gefühlt. Einerseits hatte ich es immer noch eilig, nach Hause zu kommen. Andererseits fiel es mir schwer zu akzeptieren, wie schnell die dunklen Silhouetten der Bauernhöfe, die sich im Licht der Straßenlaternen abzeichneten, näher kamen. Zu wenig Zeit für die Dinge, die gesagt worden waren, aber auch für die, die bisher unausgesprochen geblieben sind. Unsere Freundschaft war mir wichtig. Warum brachte ich es dann nicht fertig, die Sache hier und jetzt wieder in Ordnung zu bringen? Und überhaupt … Seit wann war plötzlich alles so kompliziert zwischen uns? Oder sollte ich besser fragen, wegen wem?

Sarah …

Es war so einfach wie unwillkommen, weil ich keine Ahnung hatte, was ich mit dieser Antwort anfangen sollte. Florian war mein bester Freund, nicht mehr und nicht weniger. Etwas anderes hatte ich nie in ihm gesehen. Gut, wir verstanden uns bestens – normalerweise zumindest –, aber ansonsten war er so gar nicht mein Typ. Die guten Kerle waren es nie. Umgekehrt war es offensichtlich nicht anders. Sarah und ich hatten ungefähr so viel gemeinsam wie ein Apfel und ein Sack voll Bohnen. Warum bekamen wir uns dann ständig ihretwegen in die Haare?

Weil du dich wie eine Zweijährige benimmst, die nicht bereit ist, ihr Spielzeug zu teilen, und weil du echt fies bist, wenn du zu viel getrunken hast.

Dieser Blödsinn musste aufhören. Jetzt sofort.

»Es tut mir leid, dass ich dir den Abend verdorben habe. Bist du jetzt sauer auf mich?«, fragte ich zerknirscht und es war mir total egal, dass ich dabei klang wie das Kleinkind, das ich seit der Party abgab.

»*Du* hast meinen Abend ganz sicher nicht verdorben.«

Keine Ahnung, was für eine Antwort ich erwartet hatte – diese war es sicher nicht. Erleichterung wäre die Untertreibung des Jahrhunderts. Und die Art, wie er das *Du* betonte, war Musik in meinen Ohren, auch wenn ich mich eigentlich nicht darüber freuen sollte, dass es mit seiner Eroberung anscheinend doch nicht so gut gelaufen war wie gedacht.

»Außerdem kann ich mich nicht erinnern, dass ich überhaupt schon einmal wirklich sauer auf dich war.«

Aha? Ich blieb im Licht der ersten Straßenlaterne stehen und sah ihn fragend an. Doch er legte mir nur eine Hand auf die Schulter. Eine freundschaftliche Geste, die in diesem Moment so schräg war, dass ich schon fürchtete, der ein oder andere Extradrink hätte sich negativ auf mein Wahrnehmungsvermögen ausgewirkt. Aber anscheinend war ich mit diesem Empfinden nicht allein, denn er zog seine Hand fast sofort wieder zurück und fuhr sich stattdessen verlegen durch die Haare, bevor er sein Grinsen wiederfand.

»Ich fände es trotzdem besser, wenn du das nächste Mal den anderen Gästen etwas vom Whisky übrig lassen würdest.« Er legte den Kopf schief und musterte mich schmunzelnd. »Obwohl … Der kleine Stunt auf dem Couchtisch war schon recht unterhaltsam.«

Ha, ha, ha. Ja, nein, ist klar. »Ab hier schaffe ich es allein nach Hause.«

Ich wartete nicht ab, bis ihm noch mehr Gemeinheiten

einfielen, und bog an der Kreuzung, an der sich unsere Wege trennten, nach rechts ab.

»Noch was, bevor ich es vergesse. Sarah hat Hannes deine Handynummer gegeben und er wird sich bestimmt in den nächsten Tagen bei dir melden.«

Er war mit einer helfenden Hand zur Stelle, als ich vor Schreck über meine eigenen Beine stolperte, und ich wäre am liebsten im Boden versunken, bis mir einfiel, was mich überhaupt erst ins Wanken gebracht hatte.

»Ich sage das jetzt nur ein einziges Mal. Dieser Typ und ich, vergiss es – selbst wenn er der letzte männliche Vertreter unserer Spezies wäre. Das wird nichts.«

Er lächelte auf eine Art, die ich nicht von ihm kannte und bei der es mir warm ums Herz wurde.

Okay … das ist neu.

Es wurde höchste Zeit, dass ich im Bett verschwand, bevor ich weitere Entscheidungen traf, die ich morgen ganz sicher bereuen würde. Er lächelte immer noch, als ich ihm zum Abschied zuwinkte und mich bemühte, dabei nicht allzu unbeholfen auszusehen.

In dieser Nacht träumte ich zum ersten Mal von ihm. Nein, nicht direkt von ihm – genau genommen war er einfach nur anwesend. Ein stiller Zuschauer in einem ziemlich verrückten Traum, an den ich mich schon am nächsten Morgen nicht mehr im Detail erinnerte. Es blieb nur die Gewissheit, dass alles in Ordnung war, solange er bei mir war.

Rieke Conzen wurde 1987 geboren und lebt in Hagen in NRW. Seit 2014 arbeitet sie als Korrektorin und Lektorin. Mit dem Schreiben hat sie eigentlich gar nichts an der Mütze. Hin und wieder überkommt sie aber der Drang, sich der Poesie hinzugeben. Auch wenn sie sich selbst kein großes Dichttalent zuschreibt, macht es ihr wahnsinnig viel Freude. Daher hat sie es sich nicht nehmen lassen, auch für diese Anthologie ein Gedicht zu verfassen.

Rieke Conzen

Gedankenträume und Bonbonbäume

Dies ist die zauberhafte Geschichte vom kleinen Hans
Er hat spitze Flauschohren und einen grauen Fellschwanz
So wirkt er ein wenig ulkig und sonderbar
Und das nehmen auch alle auf einen Blick wahr
Das hält sie aber nicht davon ab, ihn zu lieben
Toleranz und Wertschätzung werden ja großgeschrieben

Hans aber fühlt sich trotzdem nicht gut
Und verbirgt seine Hundeohren oft mit einem Hut
Auch den Schwanz würd er gern verstecken
Doch der ist so buschig und lässt sich kaum bedecken
Den anderen ist sein spezielles Aussehen egal
Doch er wäre gern einfach nur normal

So läuft er nun wieder schwermütig umher
Die Ohren geknickt, sein Herz ganz schwer
Ein Spaziergang macht ihn manchmal heiter
Und so geht er immer weiter und weiter
Vorbei an Büschen, Sträuchern, Bäumen
Gefangen in seinen Gedankenträumen

Doch dann bleibt er plötzlich stehen
Kann nicht glauben, was seine Augen da sehen
Ein Falter, Schmetterling, Vogel ist es nicht
Es hat Arme und Beine wie ein Mensch und ein Gesicht
Genau vor ihm fliegt es und flattert wild herum
Hans würd gern etwas sagen, bleibt aber lieber stumm

Dann umkreist es ihn einmal, zweimal, immer wieder
Und lässt sich sanft auf seiner Schulter nieder
Hat er da grad ein Kichern gehört?
Hans ist perplex, auch etwas empört
Dann kommt ihm eine verrückte Idee:
»Bist du vielleicht eine … Fee?«

Sie kichert noch einmal und fliegt von dannen
Hans schaut sich um, sieht nur große Tannen
Da beugt sich einer der Bäume zu ihm herunter
»Du siehst aber traurig aus, gar nicht munter«
Hans bleibt reglos, macht keinen Ton
Mustert den Baum voller Argwohn

Da fängt der tatsächlich wieder an zu reden:
»Hab keine Angst, bald kennst du hier jeden
Hier gibt es noch die ein oder andere seltsame Gestalt
Du befindest dich nämlich im schönen Zauberwald
Voller Magie, Elfen, Wünsche, Drachen und Faune
Lauf los, sieh dich um, das hebt sicher deine Laune«

Drachen? Hans schwankt zwischen Furcht und Neugier
Da schiebt ihn der Baum einfach weiter ins Zauberrevier
Zögernd folgt er dem Weg ins geheimnisvolle Dickicht
Immer gruseliger wird es, dann schwindet das Licht
Nur Stille und finstre Schemen um ihn herum
Sein Verstand ruft: Bist du verrückt? Kehr um!

Hans fürchtet sich und will nur zurück
Doch dann erhellt sich vor ihm das Waldstück
Und plötzlich ist der Weg überzogen
Von einem herrlich bunten Regenbogen
Hans zögert nicht, geht schnell drunter her
Wie weggeblasen ist der Entschluss zur Umkehr
Der Anblick auf der anderen Seite ist kaum zu beschreiben
Das kann nicht sein – er muss sich die Augen reiben

Erneut schaut er sich zaghaft um
Und fragt sich ganz leise, fast stumm:
»Bin ich jetzt etwa völlig verrückt?«
Die Bäume sind mit Bonbons bestückt
Die Wolken sind rosa und in Herzchenform
Hier hält sich offenbar nichts an die Norm

Es gibt geflügelte Wesen und Schafe mit Glitzerwolle
Flauschige Schmetterlinge und riesige Trolle
Die Pferde haben ein Horn und goldglänzendes Fell
Alles ist bunt, aber wunderbar zart wie Pastell
Der Himmel in einem traumhaften Lavendeltürkis
Hans denkt sich: Das hier ist das Paradies

Er steht inmitten von einem Blumenmeer
Sieht sich um, hört ein Plätschern irgendwoher
Bisher erlaubte er sich keine Regung
Doch der Durst setzt ihn nun in Bewegung
So läuft er vorbei an Felsen mit Zuckerguss
Und gelangt an einen funkelnden Fluss

Das Wasser hat die Farbe von Bernstein
Es wird doch wohl kein Whisky sein?
Doch Hans muss wirklich etwas trinken
Und lässt sich auf die Knie sinken
Er kostet von dem blubbernden Sud
Wie erfrischend – das tut richtig gut!

So eine köstliche Limonade hatte Hans noch nie
Sie schmeckt nach süßen Früchten und Magie
Zufrieden geht Hans am Flussufer weiter
Er fühlt sich glücklich und ungemein heiter
Ja, so gut ging es ihm wirklich schon lang nicht mehr
Er pflückt sich ein Bonbon vom Baum als kleines Dessert

So flaniert er weiter und immer fort
An diesem wunderbar idyllischen Ort
Er atmet tief ein, genießt den Duft
Schoko und Magnolie liegen hier in der Luft
Das riecht wie sein Weichspüler, denkt sich Hänschen
Und stolpert fast über sein langes Schwänzchen

Er hat nämlich schon wieder etwas Komisches gesehen
Erstaunlicher noch als der ganze Süßkram und die Feen
Da vorn ist eine Gruppe von Leuten
Die ebenso überrascht zu ihm hindeuten
Etwas verbindet sie, das ist ganz klar
Hans tritt näher ran an die kleine Schar

Der Größte von ihnen kommt auf Hans zu
Und ruft: »Na, wer bist denn du?
Hast ja so einen Schwanz und Ohren wie wir
Das ist ja toll, erzähl uns doch was von dir!«
Hans kommt der Aufforderung nach
Berichtet über sich und seine Schmach

Der Hüne reagiert sehr einfühlsam auf seine Klagen
»Nun sei deswegen doch nicht so niedergeschlagen
Sei stolz auf deine Besonderheit
Die dir so tolle Fähigkeiten verleiht
Mit den Ohren hörst du doch außerordentlich gut
Und der Schwanz ist für die Balance ein nützliches Attribut

Freue dich über diese Vorteile
Und nun komm zu uns für eine Weile
Dann lernen wir uns besser kennen
Du kannst mich Eddi nennen«
Eddi stellt Hans den anderen vor
Er ist für ihre Erzählungen ganz Ohr:

Sie treffen sich seit einiger Zeit regelmäßig im Zauberwald
Und geben sich gegenseitig Verständnis und Rückhalt
»Werwölfe« werden sie dort genannt
Das lag ja irgendwie auf der Hand
Der Name gefällt ihnen aber trotzdem sehr
Und ihr Anderssein fällt ihnen nicht schwer

Ganz im Gegenteil: Sie sind wirklich dankbar und richtig froh
Über ihre tollen Ohren am Kopf und den Kuschelschwanz am Po
Beides lieben sie, möchten es nicht mehr missen
Hans überkommt ein kleines schlechtes Gewissen
Er hat seine besonderen Merkmale immer verachtet
Sie niemals als Vorteil oder Geschenk betrachtet

Die Werwölfe erzählen ihm noch viel, viel mehr
Hans genießt die unbeschwerte Zeit sehr
Sie unterhalten sich über verschiedene Themen
Doch dann ist es Zeit, Abschied zu nehmen
Sie umarmen sich an diesem zauberhaften Ort
Und Eddi ergreift noch einmal das Wort:

»Lieber Hans, es war sehr schön mit dir
Hoffentlich sehen wir dich nun öfter hier
Du kannst jederzeit hierher gelangen
Wirst immer mit offenen Armen empfangen
Aber nun schnell ab nach Haus
Gleich geht das Licht hier nämlich aus«

Auf dem Heimweg fühlt sich Hans glücklich und frei
Die Zeit der Scham und des Unwohlseins ist nun vorbei
Er betrachtet sich mit einem ganz neuen Blick
Und freut sich über sein besonderes Geschick
Egal ob Hundeohren oder Wolfsschwanz mit grauem Haar
Er findet sich besonders toll und einfach wunderbar

Jonah Parker schreibt Jugendbücher in den Genres Romance und Fantasy, wobei er besonderen Wert auf die Entwicklung von Freundschaften legt. Er liebt Musik von Klassik bis Rock, spielt Gitarre und schreibt Lieder, die seine Geschichten thematisch untermalen. Seine Kurzgeschichte »Noctuniar« ist seine erste Veröffentlichung.

Jonah Parker

Noctunian

Onkel Wero legt sein Gewehr in den Kofferraum des SUV neben Bärenfallen aus Silber und verschiedenen Messern und Macheten, die im Mondlicht rötlich schimmern.

Heute ist Blutmond. Zwischen hohen Fichtenwipfeln glüht er am Himmel, taucht die Nacht in eine Höllenszenerie. Wie Rußnebel verdecken mehrdimensionale Lagen von Wolkenschleiern das Sternenmeer, an manchen Stellen wirkt es, als brächen Magmaströme durch. Diese unwirkliche Lichtatmosphäre bannt mich jedes Mal aufs Neue, gleichzeitig kribbelt Anspannung in meinen Wadenmuskeln. Früher hatte ich die Märchen geglaubt, in denen erzählt wird, der Himmel versuche, uns Menschen vor den Bestien zu warnen, die zu dieser Stunde durch die Wälder streifen. Mittlerweile zweifle ich an vielen Wahrheiten.

Onkel Wero zieht sich eine tarngrüne Kappe über seine fortschreitende Glatze, er drückt den Knopf am Kofferraumdeckel, woraufhin der sich piepend automatisch schließt. Fortschritt in einer Welt, die im Mittelalter stecken geblieben ist. Der kleine Mann wendet sich zu mir um und boxt mir kumpelhaft gegen den Oberarm. Ich presse die Lippen aufeinander.

»Deine erste Jagd, Janosch. Was meinst du: Wie viele kriegen wir?«

Ich schnaube. »Du erledigst natürlich ein ganzes Rudel, Onkel.«

Sein Blick spießt mich auf. »Spar dir deinen gehässigen Ton. Die meisten in deinem Alter träumen davon, so eine Gelegenheit zu bekommen. Versau mir nicht die Laune.«

Ich nicke unterwürfig.

»Hör auf mit deinen Allüren. Spätestens

wenn du durch den Gewehrlauf linst und dich das Adrenalin packt, wirst du Blut lecken.«

Sicher.

»Dein Väterchen war genauso eine Memme wie du.« Er wischt sich über seine laufende Nase. »Hatte Mitleid mit den Viechern. Dein Großvater hat ihm die Lektion erteilt, die ich dir heute beibringe.«

»Der Irrsinn hat ihn das Leben gekostet.«

Onkel packt mich am Oberarm, ich spüre die Wut in seinem Griff, seine Lippen beben. »Setz dich in den Wagen.«

Er gibt mich frei. Ich nehme ein paar Züge der nächtlichen Spätsommerluft, konzentriere mich auf meine Atmung, um mein kochendes Inneres abzukühlen. Ich gehe um den Wagen zur Beifahrertür, da bemerke ich einen grau-schwarz getigerten Schwanz, der aus dem Radkasten baumelt. Er gehört zu Nitzi, der betagten Katze unserer noch betagteren Nachbarin. Vor einigen Wochen hat sie sich angewöhnt, ein Nickerchen auf den Reifen zu halten. Eine tödliche Angewohnheit, besonders da Onkel keiner ist, der jedes Mal checkt, ob sie sich wieder mal dort verkrochen hat. Ich hebe sie heraus, sie reißt erschrocken ihren Kopf herum, bemerkt, dass ich es bin, und setzt zum Schnurren an. Ich lege sie in den Blumenkübel am Zaun, wo sie sich sofort zusammenrollt, um weiterzuschlummern. Alte Draufgängerin.

Onkel lehnt sich mit beiden Armen gegen die Karosserie und blickt mich über das Autodach hinweg an. »Wenn du ihr ständig aus der Patsche hilfst, wird das Mistvieh es nie kapieren.«

»Wäre eine einmalige Lektion«, entgegne ich.

Kichernd steigt er ins Auto. Wie sehr ich sein verachtendes, zynisches Kichern hasse. Kurz darauf brummt der Motor, das Scheinwerferlicht flutet die Einfahrt, Klaviermusik dringt aus dem Radio. »Bis du endlich deinen Arsch in Wallung versetzt, haben uns die anderen alles vor der Nase weggeballert!«

Jede Faser in mir sträubt sich, mich zu ihm in den SUV zu hocken, denn der Ausflug wird damit enden, dass wir einen Wolf töten. Warum ich Onkel Wero nicht die Stirn biete und zu Hause bleibe? Weil er sich ohnehin nicht aufhalten ließe. Weil es

Dutzend andere Jäger gibt. Weil ich jeden Blutmond bete, dass es nicht den einen Wolf mit dem silbernen Fell erwischt.

Ich presse meinen Kopf ins kühle Beifahrersitzleder. Vereinzelte Silhouetten von Häusern ziehen vorüber, werden vom Wald verdrängt, bis zu beiden Seiten ein dunkler Wall aus Fichten und Zedern die schnurgerade Straße rahmt. Wir fahren dem Blutdiamanten entgegen. Onkel drückt am Armaturendisplay herum, um den Radiosender zu wechseln. Er tut immer so, als ob ich nicht wüsste, dass er insgeheim auf Klassik steht, bildet sich ein, mir beweisen zu müssen, wie abgebrüht er ist, weswegen er auf einen Hardrock-Sender wechselt.

»Tu mir 'n Gefallen.« Er hat eine Hand am Lenkrad, den anderen Arm lässig am Seitenfenster. Seine aufwendige Tätowierung fällt auf: Wolfsschädel, gekreuzte Gewehre, obskure Runen, dazwischen eingebettet das Todesdatum meines Vaters. »Schau in die Kühlbox auf der Rückbank. Bin mir nicht sicher, ob ich den Whisky reingetan habe.«

»Whisky?« Ich beuge mich nach hinten. »Bei einem Haufen besoffener Jäger kann überhaupt nichts schieflaufen.«

Ich kann spüren, wie Onkel Wero hinter meinem Rücken die Augen verdreht. »Es geht nicht um den Alkohol, sondern um das, was ich dazugemischt habe. Wenn wir da sind, erkläre ich es dir. Ist die Flasche in der Box?«

»Eine petrolblaue?«

»*Hanging Tree's Navy Deserter*. Sehr gut. Heute wirst du zum Mann, Janosch.«

Wir biegen auf eine Lichtung, die zu einem Parkplatz umfunktioniert wurde. Drei Autos stehen bereits mit offenen Kofferraumdeckeln dort, Gestalten huschen umher. Wir halten vor einem Weißdornstrauch, die Scheinwerfer durchleuchten das Innere des Waldes wie beim Röntgen, offenbaren sein Gerippe, eine endlose Säulenhalle aus kahlen Fichtenstämmen, etwas weiter rechts eine Ansammlung junger Tannen. Onkel schaltet den Motor ab, das Licht erlischt und verleiht der Fantasie Macht über die Dunkelheit. Die wummernden Gitarrenriffs werden abgewürgt, der Gurt klickt, Onkel reißt die

Tür auf. Nachtluft mit erdiger Note und dem Duft von Fichtennadeln strömt herein. Onkel mischt sich draußen unter das kehlige Gelächter. Wenngleich er der Kleinste von ihnen ist, überschallt sein Kichern alle anderen.

Seufzend blicke ich zu den Schatten des Waldes. Allmählich gewöhnen sich meine Augen an die Lichtverhältnisse, die Umrisse der Vegetation zeichnen sich schärfer ab, füllen sich aber nicht mit Farbe, bekommen höchstens einen Rotstich wegen des Mondes, der mich im Rückspiegel anglotzt. Bei der Tannenansammlung erspähe ich ein Gebilde, das ich als zerfallenen Hochsitz interpretiere.

Da!

Etwas hat sich bewegt. Rasch, unmerklich.

Ein leises Knacken. Unverkennbar.

Gänsehaut prickelt auf meinen Armen. Pirscht er sich an? Will er uns zuvorkommen? Ich sollte aussteigen, um die anderen zu warnen. Sie stehen im Kreis beisammen, reißen Witze, plärren ihren Hochmut in die Wildnis. Sie markieren die perfekte Beute.

Ich bleibe sitzen.

Ist es der Wolf mit dem Silberfell? Würde er mich attackieren? Heute an Noctuniar scheint alles anders. Gestern Abend haben wir uns vor Mondaufgang getroffen. Ich bin der einzige Mensch, der sein Versteck kennt, die *Mondhöhle*, wie er sie nennt. Es war ihm nicht recht, glaube ich, aber ich konnte nicht anders. Ich musste mich von ihm verabschieden.

Beim Wasserholen erspähte ich ihn am Weiherufer, er stellte den gefüllten Eimer neben sich ab. Sein Anblick gefiel mir. In Vorbereitung auf die bevorstehende Verwandlung war er nackt, trug nur sein weinrotes Halsband und ums linke Handgelenk unser Freundschaftsband. Während er gedankenversunken auf sein Spiegelbild auf der Weheroberfläche starrte, schlich ich mich von hinten an ihn heran.

Mit einem Sprung stürzte ich mich auf ihn. »Aaren!«

Er schrak zusammen, stolperte vorwärts, platschte ins Wasser. Hustend fuhr er zu mir herum. Seine Frisur war grau zerlaufen. Ich konnte mich vor Lachen kaum halten. Kurz strafte er mich mit seinem Wolfsblick, dann brach auch bei ihm ein zitterndes Grinsen durch, das von meinem Gelächter angesteckt wurde. Er watete ans Ufer, knurrte mich spielerisch an und strubbelte sich die Feuchtigkeit aus den Haaren, wodurch sie in der durch die Wipfel brechenden Abendröte wieder silbern schimmerten. Seine Haut trocknete unglaublich schnell.

Ich schlang von hinten meine Arme um seine Brust. »Für einen Werwolf hast du eine ganz schön miese Wahrnehmung.«

»Ich hab dich schon bemerkt«, log er und legte seine warmen Hände auf meine Arme. Er strahlte Hitze aus, glühte ohne einen Schweißtropfen.

»Du hättest dein Gesicht sehen müssen!«

»Alles nur Show.« Aaren konnte seine Nervosität vor mir nicht verbergen. Bald war es so weit. Sein Daumen fühlte über meinen Handrücken. »Du hättest nicht kommen sollen. Es ist gefährlich.«

»Ich hab keine Angst vor dir. Du tust mir nichts.«

»Janosch, du weißt, dass ich mein Wolfsblut an Noctuniar nicht kontrollieren kann. Falls ich überlebe, will ich morgen nicht aufwachen und feststellen, dass ich dich in Fetzen gerissen habe.«

»Sobald der Mond aufgeht, mache ich mich aus dem Staub, versprochen.«

Er atmete schwer aus. »Noch *vor* Mondaufgang verschwindest du, klar?«

Aaren wand sich aus meiner Umarmung, tat ein paar Schritte, hievte sich eine hüfthohe Felskante empor und verschwand im Dunkel seiner Schutzhöhle. Ich erkannte, wie er sich nach etwas bückte, kletterte ihm hinterher und verharrte am Höhleneingang, wo sich über meinem Kopf ein Felsmassiv wölbte. Er durchwühlte einen Haufen jener Klamotten, in denen er heute Nachmittag noch mit mir unterwegs gewesen war. Meistens trug er kurz geschnittene, luftige Sachen, weil ihm auch an normalen Tagen schnell heiß wurde. Für den Moment schlüpfte er lediglich in die Boxershorts.

»Von mir aus musst du dir die nicht anziehen.«

Schmunzelnd drehte er mir seine definierte Brust zu. »Ich

komme mir dämlich vor, wenn ich der Einzige bin, der nackt rumläuft.«

»Lässt sich ändern.« Ich lupfte mein Shirt, zog es mir jedoch nicht aus.

Seine Pupillen waren sofort zu meinem entblößten Hautstreifen gezuckt. Nach dem Schwimmunterricht war es für mich kein Problem, mit den anderen Jungs duschen zu gehen, gleichzeitig traute ich mich nicht, vor ihm das Shirt auszuziehen. Vielleicht lag es daran, dass ich mich fühlte, als hätte ich seinem Aussehen nichts entgegenzusetzen. Seine Muskeln schienen ihm angeboren, er war etwas drahtiger gebaut als seine Rudelbrüder, das Bronzeamulett mit dem eingelassenen Rubinauge schmiegte sich an seinen olivfarbenen Teint. Sogar das Halsband, das ihm die Regierung aufgezwungen hatte, stand ihm ziemlich gut. Seine großen braunen Hundeaugen musterten mich, seine gespannten Brauen verliehen ihm einen melancholischen Gesichtsausdruck, er hat einen markanten Kiefer, einen breiten Mund mit schmalen Lippen, der gerade diese Worte formte: »Ich wünschte, mehr Leute wären wie du.«

Das hatte ich nicht erwartet. Ich hörte Traurigkeit heraus. Bis eben hatte ich gedacht, er wäre schlichtweg aufgeregt wegen des drohenden Blutmonds. Offensichtlich gingen die Gefühle unter seiner Oberfläche tiefer, als ich angenommen hatte. Jetzt kam ich mir dumm vor, weil ich ihn vorhin erschreckt hatte. Ich hätte ihn trösten und ein Freund für ihn sein sollen.

Wir setzten uns draußen auf die Felskante, ließen die Beine runterhängen. Im Weiher schimmerte das verblassende Abendrot, das mehr und mehr von Tinte überpinselt wurde. Die Luft kühlte ab. Vogelschwärme zogen über die Baumkronen, sie flüchteten vor der Nacht, wie ich es auch bald tun sollte. Die Zeit rann uns durch die Finger.

Ich lehnte meinen Kopf gegen Aarens glühende Schulter. »Meinst du, die Gesellschaft kapiert irgendwann, dass ihr eigentlich nicht anders seid?«

»Es wird doch immer schlimmer. Wir dürfen nicht mal mehr eure Schulen besuchen, wir dürfen nicht in Krankenhäusern behandelt werden. Es liegt auf der Hand, wo das Ganze hinführt.« Er strich sich durch sein Silberhaar, das er vorn etwas länger trug als an den Seiten. »Spätestens wenn die falschen Personen an die Macht kommen. Jemand wie dein Onkel zum Beispiel.«

Der Gedanke schockierte mich. Ich malte mir eine dystopische Zukunft aus: Vernichtungslager voller Werwölfe, öffentliche Exekutionen …

»Für uns gelten keine Menschenrechte, weil wir in deren Augen keine Menschen sind. Irgendwann sind wir weniger wert als Tiere. Zumindest darf man bisher nur an Noctuniar auf uns schießen. Aber das ändert sich auch noch, ganz sicher.«

Ich verschwieg ihm, dass Onkel Wero mich zwang, diesmal mit ihm auf die Jagd zu gehen. Ich wollte nicht, dass er sich Sorgen um mich machte.

»Wir könnten in den Regenwald abhauen.« Ich nahm meine Wange von seiner Schulter, da mir der Schweiß in Strömen das Kinn runtertropfte. »Einfach flüchten vor den bösen Leuten hier.«

»Hätte was.« Er schüttelte sich die Idee aus dem Kopf. »Mein Rudel braucht mich. Ich kann nicht abhauen und sie im Stich lassen.«

»Nimm sie eben mit. Dann gründen wir irgendwo im Niemandsland eine Kommune und –«

Aaren zitterte, als hätte er plötzlich heftigen Schüttelfrost. Seine Armhärchen stellten sich auf und schienen zu wachsen. Seine Haare schillerten wie frisch gefallener Schnee.

Die Nacht kam schneller als erwartet.

»Hau ab«, presste er hervor.

An Noctuniar hatte ich seine Verwandlung noch nie miterlebt. Seine Augen leuchteten intensiver als jeder Blutmond. Er stürzte den Abhang runter, fiel auf die Knie.

Er warf den Kopf in den Nacken. »Lauf weg!«

Ich schnellte in die Höhe. Alles, was ich ihm gern zugerufen hätte, blieb mir im Hals stecken. Ein Stück rannte ich, dann drehte ich mich noch mal zu ihm um.

Aarens Stöhnen hallte durch den Wald. Er warf den Kopf herum, als ränge er mit einem Dämon um die Vorherrschaft seines Körpers. Seine Haut verfärbte sich, schien zu brodeln. Eine unsichtbare Macht schleuderte ihn auf alle viere. Knochen knackten, als sich sein Rückgrat verformte. Er kämpfte dagegen an.

An normalen Tagen hatte er sich schon vor meinen Augen verwandelt, ich musste ihm dann immer die Klamotten hinterhertragen. Sonst dauerte es nicht länger als ein Wimpernschlag, aber gerade war es ein furchtbarer Anblick. Er *wollte* nicht zum Wolf werden, doch der Mond zwang ihn dazu. Seine Wolfsgestalt fraß ihn förmlich auf.

Nach circa zwei Minuten stand ein wunderschöner Wolf mit silber-weiß marmoriertem Fell am onyxschwarzen Weiherufer. Dann drehte er sich in meine Richtung. Seine Augen funkelten rot. Das war nicht richtig. Aarens Augen waren bernsteinfarben.

Ein Schauer jagte mir über den Rücken. Von Aaren war genauso viel übrig wie von seinem menschlichen Körper. Nicht Aaren, sondern eine Bestie stand mir gegenüber, trabte auf mich zu, knurrte.

Ehe meine weichen Beine zur Flucht ansetzten, sprang er mich an, riss mich zu Boden. Krallen pikten in meine Oberarme. Ich blickte in ein Maul voller geschliffener Zähne. Der Gestank eines hungernden Magens stieg mir in die Nase.

Doch er tat mir nichts. Aus dem Knurren wurde ein Bellen. Irgendwie hatte er es geschafft, die Bestie davon abzuhalten, mir wehzutun. Er stieg von mir herunter, ich rappelte mich auf, stolperte über eine Wurzel. Aarens Bellen brüllte mir entgegen: *Ich weiß nicht, wie lange ich mich zurückhalten kann. Lauf! Ich will dich nicht verletzen. Solange ich kann, beschütze ich dich. Aber nun lauf!*

Das tat ich. Bäume und Gestrüpp rauschten an mir vorbei. In der Finsternis war es schwer, nicht mit irgendwas zu kollidieren. Plötzlich brach Gejaule los. Es drang von überall her, prallte von den kahlen Fichtenstämmen in unzählige, sich überlagernde Echos. Ich rettete mich zur Straße, sprang auf mein Fahrrad, trat in die Pedale.

Zu Hause quälte mich jede verstreichende Minute. Onkel Wero schwor mich erneut darauf ein, wie wichtig es ihm war, dass ich ihn bei der Jagd begleiten würde. Seit er mich nach

Vaters Tod bei sich aufgenommen hatte, träume er davon. Über die Jahre hatte es häufig Streitereien deswegen zwischen uns gegeben. Mittlerweile nahm ich es widerstandslos hin, damit er Ruhe gab.

In Gedanken bete ich nun für Aaren, ich lege eine Hand auf meine Brust, als ob sich mein ausflippendes Herz dadurch beruhigen ließe, atme dreimal tief aus und ein, bevor ich die Beifahrertür aufstoße und ins Freie stolpere. Mit zusammengekniffenen Augen suche ich den Waldrand nach sich bewegenden Schatten ab, doch ich bemerke lediglich die Bewegungen der Blätter und Zweige in der Brise. Vielleicht hat mir vorhin mein Unterbewusstsein einen Streich gespielt. Meine Hände stopfe ich in die dünne Windjacke. Ich stapfe auf die Männerrunde zu, fühle mich absolut fehl am Platz, komme mir wie ein verängstigtes Kleinkind vor, das hofft, nicht bemerkt zu werden. Die Jäger diskutieren ihre Strategien und Taktiken. Sie nutzen Begriffe, bei denen mir die Galle hochkommt: ausweiden, häuten, Trophäe, neuer Pelzmantel. Schließlich packt mich Onkel Wero am Oberarm, um mich in die Runde zu ziehen. Er stellt mich den anderen vor. Sie machen Witze über meine Schweigsamkeit. Sollen sie. Der mit der Bierwampe bezeichnet mich als »Hündchenschmuser«, woraufhin sie alle durcheinandergrölen. Lémas, ein hagerer Mann mit blondem Schnurrbart, der mich etwas an Ned Flanders erinnert, boxt mir gegen die Schulter, um mir zu signalisieren, dass es lediglich Späße sind. Wenn der wüsste, wie falsch er damit liegt … Hündchenschmuser. Aus einem ganz anderen Grund entfleucht mir ein Schmunzeln.

»Janosch.« Onkel nickt zu unserem SUV. »Bring uns den *Hanging Tree*. Es ist Zeit.«

Gehorsam komme ich seiner Bitte nach, kehre mit der petrolfarbenen Whiskyflasche zur Runde zurück. Ohne Dankesgeste reißt er sie mir aus der Hand. Er spricht ein paar pathetische Sätze, dann nimmt er den ersten Schluck, reicht die Flasche weiter. Zum Schluss kommt sie wieder bei mir an. Lémas wischt sich die Feuchtigkeit aus dem Schnurrbart, hält sie mir lächelnd hin. Ich zögere nicht, nehme sie und führe mir den

Flaschenkopf an die Lippen.

»Boah, der Bursche gefällt mir!«, ruft Bierwampe.

Im Augenwinkel bemerke ich, wie Onkel mich mustert. »Hätte es dieses Elixier damals schon gegeben, wäre dein Vater noch am Leben«, sagt er. »Es macht uns vor Werwölfen quasi unsichtbar. Sie können unser Blut nicht mehr riechen. Ein Hoch auf die Wissenschaft!«

Die anderen Jäger stimmen mit ein: »Hoch! Hoch!«

Ich schlucke den Rest der blauen Flüssigkeit. Nurmehr Bodensatz, durchmischt mit dem Speichel dieser widerlichen Kerle. Es schmeckt scharf, salzig wie Meeresgischt, etwas Moderiges legt sich über meine Zunge, als hätte ich aus einem Teich voll toter Fische getrunken. Hinzu kommt das Brennen des Alkohols in meiner Kehle. Ich unterdrücke den Hustenreiz.

Onkel schlägt mir mit der flachen Hand gegen den Rücken. »Mach deinen Vater stolz, Janosch.«

Damit eilen die Jäger zu ihren Kofferräumen, rüsten sich aus wie Soldaten vor der Schlacht. Bierwampe schnallt sich einen Granatengürtel um. Onkel Wero drückt mir das Gewehr gegen die Brust. »Heute lernst du was fürs Leben«, sagt er, schultert einen Rucksack und schnappt sich eine Machete.

Daraufhin dringen wir in den Wald vor. Niemand spricht ein Wort. Mit zwanzig Metern Abstand zueinander schleichen wir in einer Linie vorwärts. Jeder weiß, welche Rolle er zu spielen hat. Der Plan ist folgender: Lémas hat vor einer halben Stunde einen Köder ausgelegt, der für Werwölfe extrem geruchsintensiv ist. Falls einer angebissen hat, sollen wir ihn umzingeln und mit einem Kopfschuss töten, damit möglichst wenig Wertmaterial verloren geht. Der erste Schuss ist für mich reserviert.

Meine Hände werden schwitzig beim Halten des Gewehrschafts. Onkel hält sich dicht neben mir.

In der Nähe eines Rinnsals, das vom Mond beleuchtet eher an den Abfluss eines Massakers erinnert, verharren wir. Einige fluchen leise. Der präparierte Schweinekadaver ist unberührt. Ich bin wohl der Einzige, der sich darüber freut. Die Jäger wechseln hastige Worte, um sich über die Situation zu beraten. Ihr Entschluss: Wir legen uns auf die Lauer. Das ist zwar risikoreich, aber die beste Chance. Seitdem mein Vater verunglückt ist, hat es sich etabliert, die Jagd nicht mit dem aufgehenden Blutmond zu beginnen, sondern abzuwarten, bis er in den frühen Morgenstunden kurz vorm Untergehen ist, denn die Werwölfe sind dann in der Regel schwächer und sollte etwas schieflaufen, muss man nur bis zum Sonnenaufgang durchhalten, nicht die ganze Nacht. Dieses enge Zeitfenster ist den Jägern gerade ein Dorn im Auge, zugleich meine größte Hoffnung.

Bald wird die Sonne aufgehen.

Onkel und ich kauern uns an einen Baumstamm, halten den Schweinekadaver beim Rinnsal im Blick. Die anderen haben sich rundherum in Position gebracht. Lauernde Schattengestalten. Immer wieder spähen sie durchs Fichtengezweig, um den Farbton des Nachthimmels zu prüfen. Der Mond muss inzwischen längst auf die Höhe des Horizonts gewandert sein. Sie werden ungeduldig. Onkel fährt unentwegt mit dem Daumen über die stumpfe Kante seiner Machete. Mich lässt das Gefühl nicht los, dass wir diejenigen sind, die beobachtet werden. Manchmal bilde ich mir in der Ferne knackende Äste ein. Aus der Richtung der Straße vernehme ich ein Knurren. Niemand sonst scheint es zu hören.

Nichts passiert.

Meine Unterschenkel kribbeln, werden taub. Als ich mich bequemer hinsetze und mein Jackenstoff dabei ratscht, holt Onkel mit der Hand aus. Er besinnt sich in letzter Sekunde und schlägt nicht zu. Vermutlich weil das noch mehr Geräusche verursacht hätte.

Irgendwann mischt sich ein dunkler Blau-Akzent in die Himmelsschwärze. Da fällt mir erneut ein Knacken auf, rechts von mir, mittlere Distanz. Die anderen reißen die Köpfe in die Richtung.

Trabende Schritte über Nadelbett und Moosboden.

Mein Puls pocht in meinen Schläfen.

Wir alle sehen den Schatten, der ein wenig heller wirkt als die schwarzen Fichtenstämme. Weil helles Fell in der Finsternis das wenige Licht besser reflektiert. Der Wolf trabt das Rinnsal entlang, beschnuppert das tote Schwein, beginnt ohne Argwohn zu fressen.

Mit hektischen Gesten bedeutet mir Onkel Wero, zum Schuss anzusetzen. Ich zögere nicht, weil ich nicht will, dass mir jemand anders zuvorkommt. Ich stemme den Schaft gegen meine Schulter, richte den Lauf grob in die Richtung, linse durch Kimme und Korn und tue so, als nähme ich Feinjustierungen vor. In Wirklichkeit ziele ich ein Stück an der Wolfsschnauze vorbei auf den Schweinekopf.

Schreck bitte auf und flieh. Geh nicht zum Angriff über, das wirst du nicht überleben. Und sei bitte nicht Aaren.

Der Abzugswiderstand sträubt sich gegen meinen klammen Zeigefinger. Ich schlucke. Überwinde mich. Zu spät registriere ich Onkels Hand am Gewehrlauf.

Ich drücke ab.

Ein Knall. Ein endloses Echo.

Das folgende Jaulen durchschneidet meine Gedanken. Der Wolf sackt zusammen. Eine aufkommende Brise bläst mir Schießpulvergeruch entgegen. Magensäure klettert meinen Hals rauf. Onkel nimmt seine Hand vom Gewehr, um mir auf die Schulter zu klopfen. »Sauberer Treffer«, lobt er. »Mal schauen, ob es ein Blattschuss war.«

Nur weil er eingegriffen hat … weil Onkel den Lauf ein paar Zentimeter verrückt hat … damit habe ich nicht gerechnet.

Vorsichtig nähern wir uns dem Werwolf. Taschenlampen werden auf ihn gerichtet. Sein silbernes Fell schimmert. Es ist Aaren, ich bin mir sicher. Tränen jucken in meinen Augenwinkeln. Unter der Vorderpfote sammelt sich eine Blutlache. Er winselt.

»Das Scheißvieh lebt noch!« Onkel streckt seine Machete aus.

Bierwampe nickt in meine Richtung. »Lass den Jungen ihm den Rest geben.«

»Gewehr oder Machete«, sagt Onkel. »Du entscheidest, Janosch.«

Ich bin wegen Aarens Anblick immer noch erstarrt. Genau dieses Szenario wollte ich verhindern. Ein Teil von mir wünscht sich, ich hätte ihm mit einem Kopfschuss das Leid erspart.

»Janosch!«

Ich bin gelähmt.

»Wie du willst.« Er wischt sich über die Nase. »Dann erledige ich es selbst.«

Er geht vor Aaren in die Hocke, drückt seine Schnauze zurück, um leichter an seinen Hals zu kommen. Er legt die Klinge zum Schächtschnitt an, doch ich halte seinen Arm zurück.

Er knurrt. »Lass die Kindereien!«

»Wero, die Sonne geht gleich auf!«, mahnt einer der Jäger.

Onkel reißt sich los, beißt die Zähne zusammen.

Panik lässt meine Sicherungen durchschmoren. Ich setze den Gewehrlauf an Onkels Schläfe. Elektrisches Knistern erfüllt die Luft. Ein Moment der Stille, in dem nur das Plätschern des Rinnsals und Aarens Wimmern zu hören sind.

»Junge, was ist in dich gefahren?« Bierwampe klingt fassungslos.

Ich bin über mich selbst schockiert.

Onkel Wero ist wie versteinert, seine Stimme kühlt ab. »Du legst jetzt die Waffe weg, hast du verstanden?«

»Erst wenn du den Wolf in Ruhe lässt.«

»Janosch. Du legst die Waffe weg.«

Mein Herz trommelt.

Die Jäger eilen auf mich zu. In der Sekunde wird mir klar: Wenn ich nicht abdrücke, werden sie Aaren töten. Nur wenn ich Onkel umbringe …

Mit ihren kräftigen Händen zerren sie mich von ihm, nehmen mir das Gewehr ab. Ich konnte es nicht tun. Ich konnte meinen Onkel nicht erschießen. Damit ist Aarens Schicksal besiegelt.

»Lasst ihn!«, schreie ich. »Er kann nichts dafür, dass er ein Werwolf ist!«

»So eine Bestie hat deinen Vater ermordet. Sie haben nichts anderes verdient!«

»Du kennst Aaren nicht!«

»Aaren?« Onkel erhebt sich, stellt sich mir entgegen. Diesen Blick kenne ich – ein Mucks von mir und er explodiert. »Ich habe dir verboten, dich mit diesem Pack abzugeben!« Seine Stimme grollt durch den Wald. Er verpasst mir eine Ohrfeige. »Tausendmal hab ich dir gesagt, du sollst dich von ihnen fernhalten. Wird Zeit, dass du Konsequenzen spürst.« Er rammt die Machete in den Moosboden und bedeutet Lémas, ihm sein Gewehr zu geben. Sofort legt er an, zielt.

Ich schnelle nach vorn.

Lichtblitz. Donner.

Aaren jault auf. Ein Loch klafft in seinem vor Schmerzen angewinkelten Ohr. Schützend werfe ich mich über ihn.

»Die nächste Kugel wird euch beide durchschlagen!«, droht Onkel Wero.

Ich vergrabe mein Gesicht in Aarens Fell.

»Wero!« Lémas schreitet ein. »Du kannst nicht auf deinen Neffen schießen!«

Repetierendes Klacken. Er hat nachgeladen.

»Wero!«

Ich will mich in Aarens Fell krallen, doch ich kriege bloß Haut zu fassen. Ich spüre, wie er sich unter mir verwandelt, wie sich Knochen verschieben. Dann blicke ich auf: Der Himmel ist marineblau, zwischen den Baumstämmen brechen orange Morgenstrahlen durch. Der Blutmond ist überstanden.

Aaren keucht und stöhnt, seine Brust hebt und senkt sich. Ich wende mich Onkel zu, schaue furchtlos in den Gewehrlauf. »Siehst du jetzt, dass er nicht anders ist?«

»Seinesgleichen sollte ausgerottet werden!« Sein Gesicht gleicht dem eines Soldaten, der für seine heiligen Werte hunderte Zivilisten abgeschlachtet hat. Eine Fratze des Hasses. »Holt den Idioten von dem Mistvieh weg!«, befiehlt er seinen Kollegen.

Bierwampe ist der Einzige, der seinen Worten folgt und mich beiseite zerrt. Die anderen stehen stumm herum. Lémas zupft sich den blonden Schnurrbart, während Onkel Wero aufs Neue meinen silberhaarigen Freund anvisiert, der sich eine Hand gegen die Seite presst, wo Blut hervorquillt. Zitternd liegt er zu unseren Füßen im Dreck, sein Ohr sieht furchtbar aus.

»Janosch hat recht«, sagt Lémas, tritt näher an Wero heran. »Sieh dir den armen Burschen an. Er ist kein Monster.

Zumindest jetzt nicht mehr. Es ist Mord, wenn du ihn erledigst.«

Es ist die ganze Zeit schon Mord!

Onkel linst durchs Visier. Er hadert mit sich.

»Wero«, redet Lémas weiter auf ihn ein, »von einem toten Jungen haben wir doch gar nichts. Wir nennen uns selbst Bestienjäger, aber das da ist keine Bestie.«

Die anderen sind baff. Bierwampe kratzt sich am Nacken, als Wero seufzend die Waffe runternimmt. Sein Blick durchbohrt mich, bedeutet mir: *Ab heute bist du für mich gestorben. Glück für dich, dass die anderen hier sind ...* Im nächsten Moment schleudert er sein Gewehr auf die andere Seite des Rinnsals.

Ich stürze zu Aaren hin. Er hängt im Delirium, hält immer noch eine Hand auf seine Seite gepresst, um die Blutung aufzuhalten.

»Er braucht Hilfe!«, rufe ich.

Die Jäger wechseln Blicke, als wäre ich geistesgestört. Onkel schüttelt zähneknirschend den Kopf. Lémas kniet sich zu uns, kramt in seinem Rucksack. »Ich habe Verbandszeug dabei.«

Aaren japst nach Luft, als Lémas seine Hüfte einwickelt. Anschließend verbindet er sein zerfetztes Ohr.

»Nicht dein Ernst«, brummt Bierwampe.

Lémas ignoriert ihn, wischt sich die blutigen Finger an einem Tuch sauber, wendet sich mir zu. »Meine Frau ist Ärztin im Krankenhaus, sie kann ihn zusammenflicken. Wir müssen ihn umgehend dorthin schaffen.«

Zu zweit helfen wir Aaren auf und stützen ihn, führen ihn durch den zwielichtigen Wald. Onkel und Bierwampe bleiben zurück, die übrigen Jäger folgen uns. Manche bieten ihre Unterstützung an. Lémas nimmt uns in seinem Geländewagen mit, und ich bin überrascht, dass uns die anderen bis zum Krankenhaus folgen, selbst in der Notaufnahme nicht von unserer Seite weichen und anschließend im Wartebereich mit uns bangen, während die Chirurgen um Aarens Leben kämpfen. Die ganze Zeit herrscht Schweigen, denn alle müssen das Geschehene erst verdauen. Ihre Mienen schwanken zwischen Reue, Schuldgefühlen und Mitleid, aber dazwischen flackert auch immer wieder diese Abscheu auf, die man vermutlich nicht von der einen auf die andere Sekunde tilgen kann. Lémas scheint kapiert zu haben, dass auch Werwölfe das Leben verdient haben und dass sie kein minderwertiger Abschaum sind. Sie sind wie wir. Wir sind nicht besser. Die anderen Jäger brauchen etwas länger, bis bei ihnen der Groschen fällt. Doch sie alle strahlen erleichtert, als die Ärztin aus dem Behandlungszimmer kommt, um mitzuteilen, dass sie die Silberkugel aus Aarens Eingeweiden herausoperieren konnte. Fürs Erste ist er über den Berg.

Seine Genesung ist ein langwieriger Prozess – wie der Wandel, der ebenso seine Zeit braucht. In dieser Blutmondnacht, in der ich ihn um ein Haar umgebracht habe, wurde ein Stein ins Rollen gebracht. Die Bestienjäger haben ihre Gruppe aufgelöst mit dem Statement: »Es hat nie Bestien gegeben.« Mich würde interessieren, was Onkel Wero dazu zu sagen hat. Ob er mich erwürgen würde? Hundertpro.

Anja, eine junge Mitorganisatorin, hält uns ein Tablett mit Snacks hin. Aaren lehnt ab. »Sowas darf ich noch nicht essen.«

»Tut mir leid, war dumm von mir.«

Als Nächstes hält sie auf Lémas zu, den ehemaligen Vorsitzenden der Bestienjäger. Er trägt ein »Wolf Love«-Bändchen um sein Handgelenk. Aaren blickt dem Tablett mit traurigen Augen hinterher.

»Bald darfst du wieder«, sage ich.

»Werwölfe sind echt nicht für Suppe gemacht.«

Das schlechte Gewissen plagt mich. »Sobald die Ärztin grünes Licht gibt, lade ich dich ins *Rustikale* zu einer Schlemmerorgie ein. Kannst dir alles von der Karte bestellen, geht auf meine Rechnung.«

Er grinst. »Sei vorsichtig mit solchen Versprechen. Wir Werwölfe können mehr verdrücken, als du denkst. Vor allem, wenn sie wochenlang mit Suppe ausgehungert wurden. Meinst du, ich werde im *Rustikale* überhaupt geduldet?«

»Das Verbot ist vor ein paar Tagen aufgehoben worden.«

»Und wenn sie uns doch rauswerfen«, er zieht mich am Revers zu sich, »werde ich einfach dich auffressen.« Er beginnt, an meinen Lippen zu knabbern. Ich ergebe mich ihm in einem

Kuss. Vielleicht ein bisschen zu leidenschaftlich für den Rahmen dieser Veranstaltung …

»Ähm …« Anja räuspert sich. »Ihr müsst in zwei Minuten auf die Bühne.«

Widerwillig lassen wir voneinander ab, mustern uns gegenseitig. Sein heller Anzug passt zum Silberton seiner Haare. Sein Ohr konnte einigermaßen geflickt werden, doch das Loch ist nicht zugewachsen. Aarens Art, damit umzugehen, hat mir erneut bewiesen, wieso ich ihn so gern hab: Anstatt zu jammern, hat er sich einen Ring angesteckt. Er hat seinen Makel in einen Edelstein verwandelt, und ich finde, es steht ihm.

Schulter an Schulter wagen wir uns vor die Menschenmenge. Mehr als die halbe Stadt ist gekommen. Ein neuer Rekord. So viele Leute waren noch nie auf unserer Veranstaltung. In der Gesellschaft geht wirklich etwas vor sich.

Wir halten unseren Vortrag. Plötzlich verschlucke ich mich, Schweiß kocht auf meiner Stirn. Weiter hinten sticht jemand aus dem Meer verschiedener Gesichter hervor. Onkel Wero. Er macht eine Geste, die ich nicht richtig erkenne. Doch es ist eine gut gemeinte, positive Geste, das spüre ich.

Uns steht ein langer, harter Kampf bevor. Sicher werden wir noch den ein oder anderen Blutmond durchstehen müssen, bis die Jagd endlich verboten wird. Aber ich habe etwas aus der Sache gelernt: Es lohnt sich, seine Stimme zu erheben, ganz besonders für diejenigen, die sonst keine Stimme haben.

Nicola Hölderle, geboren im »Jahr Woodstock«, lebt und schreibt seit vielen Jahren in Konstanz am Bodensee. Ihr Autorinnenherz schlägt besonders für Urban Fantasy, Grusel, schrägen Humor und fremde Welten. Neben diversen Kurzgeschichten in Horror-, Fantasy- und Mystery-Anthologien sind von ihr bisher drei Bücher erschienen. Sie spricht gerne mit Krähen, liebt Schokolade und freut sich jedes Jahr spätestens ab August auf Halloween.

Nicola Hölderle

Manfred geht Gassi

Manfred schlug die Augen auf und bereute es im selben Moment. Dieses Licht! Es bohrte sich wie ein brennender Pfeil durch die halb geöffneten Lider direkt in sein Hirn. *Was habe ich gestern bloß gesoffen?!*, fragte er sich. Vorsichtig bewegte er die Zunge im Mund. Die wenigen Geschmacksknospen, die schon wach waren, meldeten untertänigst, dass etwas zwischen den Zähnen gestorben war und dort leise vor sich hin gammelte. Ein Rülpser, angereichert mit ordentlich Magensäure, bahnte sich seinen Weg nach oben. Mit der Geschwindigkeit eines Dreifingerfaultiers brachte Manfred seinen Körper in die Senkrechte.

Ganz miese Idee.

In seinem Kopf begann eine finnische Death-Metal-Band zu spielen.

Vielleicht sollte ich es mit ein bisschen Growling probieren? Viel schlimmer kann der Brummschädel ja nicht werden.

Er öffnete den Mund, holte tief Luft und stieß einen Laut aus, der die Zimmerpflanzen zum spontanen Welken brachte. Das Geräusch kam aus den Untiefen seines haarigen Bauchs, klang nicht menschlich und schien gar nicht mehr aufzuhören.

Dann erstarb es. Im Hausflur hörte er seine Nachbarin, die alte Frau Klodkowski, schimpfen: »Herrje, geht's vielleicht noch ein bisschen lauter! Meinem Wilhelm sträubt sich das Fell, verdorri!«

Manfred erhob sich ächzend vom Bett, warf einen leicht angeekelten Blick auf die schmuddelige Bettwäsche und tappte ins

Bad. Frau Klodkowskis Dackel war gerade nicht sein Hauptproblem, eher die übervolle Blase. Nachdem er ausgiebig gepinkelt hatte, warf er einen Blick in den Spiegel.

Weniger schlimm als befürchtet.

Zugegeben, die Augen waren blutunterlaufen und dunkel umschattet, das Haar stand ihm wirr vom Kopf ab, und auf seiner linken Schulter prangte ein tiefer Kratzer, aber für einen 52-jährigen Grundschullehrer war das Gesamtbild okay. Einzig der Filmriss stimmte ihn nachdenklich. Er konnte sich dunkel daran erinnern, gestern Abend im *McPennycatty* bei der Karaokenacht gewesen zu sein. Mit seiner neuesten Onlinedating-Bekanntschaft.

War sie blond, rothaarig oder brünett? Wie hieß sie?

Der einzige Erinnerungsfetzen, den sein müdes Hirn momentan zu fassen bekam, war ein ungewöhnlicher Duft nach Wald, wie Baumharz, Moos und Erde.

Mit einem tiefen Seufzer setzte er sich auf den Klodeckel, pellte sich mühsam aus der Unterhose, schnupperte an seiner linken Achselhöhle und entschied, dass er dringend eine Dusche nötig hatte. Nachdem er gefühlt seinen Jahresvorrat an Warmwasser verbraucht hatte, stellte er die Wassertemperatur todesmutig auf kalt. Kaum trafen die ersten eisigen Tropfen seine Kopfhaut, erschien ein Bild vor seinem geistigen Auge: Er saß nackt auf einer mondbeschienenen Lichtung, eine Flasche Whisky in der Hand.

Junge, Junge, hoffentlich nicht. Würde aber den Brummschädel erklären.

Mittlerweile hatte er nicht mehr das Gefühl, im Eisregen zu stehen, und da er einen Brand erster Klasse hatte, öffnete er den Mund und trank ein paar Schlucke.

Mann, tut das gut! Auch wenn ich hier herumschlabbere wie Wilhelm, der kleine Scheißer.

Manfred war kaum in T-Shirt und Jogginghose geschlüpft, da meldete sich sein Handy. Er warf einen kurzen Blick auf das Display, widerstand der Versuchung, den Anruf wegzudrücken und wieder ins Bett zu gehen, und nahm ihn an.

»Rudi, alter Verbrecher, na, alles senkrecht?«

»Ach, du bist wach?«, fragte sein Kumpel mit fröhlicher Stimme.

Wie ich solche Leute hasse, denen morgens schon die Sonne aus dem Arsch scheint.

»Na ja, ›wach‹ würde ich es nicht nennen. Aber in der Vertikalen. Und sogar geduscht.«

»Respekt! Ich dachte, nach gestern Abend bräuchtest du länger, um in die Puschen zu kommen. Bist ja keine zwanzig mehr …« Eine Mischung aus Amüsement und Boshaftigkeit lag in der Stimme seines Kumpels.

»Sagt der Richtige.«

»Doch, im Ernst, du warst gestern echt in Fahrt im *McPennycatty*. Und dann die hübsche Schwarzhaarige …«

Manfred runzelte die Stirn.

Stimmt. Schwarze Haare. Tolle Kurven. Und kräftige Augenbrauen. Jetzt fällt's mir wieder ein.

»Ist sie noch da?«

»Nö. Nur ich und der Kater des Todes.«

»Tragisch. Ihr wart ein tolles Gespann da oben auf der Bühne, wie ihr *Hungry like the wolf* von *Duran Duran* geschmettert habt. Die Menge hat getobt. Wollte euch gar nicht mehr gehen lassen.« Neugier und ein Anflug von Lüsternheit mischten sich in die Stimme. »Und … war's eine heiße Nacht? Sie hat dich ja quasi am Kragen aus der Kneipe gezerrt. Dich und den Whisky … Sah definitiv so aus, als wollte sie euch beide vernaschen.«

»Sorry, Kumpel, Filmriss. Außerdem kennst du meine Devise: Der Kavalier genießt und schweigt.«

Rudi schnaubte. »Jaja, wer's glaubt. Aber gut, behalte deine Geheimnisse für dich, weiser Zauberer. Hast du dir wenigstens ihren Namen gemerkt?«

»Nope.«

»Hopfen und Malz verloren bei dir, echt. Na ja … Wir sehen uns morgen im Lehrerzimmer. Tschüssikowski.«

Manfred zeigte dem Handy den Mittelfinger und antwortete: »Du mich auch.«

Nach einer großen Tasse Kaffee war er gerüstet für einen Spaziergang zum Bäcker um die Ecke. Gegen das aufdringliche Licht, das von dem leicht bewölkten Himmel strahlte, halfen Sonnenbrille und Basecap. Vor der Bäckerei stand Frau Klodkowski, in ein angeregtes Gespräch vertieft mit Herrn Häberle, dem Hausmeister. Manfred grüßte, und die beiden verstummten. Daraufhin erntete er ein schnippisches »Ach, der Herr Schiebulla! Na, junger Mann, von den Toten auferstanden?« von seiner Nachbarin. »War das ein Brunftschrei heute Morgen? Oder haben Sie seit Neuestem auch einen Hund?« Er senkte den Blick zu Boden, wo sich Wilhelm Schutz suchend an eine dünne Wade seines Frauchens presste. Der Dackel hob die Lefzen und knurrte leise.

»Weder noch, Frau Klodkowski«, antwortete Manfred. »Ich habe nur einer allgemeinen Unpässlichkeit Ausdruck verliehen.«

Der Hausmeister grinste. »Der hat keinen Hund, sondern einen Kater«, folgerte er messerscharf und deutete auf die Sonnenbrille.

Die Nachbarin zog eine Augenbraue nach oben. »Dann sollten Sie zusehen, dass Sie ein paar Kohlenhydrate nachfüllen«, riet sie.

Manfred, der sich mittlerweile fragte, ob das Buttercroissant, auf das er Heißhunger hatte, das nachbarschaftliche Verhör wert war, nickte. »Wird sofort gemacht«, sagte er.

In der Bäckerei lag eine Zeitung aus, die überwiegend aus reißerischen Überschriften und großformatigen Bildern bestand. »Tödliches Raubtier in Südbaden? Bevölkerung bangt um ihre Kinder!«, war auf der Titelseite zu lesen. Unter der Abbildung von mit Blut beschmierten Fangzähnen berichtete die Redaktion, die Behörden tappten im Dunkeln, ob es sich bei der »blutrünstigen Bestie« um einen Wolf, einen Bären oder einen schwerstkriminellen Menschen handle.

Wahrscheinlich war's ein Velociraptor. Oder der Krampus. Ach nee, falsche Jahreszeit.

Manfred erstand sein Croissant und wollte sich mümmelnd auf den Heimweg machen, aber die Nachbarn standen immer noch vor der Bäckerei.

»Na, haben Sie's gelesen? Das mit dem Werwolf?«, fragte Herr Häberle.

»Nur die Überschrift.«

»Ich hab die Zeitung abonniert«, verkündete der Hausmeister. »Und die schreiben, dass sich seit Tagen etwas in unserer Gegend im Wald herumtreibt, das Hirsche und Rehe reißt. Ist nur eine Frage der Zeit, wann es an die Weidetiere geht. Und als Nächstes sind dann die Kinder dran.« Herr Häberle grinste.

Der guckt, als würde er sich über Letzteres freuen.

»Kann ich mir nicht vorstellen. Vielleicht war es ja ein tollwütiger Hund oder so.« Bevor seine Nachbarin zu einer entrüsteten Gegenrede ausholen konnte, hob Manfred die Hand, murmelte »Schönen Sonntag noch« und sah zu, dass er Land gewann.

Er war kaum in seiner Wohnung angekommen, da piepste sein Smartphone.

»Lust auf eine Wiederholung?«, lautete die Nachricht von *moongirl666*. Darunter prangte ein Foto von einer strammen, behaarten Wade.

»Kennen wir uns?!«, textete er zurück.

»Das enttäuscht mich jetzt aber, Herzchen«, war die Antwort. Da Manfreds verkatertes Gehirn nicht so schnell sinnvolle Sätze aneinanderreihen konnte, schrieb er: »???«

Sie textete in Rekordzeit zurück. »Gestern Abend? Das *McPennycatty*? Du, ich und der Wald im Mondlicht? Klingelt's?«

Manfred kratzte sich den schmerzenden Schädel.

Wenn ich wenigstens wüsste, wie sie heißt.

Dann entschied er sich für die blanke Wahrheit.

»Sorry, habe einen Filmriss. Zu viel PS in zu kurzer Zeit. Bitte nicht persönlich nehmen: Verrätst du mir deinen Namen, Süße?«

Jetzt dauerte es etwas länger, bis das Smartphone wieder piepste.

»Verstehe. Du kannst dich echt an GAR NICHTS

erinnern?«

»Nope. Tabula rasa. Nur an den Whisky.«

Im Chat erschienen neben *moongirl666* die wandernden Punkte, die anzeigten, wenn jemand schrieb, dann erloschen sie. Manfred wartete einige Minuten, bevor er fragte: »Hallo? Bist du noch da?« Es kam keine Antwort mehr.

In den nächsten Wochen versuchte er ein paarmal, die geheimnisvolle Unbekannte zu kontaktieren, aber sie schrieb nie zurück. Von dem Kratzer an seiner Schulter war bald nur noch eine schmale, geisterhafte Linie zu sehen.

Anfang Februar standen an der Schule die Halbjahreszeugnisse und Elterngespräche an. Vor dem Fenster drang das trübe Licht der Straßenbeleuchtung durch den Nebel.

»So, Feierabend!«, sagte Rudi und klopfte an die Tür des Klassenzimmers. »Lust auf ein Bier?«

Manfred schüttelte den Kopf. »Die Eltern von Charlotte-Justine kommen noch, und anschließend will ich bestimmt nur nach Hause und in mein Kissen heulen«, prophezeite er.

Rudi lachte. »Falls du es dir anders überlegst, ich bin im *Heimathafen.* Man sieht sich!«

Manfred sah ihm nach und hörte, wie sein Kollege jemandem einen guten Abend wünschte, dann erhob er sich leise seufzend und trat an die Tür, um das Elternpaar zu begrüßen. Die Hüdhusens erinnerten ihn immer daran, was in seinem Leben alles schieflief. Beide waren hochgewachsen, asketisch schlank, vermögend, und sie wirkten wie Menschen, die nie rülpsten oder furzten.

Womöglich haben die gar keine Verdauung.

»Herr Schiebulla, ich grüße Sie!« Der Papa griff seine Hand und quetschte sie mit langen, schmalen Fingern. Die Mama bedachte ihn mit einem hoheitsvollen Nicken.

Manfred wies auf die bereitgestellten Stühle, und alle drei setzten sich.

»Wie macht sich unser Goldstück denn?«, fragte der Vater.

Lasset die Spiele beginnen, aber bring es ihnen schonend bei.

Er räusperte sich. »Wie Sie als engagierte Eltern sicher mitbekommen haben, war das erste Halbjahr nicht ganz einfach für Ihre Tochter, vor allem hinsichtlich der Ergebnisse in den Fächern Mathe und Deutsch.«

Frau Hüdhusen runzelte die Stirn. »Wie dürfen wir das verstehen?«

»Leider muss ich Ihnen mitteilen, dass Charlotte-Justines Leistungen keine Gymnasialempfehlung nahelegen.«

Okay. Das war jetzt nicht so schonend wie geplant.

Er kratzte sich im Nacken und versuchte, den Kragen seines Flanellhemds ein wenig zu lockern.

Warum ist das so warm hier drin?!

Vater Hüdhusen straffte sich. »Das kann ja wohl nicht Ihr werter Ernst sein, Herr Schiebulla! Unsere Tochter erhält seit über einem Jahr Nachhilfe in beiden Fächern in einem renommierten Institut, und dort ist man der Ansicht, dass sie selbstverständlich das Potenzial für eine gymnasiale Laufbahn hat!«

Manfred rieb sich mit der Hand über die Stirn. Zwischen seinen Augenbrauen begann es zu jucken. »Das glaube ich Ihnen gern, Herr Hüdhusen, und ich verstehe, dass das frustrierend sein muss, aber die Fachlehrer und ich sind der Ansicht, dass sie auf einer Realschule besser aufgehoben ist. Das Abitur kann sie ja auch nach dem Mittleren Abschluss noch –«

»Auf keinen Fall!«, unterbrach ihn der Vater. »Wir werden …«

Frau Hüdhusen zog ihren Mann am Arm. Ihre Stimme klang leicht angewidert: »Heinrich, lass uns gehen. Ich habe dir von Anfang an gesagt, dass unsere Tochter nicht in eine öffentliche Schule gehört.«

»Nein, Henriette, so einfach geben wir uns nicht geschlagen! Zur Not wenden wir uns eben an Dr. Klammrad.« Er warf Manfred einen prüfenden Blick zu. »Das ist unser Anwalt. Übrigens ein enger Freund Ihrer Schulleiterin Frau Dr. Markenstein. Ich bin mir sicher, er wird eine Übereinkunft erzielen, Herr Schiebulla.«

Davon wird eure Tochter auch nicht fitter in Mathe und Deutsch, blöder

Schnösel.

»Haben Sie mich gerade als blöden Schnösel bezeichnet, Sie …?!«

Habe ich das gerade laut gesagt?! Und was riecht hier so komisch?

Manfred blähte die Nasenflügel, dann erhob er sich, trat an Frau Hüdhusen heran und schnupperte an ihrem Haaransatz.

Sie wich zurück. »Was erlauben Sie sich?!«

»Ist das Zedernholz mit Muskatnuss?«, fragte er.

Herr Hüdhusen erhob sich ebenfalls und drohte ihm mit dem Finger. »Nehmen Sie Ihre Nase da weg, Sie Kretin! Henriette, wir gehen!«

Das Paar hatte kaum das Klassenzimmer verlassen, da ertappte sich Manfred dabei, wie er der Duftspur hinterherschnupperte. Das Jucken zwischen den Augenbrauen nahm zu und er kratzte sich ausgiebig.

Meine Fingernägel müsste ich auch mal wieder schneiden. Sieht aus, als würden sie wachsen, während ich zuschaue …

Im Physiksaal feudelte Emilio den Boden. Aus seinen Kopfhörern drang lauter Retrowave, deshalb hörte er das Heulen im Gang nicht. Er sah nur einen Schatten an der Glastür vorbeihuschen, dachte sich aber nichts dabei.

Auf dem Parkplatz vor der Schule stiegen Charlotte-Justines Eltern in ihren Mercedes, beide ein wenig atemlos vor Empörung.

»Dieser Schiebulla! Unfassbar!«, ereiferte sich Herr Hüdhusen.

»Der Name lässt ja schon tief blicken …«, ergänzte seine Frau. »Vermutlich –«

Das Auto wurde kräftig von der Seite gerammt, und für die Dauer eines Lidschlags blickte Henriette Hüdhusen in ein Paar leuchtend gelber Augen.

Entgegen seiner sonstigen Gewohnheit kaufte Manfred am nächsten Tag die Zeitung mit den dicken Überschriften.

Kommt ja nicht so häufig vor, dass man jemanden persönlich kennt, der da interviewt wird.

Gerade wollte er den Artikel mit dem Titel »Herr und Frau H. und ihre Begegnung mit dem Bösen« lesen, da piepste sein Smartphone.

»Lust auf eine Vollmondparty?«, fragte *moongirl666.*

Manfred linste in den V-Ausschnitt seines T-Shirts, wo das Haar seit Neuestem recht üppig spross, dann textete er zurück: »Gern.«

Einige Tage später traf er Herrn Häberle, der ihm erzählte, Frau Klodkowski habe sich den Knöchel verstaucht und könne nicht mit Wilhelm Gassi gehen.

»Ob ich ihr meine Hilfe anbieten soll?«, fragte Manfred.

Der Hausmeister sah ihn zweifelnd an. »Weiß nicht. Ich glaub, der Dackel hat's nicht so mit Ihnen.«

Wie sich herausstellte, irrte er.

Wilhelm sah schon bald ergeben zu Manfred auf.

Könnte ich mich dran gewöhnen.

Will M. Brodie ist in vielerlei Hinsicht nicht, wer er auf den ersten Blick zu sein scheint. Stets im Verborgenen, steht er als Autor seit 2004 hinter vielen Kurzgeschichten, Limericks und Gedichten. Die ersten Texte waren für die eigene Schublade und kleine Schreibgruppen gedacht. Nach langen Jahren kreativer Pause folgen seit Ende 2021 kontinuierlich neue Geschichten, die allermeisten für kleinere Wettbewerbe, manche für Social Media. Ideen für große Projekte warten darauf, weiter ausgearbeitet zu werden. Das Schreiben bietet ihm sowohl einen Ausgleich zum nüchternen Alltag als auch das Vergnügen, anderen eine Freude zu bereiten. Erste Veröffentlichungen einer Kinder- und einer Kurzgeschichte finden sich in Anthologien aus den Jahren 2022 und 2023. Weiteres unter: https://www.instagram.com/willmbrodie/

Will M. Brodie

Wenn Dunkelheit alles ist, was bleibt

Schreiben an den Leibarzt des Hauses Sinclair
3. September 1842

Hochverehrter Dr. Marlowe,

ich hoffe, diese Zeilen erreichen Sie in guter Verfassung. Ich wende mich heute in tiefer Besorgnis und mit äußerster Dringlichkeit an Sie. Ein schreckliches Ereignis hat uns heimgesucht, und ich kann nicht anders, als in meiner Verzweiflung Ihre Hilfe zu erbitten.

Es war heute Morgen, als die Sonne noch zaghaft ihre Strahlen über die Dächer unserer Stadt schickte. Auf meinem üblichen Rundgang durch das Anwesen fand ich in der Empfangshalle Schauerliches, das meine Gedanken noch viele Nächte lang heimsuchen wird. Dort, reglos und von einer düsteren Aura umgeben, lag die hochgeschätzte Forscherin Dr. Eleanor Sinclair. Ihr Anblick, Herr Doktor, brannte sich mir unauslöschlich ins Gedächtnis. Sie war von blauen Flecken übersät, als hätte der Teufel selbst mit seinen Klauen nach ihr gegriffen. Ihr Gesicht war entstellt, von Kratzspuren gezeichnet. Weißer Schaum, der aus ihrem Mund quoll, verkündete ein Ungemach von nicht zu fassender Schwere.

Die Verwirrung, die sich auf ihrem Antlitz abzeichnete, schien den düsteren Schatten der Unkenntnis zu tragen. Ihre Augen, einst so klar und fokussiert, wirkten jetzt trüb und suchend, als ob sie in den Tiefen ihrer eigenen Verwirrung nach einem rettenden Licht tastete. Es war, als hätte der Verstand der

Forscherin eine düstere Reise durch unbekannte Abgründe gemacht und sei an einem Ort angelangt, wo das Licht des Verstandes von einer schattenhaften Dunkelheit verschluckt wurde.

Ich rief nach ihr, doch ihre Antwort, ein schiefes Krächzen und Knurren, verdeutlichte ihre Desorientierung und erschütterte mich bis ins Mark. Ihr Blick durchbohrte mich, und für einen Augenblick schien es, als erkenne sie mich nicht. Als Diener in diesem Hause fühlte ich mich hilflos angesichts des Leids, das über unsere geliebte Forscherin hereingebrochen war.

Dr. Marlowe, ich flehe Sie an, eilen Sie zu uns. Dieser Vorfall bedarf Ihrer Expertise, Ihrer Weisheit und vor allem Ihrer Diskretion. Möge Ihr Wissen Licht in die Dunkelheit ihres Leidens bringen und ihre gequälte Seele von den Schatten befreien, die sie zu umfangen drohen. Ich hoffe inständig, dass diese Zeilen Sie in rascher Zeit erreichen. Die Zukunft unserer geliebten Dr. Sinclair möge in Ihren Händen liegen.

Mit aufrichtiger Besorgnis und Hochachtung

Ambrose Poorchild,
Hausdiener der Familie Sinclair

***

Veröffentlichung im Journal der Medizin
24. September 1842

Sehr geehrte Kollegen,

meine fachliche Neugier treibt mich dazu an, dass ich mich heute an Sie wende. Die folgenden Zeilen mögen wie ein unglaublicher Bericht aus einem fantasievollen Roman wirken, die Wahrheit dahinter verlangt aber nach unserer Aufmerksamkeit und ich hoffe auf Ihre Unterstützung.

Ein Brief des Hausdieners eines respektablen Hauses unserer Stadt erreichte mich vor Kurzem. Dieser berichtete von den Wunden beispielloser Grausamkeit. Die Dame des betreffenden Hauses wurde morgens in einem Zustand des Leids aufgefunden, der selbst mich mit Fassungslosigkeit erfüllte – sowohl beim Lesen der Beschreibung als auch bei meinem späteren Besuch.

Beim Betreten ihrer Gemächer schlugen mir Gerüche wie in den Gerbervierteln unserer Stadt entgegen. Ihr Körper war übersät mit Traumata, Läsionen und sie hatte fortwährend Schaum vorm Mund. Der erste Eindruck ließ mich eine Form der Selbstverstümmelung, gar Wahnsinn vermuten. Bei der Herrin des Hauses handelt es sich jedoch um eine Person, deren Integrität und geistige Stärke weit über jeden Verdacht erhaben sind. Ferner führte ich mit ihr im weiteren Verlauf der Woche wieder normale Gespräche.

Ihr Anblick war in der Tat verstörend. Doch bei näherer Untersuchung fielen mir einige faszinierende Merkmale auf, die von den üblichen Symptomen abwichen.

Die blauen Flecken scheinen nicht auf gewöhnliche Kontusionen zurückzuführen zu sein. Ihre Verteilung auf dem Körper der Forscherin wirkte gar symmetrisch, wie ein verstörendes Gemälde. Die Kratzspuren hingegen zeigten eine ungewöhnliche Präzision, als hätte jemand mit einem Skalpell geschnitten, und doch entsprach die Wundheilung bereits mehreren Wochen.

Das alarmierende Element ist der Schaum, der aus ihrem Mund quoll. Er ist von einer zähen Konsistenz und enthält Substanzen, die ich bisher nicht identifizieren konnte. Definitiv kann ich seine Toxizität bestätigen. Die Patientin hätte allein daran versterben müssen, zeigte allerdings wenige Stunden später keinerlei Anzeichen mehr dafür.

Es ist, als würde ihr Körper auf eine Weise reagieren, die unserer bisherigen medizinischen Verständnisse spottet. In Anbetracht dieser verstörenden Beobachtungen sehe ich mich veranlasst, Sie zu alarmieren. Wir könnten es hier mit einer neuen, bisher unbekannten Krankheit zu tun haben, die eine potenzielle Gefahr für die Allgemeinheit darstellt und ebenso eine Chance für neue Fortschritte in der Wundversorgung.

Daher rufe ich Sie auf, ähnliche Fälle zu melden, sollten sie auftreten. Die rasche Sammlung von Informationen und die Zusammenarbeit unserer medizinischen Gemeinschaft sind von entscheidender Bedeutung.

Lassen Sie mich deutlich betonen, dass mein Schreiben in keiner Verbindung mit den Gerüchten über einen Werwolf steht. Die Ammenmärchen in der Bevölkerung sollten keinesfalls ernst genommen werden. Wir sind Wissenschaftler und es ist unsere Aufgabe, uns auf die Fakten zu stützen. Die Proklamation übernatürlicher Erklärungen ist nicht nur unprofessionell, sondern gefährlich für das Ansehen unserer Zunft.

In demütiger Besorgnis und mit dem festen Glauben an die Kraft der medizinischen Forschung

Dr. Victor Marlowe

***

Tagebucheintrag von Dr. Eleanor Sinclair
10. Oktober 1842

Ich erwachte heute erneut mit einem Gefühl des Unbehagens. Die dumpfen Schmerzen in meinem Körper verstärkten diese Ahnung, meine Glieder, meine Sprache gehorchten nicht meinen Befehlen. Mein Bett lag teilweise in Stücken, der Stoff zerrissen und die Kissenfedern darum verteilt. Zumindest waren heute keine Blutspuren auf meiner Kleidung.

Als ich mich später im Spiegel betrachtete, fand ich den Beweis für mein Unbehagen. Blutunterlaufene Augen und von blauen Flecken übersäte Gliedmaßen – mein eigener Körper war ein Rätsel für mich. Wer fügte mir solche Verletzungen zu, ohne dass ich mich daran erinnern kann? Eine Lücke in meinem Gedächtnis, ein schwarzer Fleck, der mich ängstigt. So ergreift mich eine Furcht vor einer abgrundtiefen Dunkelheit, die mich ebenso magisch anzieht.

Mein Blick wanderte durch das Schlafzimmer, als würde ich Antworten finden, die sich in den Schatten meines eigenen Vergessens verbergen. Mein Blick fiel auf den Schreibtisch, auf dem ich meine Experimente durchführte. Es roch nach ranzigem Tierfett, gemischt mit dem unangenehmen Geruch von alter Molke, Alkohol und dem beißenden Duft von Essig. Alles war zerschlagen worden. Meine Versuche, meine Arbeit zum Erfolg zu führen, waren vernichtet. In der letzten Nacht war mir erneut kein Durchbruch für einen praktikablen Weichspüler gelungen, lediglich meine Verwundungen und die fehlende Erinnerung konnte ich wie in den letzten Wochen replizieren.

Meine Blessuren mussten mit diesem Experiment in Verbindung stehen. In dieser letzten Nacht waren zur Sicherheit die Fenster und die Tür von meinem Hausdiener verriegelt worden. Niemand außer mir war in diesem Zimmer, also konnte niemand außer mir diese Wunden verursacht haben. Die Gedanken an das Unbekannte, das in meiner eigenen Forschung lauert, das in mir lauert, erschreckt mich und leitet diese Zeilen, falls ich mein wahres Ich verliere.

Wie in den vorherigen Nächten ist einer meiner letzten Gedanken der metallische Geschmack meines Whiskys. Ich kann nicht anders, als zu prüfen, ob etwas von meinem Experiment in mein Glas gelangte, und muss weitere Versuche durchführen, diesmal mit gezielter Verunreinigung. Ein riskantes Unterfangen, aber notwendig, und die Unsicherheit nagt an mir, ebenso die Begeisterung für das Unbekannte.

Sollte ich zierliche Gestalt einer Forscherin tatsächlich durch ein Getränk diese physische Kraft entwickeln, ein ganzes Zimmer zu verwüsten und meinen Körper derart zu malträtieren, muss ich herausfinden, was mir diese Kraft verlieh.

Mein Herz pocht schneller, als ich diese Gedanken niederschreibe. Ein Mix aus Angst und Eifer durchströmt mich. Morgen werde ich meine Arbeit fortsetzen und den Weg zurückverfolgen, den meine Erinnerungen verloren haben. Ich betrete die Pfade meiner eigenen Entdeckungen erneut, diesmal aber mit offenen Augen und Unterstützung. All das mit einem Vertrauten an meiner Seite.

Die Worte meines Vaters kreisen nun in meinem Kopf und ich frage mich, wie ich Dr. Marlowe am besten davon überzeuge, dass ich nicht dem Wahnsinn anheimfalle, sondern bedeutende Forschung betreibe. Mir bleiben nur wenige Tage. Wäre Vater doch nur nicht so früh von uns gegangen. Er hätte Rat.

»Im Schatten der Ungewissheit verblasst die Tapferkeit des Vertrauten. Die Pforten des Unbekannten öffnen sich vor uns wie ein Buch mit schwerem Einband und die größte Tragödie liegt in der Angst, diese Welt als echt anzuerkennen.«
−John Eliot Sinclair

***

Artikel im Stadtchronisten
21. Dezember 1842

** SCHRECKEN IN DEN NÄCHTEN: UNHEIMLICHE WOLFSGESTALT AUF TERROR-TOUR IN UNSERER STADT! **

Von Jane Harrow, Stadtchronistin

In den dunkelsten Stunden der letzten Nacht hat eine schattenhafte Bedrohung erneut unsere Stadt heimgesucht. Die Berichte häufen sich und sie alle zeichnen ein Bild des Schreckens, das sich schwer in die Köpfe unserer Bürger eingräbt. Eine wolfsgleiche Kreatur, groß wie ein Metzger, durchstreift die Straßen und verbreitet Angst und Schrecken.

Die ersten Sichtungen begannen am Rande der Stadt, wo die Straßenlaternen nur schwach das Dunkel durchbrechen. Augenzeugen berichteten von einer zweibeinigen Wolfsgestalt, die durch Gassen und Hinterhöfe streift.

Ein älteres Ehepaar, das die Gestalt aus ihrem Fenster beobachten konnte, beschrieb die Kreatur als »etwas, das weder

Wolf noch Mensch gleicht, sondern ein unheiliger Hybrid aus beidem ist, bedrohlich wie ein Minotaurus«. Andere Stimmen sprachen von einem »Dämon der Nacht« oder »des Teufels Richter für unsere Strafen«.

In dieser einzigen Nacht wurde sie an verschiedenen Orten über die gesamte Stadt verteilt gesichtet, von dunklen Gassen bis zu einsamen Parks, von der Dämmerung bis zum Morgengrauen. Die Stadt, die einst als sicher galt, wird nun von einem Schatten überzogen. Die Polizei weigert sich jedoch, den Forderungen nach einer Ausgangssperre oder erhöhten Wachen nachzukommen.

Die Wolfskreatur wurde ebenfalls in unmittelbarer Nähe der Ermordung von Ethan Propér gesichtet. Der preisgekrönte Wissenschaftler, der für seine bahnbrechenden Arbeiten auf dem Gebiet der Haushaltsforschung bekannt war, fand ein grausames Ende, als er seine Residenz verließ. Anwohner berichteten von schrillen Schreien über unzählige Minuten hinweg, so grausam, dass sich keiner von ihnen traute, sich den Klängen zu nähern.

Die Forscherin Dr. Eleanor Sinclair verschwand ebenfalls in den vergangenen Tagen. Es ist noch nicht geklärt, ob sie einen gewaltsamen Tod wie Propér erlitt.

Spekulationen füllen nun unsere Straßen. Die Stadt ist in Aufruhr. Angst und Neugierde gehen Hand in Hand, während die Ordnungshüter nichts dagegen unternehmen. Die Wahrheit bleibt so vorerst verborgen, und die Bürger sind aufgerufen, wachsam zu sein.

Die Nacht gehört jetzt wohl vorerst einer unheimlichen Wolfskreatur, die eine Spur der Verwüstung und Leichen hinterlässt. Möge der Mut der Bürger stark sein, während sie sich der Finsternis entgegenstellen, die in den Gassen lauert. Unsere Stadt wird nie mehr dieselbe sein.

[Redaktionelle Anmerkung: Die Redaktion ermutigt alle Bürger, verdächtige Aktivitäten sofort zu melden. Bleiben Sie wachsam und schützen Sie sich und Ihre Liebsten. Gemeinsam werden wir diese Gefahr eindämmen.]

***

Polizeiakte 62/6
9. April 1843
Polizeiakte: Fall Nr. 62/6

Ermittler: Sgt. Richard Hawthorne

Im Rahmen der Ermittlungen in Bezug auf die angezeigten
Vorfälle der Verwüstung und den Toten wird eine
Sonderermittlung aufgenommen. Die vorliegenden
Zeugenaussagen, Veröffentlichungen und Tagebucheinträge
werden sorgfältig analysiert, um zu einer abschließenden
Bewertung zu gelangen.

1. Zeugenaussagen:

Eine Reihe von Bürgern berichtete über die Sichtungen einer
mannsgroßen Wolfsgestalt in verschiedenen Teilen der Stadt.
Die Beschreibungen variieren deutlich und widersprechen sich
gar teilweise. Das gemeinsame Element ist vornehmlich die
Angst, die diese Erscheinung in der Bevölkerung auslöst. Es ist
anzumerken, dass solche Aussagen auch durch die Medien
beeinflusst werden und ggf. nur Wichtigtuerei sind. Beweise oder
eine klare Linie der Beobachtung waren hier nicht zu finden.

2. Veröffentlichungen:

Ein Artikel in einem Fachblatt für Mediziner, verfasst von
Dr. Victor Marlowe, dem Leibarzt der renommierten
Forscherin, gibt Aufschluss über die Verletzungen von
Dr. Eleanor Sinclair. Dr. Marlowe äußert seine Sorge über eine
potenzielle unbekannte Krankheit und ruft Kollegen dazu auf,
ähnliche Fälle zu melden. Er geht jedoch grundlegend von einem
Fall des Irrsinns seiner Patientin aus.
    Ein Tagebucheintrag von Dr. Sinclair selbst wirft mehr
Fragen auf, als dass er Antworten gäbe. Vielmehr scheinen die

Überlegungen, sich selbst zu schänden, die Theorie des Irrsinns zu bestätigen. Dr. Sinclair ist jedoch seit Wochen nicht mehr auffindbar.

Ein Zeitungsbericht von Jane Harrow bringt die Sichtungen der Wolfsgestalt mit dem Mord an Ethan Propér in Verbindung. Die Bevölkerung ist in Aufruhr, und Spekulationen über übernatürliche Phänomene verbreiten sich wie ein Lauffeuer.

3. Abschließende Bewertung:

Nach Prüfung aller vorliegenden Informationen und Aussagen ist festzustellen, dass die in der Bevölkerung kursierenden Gerüchte über einen Werwolf als Märchen entlarvt werden können. Es scheint sich um Klatsch und Hirngespinste zu handeln. Die Sorgen um eine ansteckende Krankheit basieren bislang lediglich auf einem einzigen Fall ohne Beweise.

Das Verschwinden von Dr. Eleanor Sinclair ist zweifellos merkwürdig und der Verlust ihres Kollegen Ethan Propér ist außerdem bedauerlich. Doch sein Herzstillstand bleibt eine natürliche Todesursache und ihr Verschwinden lässt keineswegs auf eine Gefahr der Bevölkerung schließen. Daher gibt es keinen Anlass für weitere Ermittlungen im Zusammenhang mit seinem Ableben.

***

Sgt. Richard Hawthorne legte seinen Bericht in die Polizeiakte zu den Notizen und den übrigen vier Dokumenten. Die gewünschten Ergebnisse seines Vorgesetzten hatte er notiert und nach der offiziellen Besprechung war die Ermittlung nun eingestellt und der Presse Stillschweigen verordnet. Der Ermittlungsleiter warf die Akte in den Kamin und betrachtete die Papiere, die sich in den Flammen aufbäumten und verbogen. Dann griff er zu der konfiszierten Flasche mit dem Hochprozentigen aus dem Hause Sinclair. Er goss sich etwas davon ein, trank und spürte für einen Augenblick einen stechenden Schmerz in seiner Hand, bevor tiefe Dunkelheit ihn verschlang und seinen Geist in eine kleine Schatulle in seinem tiefsten Innern verschloss.

Maja Wollny, Jahrgang 2003, lebt im thüringischen Mühlhausen. Nach dem Abitur im Jahr 2022 entschied sie sich für eine Ausbildung zur Kauffrau für Büromanagement in einem lokalen Orthopädie-Unternehmen, die ihr viel mehr Spaß macht, als sie zunächst erwartet hatte. In ihrer Freizeit schreibt sie leidenschaftlich gern Gedichte und eigene Geschichten und illustriert sie. Außerdem spielt sie seit vierzehn Jahren Violine, sammelt Bücher und begeistert sich sehr für Ornithologie. Die Kurzgeschichte »Vollmondküken« ist ihre erste Veröffentlichung in einem Buch.

Maja Wollny

Vollmondküken

Der dunkler werdende Abendhimmel war durchzogen von rosafarbenen Streifen, welche die Wolken am sonst noch blauen Firmament in dunkleren Nuancen leuchten ließen. Der Teich, nicht weit entfernt vom Haus, spiegelte das Naturschauspiel in seiner Schönheit wider. Mit einem Blick auf die Uhr – den Thane nur dorthin warf, weil ihm nach seiner Arbeit auf den Beeten der Schweiß im Nacken kitzelte und ihm so heiß war, dass er die Ärmel seines karierten Hemdes hochkrempeln musste – stellte er fest, wie spät es schon geworden war.

Mittlerweile war es fast neunzehn Uhr und sein Körper schrie nach einer Pause. Den ganzen Tag hatte er in der warmen Septembersonne das Unkraut gejätet und die Gemüsebeete geharkt. Nun konnte er die Gartenarbeit endlich als erledigt betrachten. Seine dunkelblauen Augen wanderten über die Beete, die das gesamte Haus umgaben, und er stützte sich mit den zerkratzten und dreckigen Unterarmen auf die Holzbalken seiner Veranda. Der Sonnenuntergang, der sich ihm nach diesem anstrengenden Tag darbot, war nichts im Vergleich zum Hochsommer, wenn spätabends die Glühwürmchen flogen und wie kleine blinkende Laternen über den Teich waberten. Allerdings wusste Thane auch das Schwinden der Kraft in der Natur zu schätzen. Wenn die Blätter sich orange färbten und der erste Schnee nicht mehr weit entfernt war, konnte ihn nichts und niemand davon abhalten, mit einer heißen Tasse Tee hinter seinem Fenster zu stehen und die nächtlichen Polarlichter zu beobachten.

Geistesabwesend kratzte er sich an seinem Kinn. Der übliche Dreitagebart wuchs seit Kurzem immer schneller nach und durch die morgendlichen Rasuren war seine Haut gereizt und trocken und begann zu jucken. Mit einem Seufzen richtete er sich wieder auf. Die Sonne war mittlerweile hinter den Tannen in der Ferne verschwunden und damit kamen die kühleren abendlichen Temperaturen. Er verließ die Veranda vor dem Haus mit dem hübsch geschnitzten Holzpflock, auf dem das Logo seiner Farm zu sehen war: ein Reh mit einem großen und zwei kleinen Ahornblättern über dem Kopf. Dieser Holzpflock war ihm, passend zum Namen seiner Farm, vor ein paar Jahren von einem Kettensägenschnitzer aus der Stadt geschenkt worden. Für heute war die *Mapledeer Farm* versorgt und Thane brauchte sich keine Sorgen mehr um das Wohlbefinden seiner Tiere oder Pflanzen machen. Seine schweren Arbeitsschuhe verursachten dumpfe Geräusche auf den Steinplatten und er zog sie schnell aus, bevor er den Staub von den Beeten noch auf seinem hellgrauen Teppich im Wohnzimmer verteilen würde. Aus den Augenwinkeln sah er, dass braune Flecken auf seiner Hose klebten. Hastig klopfte Thane sie sich von den Beinen. Die winzigen Partikel stoben in Wölkchen auseinander und kitzelten ihm so sehr in der Nase, dass er niesen musste.

Nach dem Betreten seines Hauses ging er direkt ins Wohnzimmer. Ächzend bückte er sich zum Kamin an der Steinimitatwand herab, doch um den brauchte er sich erst mal nicht kümmern. Die Holzscheite brannten lichterloh und hatten den Raum in der vergangenen halben Stunde, in der er den Kamin bereits zum Erwärmen des Raumes angezündet hatte, angenehm erhitzt. Leise vor sich hin summend begab er sich zu seinem dunkelbraunen Sofa gegenüber vom Kamin und ließ sich zwischen die grauen Kissen fallen. Erschöpft legte er den Kopf auf der Lehne des Sofas ab und schloss die Augen – bis ihm sein Hund einfiel. Verwirrt runzelte er die Stirn. Sonst begrüßte er ihn immer direkt lautstark im Haus. Doch heute hatte der hellbraune Schäferhund mit dem langen Fell keinen Mucks von sich gegeben. Es herrschte ungewöhnliches Schweigen.

»Amon?«, rief Thane in das Haus hinein, doch es blieb totenstill um ihn herum. Als er sich aufrappeln und nach seinem kleinen Sonnengott suchen wollte, kam ein leises Winseln aus dem Zimmer oberhalb der Treppe. »Amon? Alles in Ordnung bei dir?«, fragte Thane nun, die Augenbrauen zusammengezogen und den Oberkörper nach vorn gebeugt, um schnell zu seinem Hund eilen zu können, falls dieser in Schwierigkeiten steckte. Es könnte schließlich sein, dass er unter dem Bett feststeckte. Oder er hatte es auf einen Vogel abgesehen, der auf dem Fensterbrett gesessen hatte, hatte diesem hinterherspringen wollen und hing nun schon seit Stunden mit dem Bauch auf dem Fenstersims und kam weder vor noch zurück... Nein, das war ein lächerliches Bild. So dumm war Amon nicht. Sein Jagdtrieb war zwar ausgeprägt, aber er tat keinem anderen Tier etwas zuleide. Er scheuchte lediglich die Hühner im Garten herum, aber die schien es nicht zu stören. Manchmal sah es sogar so aus, als spielten sie Fangen. Außerdem pickten sie erbarmungslos, wenn sich Amon ihnen aufdrängte und sie das nicht wollten. Mädels eben – Selbstsicherheit und Durchsetzungsvermögen waren in der Tat gute Eigenschaften.

Nach einem weiteren Winseln und einem alarmierenden Bellen – das deutlich machte, dass Thane nicht erwünscht war – entschied dieser sich gegen den Entschluss, nach seinem Schäferhundrüden zu sehen. Irgendetwas an Amon war seltsam, aber wenn der Hund so aggressiv und unsicher klang, waren seine Nerven sicherlich noch dünner als ein Faden in einem Spinnennetz. Also blieb Thane sitzen und ließ die sonst so fröhlich ausfallende Begrüßung seines Sonnengotts ausfallen. Stattdessen griff er nach der Whiskyflasche, die auf dem niedrigen Wohnzimmertisch zwischen einer Vase voller Farnwedel und einem Stapel ungelesener Bücher stand, und goss sich von dem Whisky ein. Das Geweih des Vierenders, das auf den Büchern lag, erinnerte ihn an sein Gatter voller Rehe und Rothirsche. Es ragte am Ende seines Grundstücks in den Wald und erinnerte ihn an den bevorstehenden Indian Summer und Winter. Er liebte die Geweihe der Hirsche und freute sich jedes Jahr über neue Dekorationsmöglichkeiten und die gemütlichen Abende am Kamin, an denen er den alljährlich abgeworfenen Kopfschmuck der Tiere zu hübschen Accessoires verarbeitete. Immerhin konnte er sie in der nächsten Saison im Hofladen verkaufen. Als er das Kristallglas in der Hand schwenkte, funkelte der Whisky in den schönsten Herbstfarben und sah aus wie frisch geernteter Honig – direkt aus der Wabe in sein Glas. Zufrieden mit seiner persönlichen Belohnung für die harte Arbeit im Garten setzte Thane das Kristallglas an und schloss die Augen, als sich der rauchige Geschmack auf seiner Zunge ausbreitete. Beim Schlucken genoss er das Gefühl, das der Whisky um seinen Kehlkopf herum verursachte, und erfreute sich an dem leichten Brennen in Richtung Magen. Die Flüssigkeit hinterließ eine wohlige Spur der Wärme in seinem Inneren. Genüsslich schmatzend öffnete er wieder die Augen und stellte das Glas auf dem Wohnzimmertisch ab, ehe sich ein leichter honigrauchiger Geschmack auf seiner Zunge niederließ – und er sich erneut kratzen musste, dieses Mal am Kopf.

»So langsam geht mir das auf den Nerv. Erst juckt mir das Kinn wegen des ständigen Rasierens, dann juckt auch noch der Kopf. Bin ich schon so alt, dass ich Haarausfall bekomme? Aber Alpecin kann ich doch gar nicht nehmen. Da kommen neue Probleme auf…«

Murrend hievte er sich nun doch aus seinem Sofa hoch, ging an einem der beiden Sessel vorbei und machte auf dem ersten Treppenabsatz halt. Weiter kam er nicht. Dort hing sein Mondkalender – sein wichtigstes Hilfsmittel im Alltag. Und den hatte er schon seit fünf Tagen nicht mehr abgerissen.

Plötzlich lief ihm kalter Schweiß über den Rücken. Die Wärme des Whiskys war verflogen. Der Mond nahm mit jedem hektischen Abreißen der Blätter mehr zu. Und heute… heute würde Vollmond sein. Bevor sich Thane Gedanken machen konnte, kam aus dem Zimmer, in dem Amon sich versteckt hielt, ein warnendes Knurren, das zu sagen schien: »Bis hierher und nicht weiter!«

Er hatte den Vollmond vergessen! Wie konnte ihm das nur passieren? Überwältigt von seiner eigenen Vergesslichkeit machte er auf dem Treppenabsatz kehrt – als plötzlich ein Blitz am Fenster neben ihm den Hof erhellte. Erschrocken zuckte Thane zusammen und rieb sich benommen über den Arm. Das borstige Gefühl an seiner Handfläche lenkte seinen Blick auf seinen Unterarm …

»Verdammt, jetzt schon?«

Entgegen den üblichen Gerüchten, die seit Jahrzehnten herrschten, brauchte ein Werwolf für die Verwandlung kein direktes Mondlicht. Es genügte das Hereinbrechen der Nacht und schon war Thane in dem Ereignis gefangen, das ihm jeden Monat aufs neue Angst bereitete: die Lykanthropie. Die Verwandlung seines menschlichen Körpers in den gefürchteten, hässlichen und blutrünstigen Werwolf. Bis heute hatte Thane nicht herausfinden können, von welchem Elternteil er die genetische Prädisposition geerbt hatte. Es war ein dummer Zufall gewesen, dass seine Mutter ihn bereits als Kleinkind in seinem Zimmer gefunden hatte – oder eher gesagt einen haarigen Werwolf anstelle ihres Kindes. Doch sie schien nicht sonderlich überrascht gewesen zu sein. Daher nahm er an, dass es seine eigene Mutter gewesen war, die ihm diese monatlichen Qualen vererbt hatte. Außerdem war er ohne Vater aufgewachsen – wohin auch immer dieser verschwunden sein mochte …

Die Verwandlung am heutigen Abend setzte langsam ein. Die ersten Anzeichen hatten sich bereits gezeigt. Die Haare an seinem gesamten Körper wuchsen stetig und seine Ohren kitzelten an den spitzer werdenden Enden, die feine Pinselhaare bildeten und die platschenden Geräusche der großen Regentropfen auf dem Matsch vor dem Haus einfingen. Genervt von seinem eigenen Körper und dem Schicksal, das er ohne Einwilligung oder Widerspruch hinnehmen musste, wollte Thane sich auf den Weg zur Veranda machen, um dort auf den Rest seiner Verwandlung zu warten. Doch gerade als der frische Geruch des Regens von seiner empfindlicher werdenden Nase aufgenommen wurde, schoss ihm ein Gedanke ins Bewusstsein: Er hatte vergessen, die Hühner in ihren nächtlichen Unterschlupf zu sperren! Nun wurde er selbst zum Monster und dachte an die Triebe der Raubtiere, welche die Farm nachts für seine eigenen Tiere unsicher machten. Erschrocken eilte er zu den Stufen, die mittlerweile schon so feucht waren, dass man mit normalem Schuhwerk sofort auf ihnen ausgerutscht wäre. Vielleicht sollte er die Flechten und Moose, die in den Fugen zwischen den Steinen wuchsen, doch endlich entfernen, bevor sich noch jemand schwer verletzen würde. Im Übergang vom Herbst zum Winter wurde das Wetter sowieso unerträglich feucht und die wenigen Besucher, die noch kommen würden, sollten nicht Gefahr laufen, sich das Genick zu brechen.

Aber im Moment waren seine geliebten Hühner seine einzige Sorge. Die wurde jedoch von der Tatsache überschattet, dass seine Verwandlung noch nicht komplett abgeschlossen war. »Kann das hier nicht mal ein bisschen schneller gehen?« Nach einigen weiteren Minuten spürte er endlich das erlösende Ziehen in seinem gesamten Körper. So wie es sich anfühlte, wenn eine Wunde zusammenwuchs, so fühlte sich für ihn die Verwandlung zum Werwolf an. An sich war es nichts Schlimmes, es wurde lediglich von den meisten Schriftstellern und Regisseuren dramatisiert, indem die Betroffenen unerträgliche Schmerzen erleiden mussten. In Wirklichkeit war es ein dauerhaftes Kribbeln, das ihn plagte. Sein gesamter Körper juckte, als seine Gliedmaßen wuchsen und sich die Knochen und Muskeln ausdehnten, die Haut spannten und seinen Körper in die Form eines Werwolfs brachten. Die Nase verband sich mit dem Mund zu einer langen, grau melierten Schnauze, die Muskeln wurden stählern, das Steißbein wuchs und wuchs, bis es einen akzeptablen, buschigen Schweif bildete, der fast auf dem Boden schliff. Die Zähne knackten im Kiefer, als sie sich verschoben und seine sonst auch spitzen Eckzähne sich in grausame Reißzähne verwandelten. Letztendlich beobachtete er, wie seine Fingernägel wuchsen und tödliche, dornenscharfe Krallen ausbildeten. Das Einzige, was Thane bei jeder seiner Verwandlungen ausblendete, waren die Ohren, die von ihrer seitlichen Position auf den Kopf wanderten und jetzt wild zuckten, weil ihm Regentropfen auf die empfindlichen Pinselhaare tropften. Mit einem Blick – vorbei an seiner langen Schnauze – bemerkte er, dass sein rot kariertes Holzfällerhemd in Fetzen von seinem Oberkörper hing, genauso wie seine Hose.

»Himmel, Arsch und Zwirn!«, fluchte er los und fummelte vorsichtig mit seinen Klauen an der zerrissenen Kleidung, die nun an viel zu langen Armen steckte. Beim Laufen schliffen seine

Handflächen fast auf dem Boden. Die Hose war noch zu retten, jedenfalls verdeckte sie seine Hüfte ausreichend. Thanes Körper war zwar komplett mit Fell bedeckt, trotzdem verspürte er knochentiefe Scham, wenn bei seinen Verwandlungen bestimmte Kleidungsstücke rissen. Wütend ballte er die Pranken – und zuckte postwendend zusammen. Mit den zentimeterlangen Klauen hatte er sich die Ballen in den Handflächen aufgerissen. Das Blut bedeckte seine Klauen länger, als die Wunden bestanden. Durch die selbstheilenden, übernatürlichen Kräfte als Werwolf heilten seine Wunden innerhalb weniger Sekunden. Schulterzuckend registrierte Thane das prickelnde Gefühl und sah dabei zu, wie die Wundränder sich zueinander bewegten und im Zentrum neue Hautzellen bildeten, um die Wunden zu verschließen. Immerhin diesen Vorteil hatte die Verwandlung.

Er liebte seine Hühner über alles und er wollte ihnen nicht wehtun, ganz besonders nicht seinen drei Divas. Also lief er mit schweren Schritten wieder ins Wohnzimmer zurück. In der Annahme, dass Thane – nun als Werwolf – draußen bleiben würde, hatte es sich Amon vor dem Kamin auf dem Teppich bequem gemacht. Natürlich verstand Thane den Hund. Er selbst wurde nun von primitiven Kräften angetrieben, die ihm rieten, sich den Hühnern lieber nicht zu nähern. Aber irgendwer musste sie doch in ihren Unterschlupf lassen. Wenn nicht Thane, wer dann? Und wenn er es nicht tat, welches Raubtier käme ihm zuvor?

Amons Blick huschte kurz müde zur Tür, in der Thane stand, dann schloss er die Augen wieder. Verwirrt neigte Thane den Kopf. Hatte der Hund ihn nicht vorhin noch angebellt, damit er verschwand? Und das schon lange vor seiner Verwandlung. Noch während Thane darüber nachdachte, sauste ein heller Blitz an ihm vorbei und die Treppe nach oben. Verdutzt starrte Thane dem rasenden Fellball nach. Scheinbar wollte Amon ihn doch nicht in der Nähe haben und war gerade einfach nur schlaftrunken gewesen. Thane zahlte übrigens auch für zwei Hunde die Steuer, vorsichtshalber. Ein Werwolf war zwar kein Hund in diesem Sinne, aber man wusste schließlich nie. Nun kramte er mit seinen riesigen Pranken und langen Nägeln eine Feile und einen Seitenschneider aus dem Schubkasten des kleinen Schrankes neben dem Kamin. Als er sich auf das Sofa fallen lassen wollte, bemerkte er, dass sein gekrümmter großer Körper gar nicht auf die Sitzfläche passte. Schnaubend nahm er dort Platz, wo Amon zuvor gelegen hatte, und begann, sich die Klauen zu stutzen und zu feilen. Der Geruch von Horn lag in der Luft, während weiße Flöckchen um Thane herumtrieben. Der Staub seiner Klauen leuchtete wie feiner Nebel im Licht des Feuers und legte sich als pudrig weiße Schicht auf das Fell an seinen Beinen. Den langen, buschigen Schweif hatte er zuvor in Sicherheit gebracht. Nach zwanzig Minuten würde er dieses Prozedere wiederholen müssen, da nicht nur seine Wundheilung von rasendem Wachstum geprägt war, sondern auch alles andere überdurchschnittlich schnell vonstattenging. Dazu zählte auch das nervtötende Nachwachsen seiner Klauen. Sein Inneres kämpfte spürbar, als seine großen Pfoten ihn aus dem Haus und in Richtung des Hühnerstalls lenkten. Das aufrechte Gehen war durch die schweren Knochen zu anstrengend, daher lief er lieber in gebückter Haltung. Durch den Regen war es stockfinster und große Tropfen platschten auf Thanes Fell, nur um kalt und spitz zu seiner Haut vorzudringen. Dieses Wetter konnte er gar nicht leiden, schon gar nicht als Werwolf, weil er dann fürchterlich nach nassem Hund stank. Und noch weniger konnte er leiden, wie es im Freilauf seiner geliebten Hühner aussah. Verzweifelt schlug er die Pranken über dem Kopf zusammen – jedoch nicht, ohne sich vor den Ohren auf dem Kopf zu erschrecken. »Da habt ihr Mädels mir aber eine Arbeit beschert …«

Es war nicht so, als hätten die Tiere keinen Unterschlupf in ihrem Freilauf. Thane rieb sich mit der Pranke über das Gesicht und die lange Schnauze und knurrte genervt auf. Die Hühner waren fürchterlich dreckig und ihre Federn standen durch die Nässe von oben und den Schlamm von unten in alle möglichen Himmelsrichtungen ab. Einerseits war das gut. Raubtiere rochen sie durch den Schlamm nicht. Andererseits musste er sie in die Pranken nehmen, sie waschen und letztendlich … würden sie wieder nach Huhn riechen. Thanes Nase zuckte und sein

Schweif peitschte wild durch die Luft. Die Hühner hingegen schienen zu wissen, dass er ihnen aus den Tiefen seines Herzens niemals etwas Böses antun würde. Aber sein jetziger Zustand und das damit vorhandene primitive Verhalten schrien nach einer anderen Lösung. Und Thane wusste, dass es schwierig werden würde, gegen den Kampf in seinem Inneren anzukommen.

Er stapfte um die mit Sechseckgeflecht abgedeckte, freie Fläche herum und ging zu dem alten Bauwagen, den er als nächtlichen Unterschlupf und als Wohnzimmer für die Hühner gekauft und eingerichtet hatte. Die Hühner folgten ihm gackernd wie eine Schar kleiner Kinder im Inneren des Freilaufs. Man musste sie einfach lieb haben. Nachdem Thane in den Bauwagen gestiegen war und die Hühner ins Innere gerannt waren – er liebte es, wie sie die Flügel spreizten und von einem Bein auf das andere hopsten –, schloss er auch die letzte Möglichkeit zur Flucht ab: den Weg zurück nach draußen, in den Matsch. »Ich fürchte, ihr braucht alle eine ordentliche Wäsche. Jetzt guckt mich nicht so an, ihr wisst genau, wie nötig es ist, euch einmal ordentlich zu putzen. Sandbaden sieht ein bisschen anders aus als das, was ihr hier für Dreck anschleppt. Ihr seht alle aus wie … Tja, das kann man nicht vergleichen. Ihr seid einfach Dreckspatzen. Nee, Dreckhennen.«

Aus einer Nische in der Holzwand nahm Thane einen milchig trüben Kanister mit rotem Deckel, in dem er eine ganz besondere Flüssigkeit aufbewahrte, nämlich den Lavendel-Weichspüler für seine Mädels. Es kam öfter vor, dass eines oder mehrere der Hühner gewaschen werden mussten. Und somit hatte er sich beigebracht, wie man gefiederschonenden Weichspüler herstellte. Dafür mischte man ein wenig Zitronensäurepulver mit einigen Tropfen Teebaumöl und ätherischem Lavendelöl, das besonders gut gegen Milben half und zur Entspannung untereinander beitrug, sowie einem Liter Wasser. Thane verdünnte, so wie jetzt, den Weichspüler noch ein bisschen mehr, damit wirklich keiner der Inhaltsstoffe die Federn oder Gesundheit der Hühner beeinträchtigen konnte. Zufrieden schlug er die Pranken aufeinander und blickte durch das kleine Fenster im Bauwagen nach draußen. Er war pitschnass, aber das störte ihn nicht. Bekäme er eine Blasenentzündung wegen des feuchten, kalten Fells, würde diese auch heilen, bevor er es bemerken würde. Leider sah er den Mond hinter den dicken, dunklen Regenwolken nicht, aber die Zeit lief ab. Seine Klauen würden bald schon wieder spitz und zentimeterlang sein und er wollte seine Mädels nicht versehentlich kratzen oder aufschrecken.

»Nun denn, auf geht's!«, sagte er, nahm eine kleine Wanne aus der Nische, die er im Sommer mit Sand zum Hudern auffüllte, und kippte seinen verdünnten Weichspüler hinein. Nacheinander tunkte er jedes Huhn, ob es wollte oder nicht, in die Flüssigkeit und wusch dessen Gefieder so lange, bis das Wasser bald nur noch aus Schlamm bestand. Als er sich das nächste Huhn schnappen wollte, bemerkte er, dass bereits alle gebadet worden waren und nun unter den roten Heizstrahlern auf ihren Schlafstangen saßen. Unter dem Einfluss der Wärme konnten auch ihre Federn trocknen. Der Anblick zauberte ihm ein Lächeln ins Gesicht – wobei er sich nicht ausmalen wollte, wie fürchterlich das momentan mit seinen Reißzähnen aussah. Als Thane sich gerade umdrehen und den Bauwagen verlassen wollte, hielt er inne. Seine drei Divas lagen ihm so sehr am Herzen und er hatte schon lange nichts mehr mit ihnen unternommen … Außerdem rochen sie nun nicht mehr nach Huhn, sondern nach Lavendelöl. Also bestand kein Risiko mehr.

Schulterzuckend drehte er sich um und pflückte die drei Hennen sanft von der Schlafstange. »Kommt, Mädels, wir machen es uns gemeinsam gemütlich. Vielleicht mit ein paar Körnern? Für mich flüssig und für euch fest?«, fragte er amüsiert und setzte sich das Schwedische Blumenhuhn vorsichtig auf den Kopf zwischen die Ohren, die Zwerg-Wyandotte und das Thüringer Barthuhn jeweils auf die linke und rechte Schulter. Mit großen Schritten eilte er zum Haus zurück und öffnete die Tür. Seine Hühner waren ruhig, sie kannten ihn als Werwolf genauso gut wie als Menschenmann. Außerdem hatte er sie schon mehr als einmal auf diese Weise ins Haus getragen.

Seine feine Nase nahm den Geruch vom Feuer wahr. Es war also noch nicht ausgegangen. Die Müdigkeit der drei Hennen sorgte dafür, dass sie nicht wegliefen, als er sie auf die Lehne seines dunkelbraunen Sofas setzte und sie ihre fluffigen Federn aufplusterten. Schnell nahm Thane ein paar Holzscheite und warf sie in den Kamin, damit das Feuer wieder ordentlich loderte. Bei einem lauten Zischen, das viel zu nah an Thanes Ohr war, zuckte er überrascht zusammen. Durch sein nasses Fell und den nach unten geneigten Kopf waren Tropfen ins Feuer gefallen und verdampften in den Flammen. Murrend richtete er sich wieder auf und eilte ins Badezimmer, um sich mit einem alten Badetuch den Kopf trocken zu reiben. Danach steckte er seinen Föhn in die Steckdose, um sich auch den restlichen Körper mit der warmen Luft zu trocknen. Das war mit den riesigen Pranken einfacher gesagt als getan. Nach einigen Minuten fühlte sich sein Fell trocken genug an und auch die Kleiderfetzen klebten nicht mehr an seinem Körper fest. So kehrte er ins Wohnzimmer zurück. Das gemütliche Knistern im Kamin ließ seine empfindlichen Ohren zucken und das sanfte Atmen der Hennen im Wohnzimmer machte ihn selbst schläfrig. Trotzdem duckte er sich durch die Tür in die Küche, holte eine Schüssel mit Körnern und eine Flasche Korn für sich selbst und ließ sich umständlich auf das Sofa nieder. Er konnte nur halb auf der Sitzfläche liegen, aber mit der Schüssel Körner auf seinem Bauch saßen die drei Hennen bald putzmunter auf ihm. Ein amüsiertes Grollen klang in seiner Kehle und er nahm sein Glas – bis er bemerkte, dass seine Schnauze nicht hineinpasste. Augenrollend öffnete er das Maul und kippte den Korn und ein paar Whiskys so hinunter.

Die Füße der Hennen kitzelten seinen Bauch angenehm und er grinste vor sich hin. Der Lavendelduft vernebelte die Instinkte seines primitiven Jagdtriebs und Thane beobachtete das bunte Trio auf seinem Bauch. Sein Schwedisches Blumenhuhn Flora gackerte am lautesten und schüttelte sich erbost, als man ihr die Körner vor dem Schnabel wegfraß. Die gold-blau gesäumte Zwerg-Wyandotte mit dem cleveren Namen Wyandotty schien bereits satt und hatte die Federn über die Füße gelegt und die

Augen geschlossen. Und das chamois-weiß getupfte Thüringer Barthuhn Rostworscht gackerte munter vor sich hin, während es auf seinem Bauch auf und ab marschierte und ihn mit den Krallen an den Zehen kitzelte.

Das stetige Tappen der Füße auf seinem Bauch, das entspannende Gackern der drei Divas und der Regen, der gegen das Fenster prasselte, entspannte Thane so sehr, dass sich seine Augen fast von allein schlossen. Mit einem Gähnen schmatzte er noch ein paarmal genüsslich – den rauchig süßen Geschmack des Whiskys auf der Zunge – und legte die Pranken auf die Brust. Er fühlte seinen eigenen Herzschlag langsamer und ruhiger werden und schlief letztendlich mit den drei ebenso schläfrigen Hennen auf dem Bauch neben dem knisternden Kamin ein.

Anne Buchmann, Jahrgang 1983, studierte Germanistik und Philosophie. Ihre Kurzgeschichten wurden in verschiedenen Anthologien und Literaturzeitschriften veröffentlicht. Für ihren Text *Ein Streifzug mit Philosophin* teilte sie sich mit blumenleere 2022 den *introspektiv* Kurzprosapreis. Zuletzt erschien *Tiefe Gräben*, ein Roman aus dem Bereich der dunklen Phantastik.

Anne Buchmann
Sehnsucht nach Juli

Mama weicht vor der Schlafzimmertür zurück, die sie gerade abgeschlossen hat. Davor heult der Werwolf. Er scharrt am Holz.

Kratzt.

Verstummt.

Mama atmet aus, aber die Gefühle in ihrem Bauch kochen weiter. Sie geht zum Bett und lässt sich darauf sinken. Der Werwolf beginnt wieder zu jaulen. Er ist vier und das Handtuch war nicht weich genug. Deshalb heult er, dass der Rotz nur so fliegt. Mama sieht zur Decke. Sie hat es satt! Das mit dem Handtuch ist nicht ihre Schuld. Der Weichspüler hat es verbockt! Der Weichspüler hat vergessen, den Weichspüler in die Waschmaschine zu füllen, obwohl sie ihm das ausdrücklich gesagt hat. Bei dem Gedanken muss Mama grinsen, obwohl sie die Sache an sich gar nicht lustig findet. Es ist nämlich mal wieder typisch! Der Weichspüler ist einfach ein Lappen, ein Lauch. Sie hört ihn im Flur vor der Tür auf den Werwolf einreden.

»Ach, ach …«, sagt er.

Mehr fällt ihm grundsätzlich nicht ein.

»Ach, ach. Ich glaube, die Mama möchte ein bisschen alleine sein.«

Sie dreht den Kopf zur geschlossenen Tür, sieht ihn vor ihrem geistigen Auge dort stehen, groß und dünn mit hängenden Schultern. Sie äfft ihn nach, flüstert: »Ach, ach. Ich glaube, die Mama möchte ein bisschen alleine sein.« Selbst das glaubt er nur und weiß es nicht, dabei hat sie es deutlich gesagt, sogar gebrüllt. »Lasst mich doch alle in Ruhe!«

Das war kurz nachdem sie den Werwolf aus

der Wanne gehoben hat und die Frechheit besaß, ihn mit dem kratzenden Handtuch abzutrocknen, das der Weichspüler ohne Weichspüler gewaschen hatte.

Der Werwolf heult wieder und schlägt mit den Fäusten vor die Tür.

»Mamaaaaaaaa!«

»Ach, ach«, säuselt der Weichspüler.

Mama greift nach dem Kopfkissen und drückt es über ihr Gesicht. Soll der Weichspüler mit dem Werwolf doch achen, bis es wieder Sommer ist! Da kann er lange warten, denn heute ist gerade mal der vierte Oktober und heute geht sie der Wutanfall nichts an. Aber das Geschrei des Werwolfs dringt bis unter das Kissen. Dumpf zwar, aber deutlich. Sie fährt hoch, wirft das Kopfkissen gegen die Wand, springt aus dem Bett, will den Schrank aufreißen, um ihre Sachen zu packen. Genug ist genug! Auf halbem Weg hält sie inne. Wo soll sie hingehen? Zu ihrer Freundin Diana, die den Weichspüler schon vor ihrer Hochzeit so genannt hat? Zu ihren Eltern, die am anderen Ende der Republik noch hinter der Endhaltestelle vom Nirgendwo leben und die es zu umständlich finden, zu ihren Geburtstagen zu ihr zu fahren? Ihren Bruder Frederik können sie dagegen besuchen, obwohl er noch viel weiter weg wohnt. Noch so eine Gemeinheit! Nein, zu ihren Eltern würde sie nicht gehen. Sie könnte … in ein Hotel ziehen!

Das ist doch eine gute Idee!, denkt sie.

Mama öffnet den Schrank und bückt sich nach der Reisetasche, die ganz hinten liegt. Aber ein Hotel wäre ziemlich teuer. Hochgerechnet jedenfalls. Das könnte allenfalls eine Übergangslösung sein. Wäre es nicht besser, sich gleich eine eigene kleine Wohnung zu mieten? Ein Rückzugsort nur für sich alleine? Wie soll sie das dem Weichspüler erklären? Wo sie doch das Haus abbezahlen und das Auto? Vermutlich würde er gar nicht viel dazu sagen, abgesehen von »Ach, ach«, und sie ansehen wie ein begossener Pudel oder – schlimmer noch – mit diesem mitleidigen Blick. Sie müsste ihm einen Denkzettel verpassen, damit er versteht. Richtig versteht und nicht nur so tut. Und da kommt ihr eine Idee. Mama sieht zur geschlossenen

Schlafzimmertür. Davor tobt noch immer der Werwolf. Sie verengt die Augen zu schmalen Schlitzen und schließt die Schranktür, ohne die Tasche herausgenommen zu haben. Sie strafft ihre Haltung. Die Idee braust so laut in ihrem Kopf, dass sie sogar das Heulen übertönt.

Plötzlich wird es hinter der Tür totenstill. Ganz so, als würde der Werwolf ahnen, was auf ihn zukommt. Den Weichspüler, das weiß Mama sicher, könnte sie vorher schriftlich über ihren Plan informieren und er hätte nicht mehr zu sagen als »Ach, ach«. Und der Weichspüler, das weiß Mama noch viel sicherer, liegt am liebsten in trockenen Tüchern, in ganz weichen trockenen Tüchern und deshalb wird er …

»Julia?«

Patt, patt, patt.

Der Weichspüler klopft an der Tür, als hätten seine Hände keine Knochen.

»Julia, er hat sich beruhigt und ist in sein Zimmer gegangen. Ich wollte dich nur daran erinnern, dass wir gleich noch Besuch bekommen. Aber lass dir Zeit, hörst du? Nur falls du es vergessen hast.«

Mama ballt die Hände zu Fäusten. Natürlich hat sie es nicht vergessen. Schließlich ist das heute ihr Geburtstag. Und nur für den Besuch hat sie den kleinen Werwolf überhaupt erst in die Badewanne gesetzt, um alle Spuren vom Matschbad im Kindergarten vor Doris zu vertuschen. Die schmutzige Kleidung hat sie in die Waschküche bugsiert, um sie am Wochenende in die Maschine zu stecken.

Mama sieht auf den Wecker. Es ist halb zwei. Sie hat noch eine halbe Stunde Zeit. Nur noch eine halbe Stunde. Sie seufzt, geht langsam zur Tür, schließt auf, tritt hinaus in den Flur. Der Weichspüler lächelt erleichtert. Sie geht an ihm vorbei ins Kinderzimmer. Dort sitzt der kleine Werwolf nackt auf dem Teppich und spielt mit Holzklötzen. Sie zieht ihn an, föhnt ihm die Haare, schaltet ihm eine Kinderserie mit Hunden in Funktionskleidung ein, holt die Torte aus dem Kühlschrank, die sie am Morgen gebacken hat, und setzt gerade noch rechtzeitig den Kaffee auf, ehe es klingelt. Der Weichspüler öffnet die Tür und umarmt Doris und Günther. Doris trägt einen großen Topf.

»Hallo Schätzchen!«, sagt Doris und reicht ihr den Topf aus Emaille. »Alles Gute zum Geburtstag! Ich habe Gulasch gemacht. Das hatte ich ja angekündigt. Dann musst du dich um nichts mehr kümmern. Außer nachher vielleicht ein paar Kartoffeln schälen.«

»Danke!«, sagt Julia, die überhaupt kein Gulasch mag, sondern am liebsten Käsespätzle mit Zwiebeln.

»Der Topf ist übrigens für dich! Da brennt nichts mehr an. Der hat mich beim Teleshopping sofort überzeugt.«

»Danke!«, sagt Julia, die genug Töpfe hat.

»Wo kann ich die Blumen hintun?«, fragt Günther und sieht sich Hilfe suchend um.

Mama trägt den Topf in die Küche und stellt ihn auf die Anrichte, geht zurück in den Flur und nimmt Günther die Blumen ab.

Doris zieht ihre Jacke aus, hängt sie an die Garderobe, hilft ihrem Mann Günther aus seiner und hängt sie daneben. Aus ihrer Tasche holt sie zwei Paar Hausschuhe. Das eine Paar zieht sie selbst an, das andere stellt sie Günther hin. »Es ist immer so fußkalt bei euch«, sagt sie. »Wo ist denn der Alexander?«

»Im Wohnzimmer. Er schaut fern.« Doris sieht sie lange an. »Ich decke schon mal den Tisch«, sagt Mama und verzieht sich in die Küche.

»Kann ich dir noch was helfen?«, hört sie den Weichspüler hinter ihrem Rücken fragen.

»Nein, nein. Ist doch alles eine Kleinigkeit.«

Der Weichspüler und Günther kommen hinter ihr hergeschlurft.

»Wie geht es euch denn, mein Junge?«, fragt Günther und setzt sich an das Kopfende des Küchentischs. Der Weichspüler nimmt gegenüber Platz.

»Gut, gut, Papa.«

»Was macht die Arbeit?«

»Stressig«, klagt der Weichspüler.

Mama holt das gute Geschirr aus dem Schrank und gießt den Kaffee in eine Thermoskanne.

Doris betritt die Küche. »Der Alexander redet gar nicht mit mir!«, sagt sie und sieht Julia an.

»Schalt einfach den Fernseher aus«, sagt Mama.

Doris lacht. »Die Erziehung ist eure Aufgabe. *Ich* habe das längst hinter mir.« Sie sieht zum Weichspüler. »Was macht denn die Arbeit, Sebastian?«

»Stressig«, sagt Günther.

Doris nickt wissend. Doris hat seit fünfunddreißig Jahren keinen Job mehr. Das weiß Mama so genau, weil der Weichspüler fünfunddreißig Jahre alt ist.

Sie stellt das Geschirr und den Kaffee auf ein Tablett und gießt Milch in ein kleines Kännchen. Doris öffnet die Schublade mit dem Besteck, fischt Kuchengabeln und Teelöffel heraus und beginnt, sie mit einem Küchenhandtuch zu polieren.

»Wo ist denn eigentlich das Geschenk für den Sebastian?«, fragt Günther.

Doris legt das Besteck samt Handtuch beiseite, geht in den Flur und kommt mit einer Flasche Whisky zurück, die sie Günther in die Hand drückt, der sie an den Weichspüler weiterreicht.

»Danke, Papa!«

Günther klopft ihm auf die Schulter. »Gegen den Stress.«

Mama überlegt, ob sie kommentarlos ein Glas aus dem Schrank nehmen und von dem Whisky trinken sollte. Mehr als drei Gläser bräuchte sie nicht, um in die pflegeleichte Monstera in der Zimmerecke kotzen zu müssen, die Doris zum Einzug vorbeigebracht hat. Aber die arme Pflanze kann schließlich auch nichts für Doris oder den Weichspüler oder Mamas Sehnsucht nach Juli. Außerdem müssen die Schwiegereltern in Sicherheit gewiegt werden. Sie sollen glauben, dass alles in bester Ordnung ist, sonst steigen sie am Ende nicht in ihren Urlaubsflieger, der sie für eine Woche außer Funkreichweite bringt. Jedenfalls fast. Für den Weichspüler sind sie selbstverständlich immer irgendwie erreichbar. Aber auch das wird Mama verhindern, denn sie hat eine Idee, die immer mehr zu einem konkreten Plan heranreift. Sie findet sich fast schon ein wenig diabolisch. In ihren Gedanken sieht sie ihre Freundin Diana, die ihr anerkennend zunickt.

Mama lächelt den Weichspüler über die Köpfe seiner Eltern hinweg an. Er lächelt zurück.

Sie trinken zusammen Kaffee und essen Prinzregententorte, weil Günther und der Weichspüler die so gerne mögen. Doris lobt die Torte, obwohl Mama an ihrem freien Vormittag nur vier der traditionellen acht Böden gebacken hat. Den Haushalt hat sie bereits an den beiden Abenden zuvor erledigt.

»Ein Vormittag reicht natürlich auch nicht für die ganzen Biskuitböden, aber so ist die Torte nicht so mächtig, nicht wahr, Schätzchen?«, sagt Doris und sieht Mama an.

Günther zieht ein Gesicht. Sie tätschelt ihm den Arm. Mama schafft es im letzten Augenblick, nicht mit den Augen zu rollen.

Dann gehen sie auf den Spielplatz. Das Werwölfchen gehört schließlich an die Luft! In Ermangelung anderer Kinder spielt Mama mit ihm. Rutscht. Schaukelt. Baut eine Sandburg. Doris versucht, ein hübsches Foto von ihm zu machen. Andere Kinder kommen hinzu, aber er harrt bei Mama aus. Als es zu dämmern beginnt, gehen sie zurück. Das Abendessen muss pünktlich auf den Tisch. Sie passieren das Kino, die Bars, das hübsche Hotel mit der modernen Fassade und den Supermarkt. Zu gerne würde Mama dort Pilze kaufen. Doris kocht Gulasch immer ohne Pilze, weil der Weichspüler die nicht mag. Pilze sind so ziemlich das Einzige, was Mama an Gulasch mag. Aber sie will keinen Verdacht erregen. Doris und Günther müssen in dieses Flugzeug steigen.

Für das Abendessen schält Mama zusammen mit Doris Kartoffeln und erwärmt das pilzlose Gulasch, während Günther sich mit dem Weichspüler am Küchentisch über Politik unterhält.

Als ihre Schwiegereltern endlich das Haus verlassen, um zum Flughafen zu fahren, atmet Mama einmal tief durch, dann bringt sie das müde Wölfchen ins Bett und räumt die Küche auf. Als sie schließlich ins Wohnzimmer kommt, schaut der Weichspüler fern.

»War doch ein schöner Geburtstag?«, sagt er und guckt auf sein Smartphone.

Mama antwortet nicht. Mama wartet auf dem Sofa ab. Bis kurz nach der Tagesschau. Dann ist sie sicher, dass ihre Schwiegereltern im Flugzeug sitzen. Sie geht ins Schlafzimmer, öffnet den Schrank und packt die Reisetasche. Zusammen mit der Tasche erscheint sie wieder im Wohnzimmer. Der Weichspüler sieht sie verwundert an.

»Es ist jetzt Freitagabend«, sagt sie. »Heute war mein Geburtstag. Ich habe die Torte selbst gebacken, mich um das Kind gesorgt, den Haushalt erledigt. So wie an jedem anderen Tag des Jahres, während du mit deinem Vater zusammen Whisky getrunken und dich um nichts gekümmert hast.« Die Augen des Weichspülers werden groß wie Untertassen, aber Mama ist noch nicht fertig. »In den kommenden vierundzwanzig Stunden wirst du dich um Alexander kümmern. Du wirst den Haushalt übernehmen, die Wäsche waschen, kochen und putzen.« Er öffnet den Mund, um etwas zu sagen, aber Mama ist noch immer nicht fertig. »Morgen Abend werde ich wieder nach Hause kommen. Dann hast du die Wahl. Entweder wir gehen ab dann getrennte Wege, du übernimmst fünfzig Prozent des Sorgerechts und deinen kompletten Haushalt oder du fängst an, die Arbeit hier nicht länger zu übersehen, kurzum dich wie ein verantwortungsbewusster, erwachsener Mann zu benehmen, und wir bleiben zusammen.«

Dem Weichspüler entfährt ein »Ach, ach«.

»Falls du dir tatsächlich die Blöße gibst und deine Eltern aus dem Urlaub zurückholst, hast du deine Wahl getroffen. In diesem Fall reiche ich die Scheidung ein!«

Mama macht auf dem Absatz kehrt und geht. »Du kannst mich übrigens nicht erreichen!«, sagt sie im Flur und schaltet das Handy auf Flugmodus.

Dann fährt sie mit dem Auto durch die Stadt. Ganz alleine. Wenn Mama ehrlich ist, hat sie sich vor genau diesem Augenblick ein wenig gefürchtet. Sie schaltet das Radio an, um die Stille zu durchbrechen, die ihr zu viel Raum für Gedanken lässt. Sie sucht einen Sender, den sie gerne mag, kann sich nicht entscheiden. Die Lieder kennt sie alle nicht mehr. Seit vier Jahren hört sie im Radio nur noch den Kindersender. Im

Handschuhfach findet sie eine alte CD und legt sie ein. Mit der vertrauten Musik kommt das Gefühl von früher, als sie nicht Mama war, sondern Juli. So hat der Weichspüler sie genannt. Juli. Und sie hat ihn Basti statt Weichspüler oder Lappen oder Lauch oder Papa genannt. Sie fährt einen Schlenker auf die Landstraße, singt. In Julis Kopf ist Sommer. Sie fährt mit Basti raus zum See. Gemeinsam trinken sie Bier aus der Dose, rauchen billige Zigaretten und schwimmen zur Badeinsel.

Mit einem Blick auf die Uhr verebbt das Hochgefühl. Es ist schon zehn. Normalerweise würde sie jetzt vom Sofa ins Bett schleichen, auf dem Weg noch beim schlafenden Wölfchen vorbeischauen. Mama überlegt, nach Hause zu fahren. Der Weichspüler wird bestimmt noch im Wohnzimmer sitzen und fernsehen und wenn sie hereinkommt, wird er »Ach, ach« sagen und sie wird ihm einen Kuss geben und ins Bett gehen. Dann wird morgen früh alles wie immer sein. Sie werden zusammen frühstücken und das Wölfchen wird zum Werwolf mutieren, weil der Kakao zu heiß oder zu kalt ist, und der Weichspüler und sie werden den vergangenen Abend verschweigen, so wie sie den Handtucheklat vom frühen Nachmittag verschwiegen haben. Mama umfasst das Lenkrad fester.

Nein!

Jetzt ist sie schon so weit gegangen. Sie lenkt das Auto zurück in die Stadt, hin zu diesem Hotel, das sie nur von außen kennt und das so einladend aussieht mit seiner modernen Fassade. Sie schaltet den Motor ab, steigt aus, nimmt ihre Tasche aus dem Kofferraum. Die Vernunft holt sie ein. Ein Hotel ist teuer, ihr eigenes Bett ist nicht weit entfernt. Unschlüssig steht sie auf dem Parkplatz, wartet. Sie wartet immer. Auf das Wölfchen, auf den Weichspüler, auf das Glück. Sie muss es selbst in die Hand nehmen!

Wie in Watte gepackt betritt sie das Foyer, sieht sich selbst beim Einchecken zu, findet sich gleichzeitig mutig und verantwortungslos. Mit dem Schlüssel im Scheckkartenformat irrt sie in das Zimmer. Sie lässt die Tasche von der Schulter rutschen. Ein paar Stunden zuvor hatte sie sich noch vorgenommen, in einer Bar zu versumpfen. Oder einen

Kinofilm zu schauen. Zur Not hätte sie sich sogar einen dieser Schießfilme angesehen. *Wolverine* beispielsweise. Der ist wenigstens mit Hugh Jackman. Sie wollte ausgehen.

Aber Mama ist müde.

Sie zieht den Schlafanzug an und legt sich hin.

Die Stille umhüllt sie.

Ihre Gedanken rasen.

Sie denkt an all das, was ihr auf die Nerven geht. Das ständige Organisieren, für andere denken, Erwartungen erfüllen, Routinen, Absprachen, einkaufen, waschen, kochen, putzen, die eigene Arbeit noch obendrauf, Zeitdruck, Atemlosigkeit. Sie fühlt sich wie eine Schauspielerin. Mama, Ehefrau, Angestellte, Schwiegertochter, Managerin, Liebhaberin, Putzfrau, Köchin, Weihnachtsmann, Osterhase, Gastgeberin. Und jetzt findet sie sich unfassbar egoistisch, weil sie doch in erster Linie Mama ist. Irgendwie ist das zur Hauptrolle ihres Lebens geworden. Dabei ist das gar kein Spiel. Sie kann nicht für einen ganzen Tag verschwinden, ohne dem Weichspüler vorher genaue Anweisungen zu erteilen oder zumindest Doris Bescheid zu sagen.

Doris!

Sie kann sich schon vorstellen, wie der Gesichtsausdruck ihrer Schwiegermutter aussehen wird, wenn der Weichspüler ihr von der Aktion erzählt. Sie wird schweigen, aber Mama wird trotzdem wissen, was sie denkt, über die Frauen von heute, deren Wohnungen so schlecht geputzt sind, obwohl sie doch die Möglichkeit haben, ihre Kinder schon mit einem Jahr in die Kindertagesstätte abzuschieben. Natürlich geht Mama arbeiten, aber es ist doch nur eine halbe Stelle! Und diese Möglichkeit hatte Doris nicht. Da wird es doch wohl möglich sein, den Haushalt zu erledigen und das Kind (es ist doch nur eins!) anständig zu versorgen!

Mama nimmt sich vor, gleich morgen früh ihre beste Freundin Diana anzurufen, die keine Kinder hat und die ihr schon seit Jahren erklärt, sie müsse den Weichspüler nur einmal richtig in den Arsch treten und überhaupt brauche sie Pausen und Freiraum, das müsse ja wohl möglich sein! Herrgott, sie müsse doch auch einmal ihren Interessen nachgehen können!

Mama fragt sich, was sie gerne tun würde, denn so richtige Interessen hat sie eigentlich nicht. Auch das hat ihr Diana schon einmal gesagt, da war sie beleidigt. Jetzt schämt sie sich dafür und für ihre Planlosigkeit. Schließlich ist sie ohne Anweisungen für den Weichspüler gegangen und jetzt weiß sie nicht einmal genau, was sie mit dem morgigen Tag anstellen soll.

Es dauert eine ganze Weile, bis Mama schließlich einschläft. Zwei Stunden später ist sie wieder wach, da ist es halb drei. Um diese Zeit kommt das Wölfchen häufig in ihr Bett gekrochen, drängt sich zwischen sie und den Weichspüler, bis Mama nur noch ganz am äußersten Rand der Matratze Platz hat.

Trotzig streckt sie sich in dem Hotelbett aus. Ein ganzes Bett nur für sie! Basta. Sie dämmert ein, träumt, wacht auf, dämmert. So geht das bis zum Morgen.

Sie schlurft zum Frühstücksbüfett, nimmt sich eine Extraportion Nutella, lauscht dem geschäftigen Summen der Gespräche und dem klappernden Geschirr um sie herum und langweilt sich, so ganz ohne das Wölfchen und den Weichspüler. Wie hält Diana das nur aus? Sie fährt sogar alleine in den Urlaub. Mama fragt sich, was sie da zwei Wochen lang treibt. Im gleichen Moment schämt sie sich wieder, wo es doch keine vierundzwanzig Stunden her ist, seit sie ihre Seele für zwei Wochen Singleurlaub an den Teufel verkauft hätte. Apropos kaufen! Sie muss noch eine neue, gefütterte Matschhose für das Wölfchen besorgen. Der Kindergarten hat darum gebeten, nachdem das Wölfchen sich im Matsch gewälzt hat und ganz durchgefroren war. Morgen ist Sonntag und da haben die Geschäfte zu.

Also fährt Mama nach dem Frühstück in die Stadt, kauft die Hose und geht, wo sie schon einmal da ist, gleich in den Spielzeugladen. Immerhin ist es schon Oktober, da sollte sie mit den Weihnachtsvorbereitungen beginnen, und natürlich braucht sie noch eine kleine Bestechung für das Wölfchen, das sie ohne Vorwarnung einen ganzen Tag alleine lässt. Dann läuft sie rüber zum Spirituosenladen und kauft einen Single Malt. Sie lässt sich beraten, es soll ein besserer Whisky sein als der, den Günther immer anschleppt. Da wird der Weichspüler am Heiligen Abend Augen machen. Und Doris und Günther erst! In der Drogerie entwickelt sie in dreifacher Ausführung Bilder für einen Kalender mit Wölfchenmotiven, den sie ihrer Mutter, Doris und dem Weichspüler unter den Tannenbaum legen will.

Erst am frühen Nachmittag hat sie alles erledigt, was auf ihrer geistigen Liste stand. Dann geht sie in Ruhe einen Kaffee trinken. Ein Stück Kuchen gibt es gleich dazu. Sie überlegt, welchen Kuchen das Wölfchen lieber mag. Schokoladentorte oder Schmandkuchen? Sie nimmt den Schmandkuchen, weil sie von dem glaubt, dass er nicht so viele Kalorien hat, und beobachtet die anderen Menschen. Warum hat sie sich unterwegs kein Buch gekauft? Oder zumindest eine Zeitung? Jetzt muss sie sich wieder langweilen, so ganz ohne das Wölfchen, das gerne hierherkommt, um Kuchen zu essen und Kakao mit Sahne zu trinken.

Drei Tische weiter sitzt ein Pärchen mit einem Säugling. Die Mutter schaukelt das Kind auf dem einen Arm, während sie mit dem anderen versucht, die Kuchengabel in den Mund zu balancieren. Mama seufzt. Als das Wölfchen noch so eine Miniatur war, war alles schön. Es gab nur das Wölfchen und sie. Damals verstand Diana nicht, dass Mama sich nicht mehr einmal in der Woche mit ihr zum Abendessen treffen konnte, obwohl Mama ihr doch alles erklärte. Das Wölfchen musste gestillt werden und wenn der Weichspüler den Versuch unternommen hat, es abends zur Ruhe zu bringen, ist das grundsätzlich schiefgegangen.

Als Mama müsse sie sich eben etwas hintanstellen, sagte Mama und Diana hob die Augenbrauen und schwieg. Aber Monate später fragte sie, warum Mama dann wieder arbeiten gehen könne, wo das Wölfchen doch gerade erst ein Jahr alt sei und noch gestillt werde und sich weder mittags noch abends von irgendjemandem außer ihr beruhigen lasse?

Sie bräuchten das Geld und außerdem wolle man ja nicht nur Mama sein, sagte Mama und ärgerte sich über Diana, weil sie ihr unterstellte, keine gute Mama zu sein. Also schob sie die Frage nach, ob Diana meinen würde, es mache ihr Spaß, wenn sie jeden Morgen ein schreiendes Kind in der Kindertagesstätte abgeben müsse.

Vielleicht sei das Kind einfach noch zu klein und hänge an der Mama oder den Eltern. Vielleicht könne es helfen, wenn der Weichspüler zu Hause bliebe, um sich noch ein Jahr um das Kind zu kümmern, während Mama wieder arbeiten ginge … und das mit dem Geld sei doch nebensächlich. Schließlich könne man für allen unnützen Quatsch einen Kredit aufnehmen, aber das Kind sei doch viel wichtiger als ein Neuwagen oder ein Fernseher oder ein Urlaub.

Der Weichspüler könne das nicht, sagte Mama. Er sei keine Mama.

Ob das nicht schon eine männerfeindliche Unterstellung sei?, fragte Diana. Immerhin gebe Mama das Kind lieber in fremde Hände, als es vom eigenen Vater betreuen zu lassen. Und sie wisse nicht, ob das nur ein Armutszeugnis für den Weichspüler darstelle oder ein gesellschaftlich akzeptierter Gedanke sei, der sich verfestigt habe und Männer nun von jeder Art der Care-Arbeit systematisch ausschließe.

Mama schwieg. Mit aller Kraft hielt sie den Mund. Sogar jetzt noch wird Mama wütend, wenn sie an das Gespräch zurückdenkt. Was gibt es dazu auch zu sagen? Offensichtlich ist Diana einfach naiv und übergriffig. Mama stopft den letzten Rest des Schmandkuchens in sich hinein, trinkt vom kalt gewordenen Kaffee, sieht wieder zu dem Pärchen mit dem Baby und weiß nicht, was sie fühlen soll. Aber sie ist froh, Diana in dieser Situation nicht angerufen zu haben. Wer weiß schon, was sie dann wieder zu hören bekommen hätte. Wahrscheinlich ist sie jetzt nicht nur eine schlechte Mutter, sondern auch eine schlechte Ehefrau, weil sie dem Weichspüler die Scheidung angedroht hat. Das wird nicht nur Diana so sehen, sondern auch Doris, die sie noch nie leiden konnte.

Mama zahlt und geht. Wieder fährt sie mit dem Auto über die Landstraße, aber das Gedudel aus dem CD-Player weckt weder den Sommer noch Juli. Es ist schon siebzehn Uhr. Vierundzwanzig Stunden sind fast vorbei. Sie nimmt die nächste Abbiegung. Parkt endlich wieder vor dem Haus. Die

Weihnachtsgeschenke lässt sie im Auto, um sie später zu holen, wenn der Weichspüler fernsieht und auf seinem Smartphone herumwischt. Das Wölfchen kommt ihr im Flur entgegen, will sie gar nicht mehr loslassen. Sie schleppt es am Bein ins Wohnzimmer, wo der Wäscheständer steht, der gestern noch nicht da war, weil Mama keine Zeit hatte, die matschigen Klamotten aus dem Kindergarten in die Maschine zu werfen. Sie riecht an der Wäsche. Kein Weichspüler. Aber an die Matschhose soll auch keiner dran. Das Wölfchen lässt Mamas Bein los und spielt Höhle unter dem Wäscheständer. Erfolglos versucht Mama, es dort herauszulocken. Sie geht in die Küche. Da steht der Weichspüler am Herd, daneben liegt ein aufgeschlagenes Kochbuch.

»Na«, sagt Mama.

»Na«, sagt der Weichspüler und sieht sie lange an.

Mama guckt in den Topf, nimmt den Kochlöffel und rührt darin herum.

»Spätzle«, sagt der Weichspüler und beginnt, Käse zu reiben.

»Ich koche weiter.«

»Nein. Pack mal lieber deine Tasche aus, Juli.«

Paula Velten wurde im Jahr 2000 in der Nähe von Köln geboren. Nach einem FSJ in Brasilien führte sie das Medizinstudium an die Ostsee. Wenn sie nicht gerade schreibt oder zeichnet, lernt sie Fremdsprachen und liest über Kontaktversuche mit Außerirdischen.

Paula Velten

Wolfsvermächtnis

M it spitzen Fingern rieb ich an meinem Kinn entlang und fühlte die kleinen Stoppeln. Vielleicht sollte ich sie nicht rasieren, sondern einfach rausreißen. Hinter dem Vergrößerungsspiegel wirkten meine weit aufgerissenen Augen wie die von King Julien aus *Madagascar*. Akribisch wanderten sie mein Gesicht entlang und analysierten jede Unreinheit, jeden Haarflaum mit niederträchtigem Blick. Ich beschloss, sie alle zu vernichten.

Sorgsam platzierte ich die Pinzette neben meiner Augenbraue und begann zu zupfen. Erst zögerlich, dann immer fieberhafter. Ich verlor mich in meinem Spiegelbild, in der zehnfach vergrößerten Reflexion meines Gesichts. Wie eine Wahnsinnige fuhr ich jede Unreinheit nach, während ich meine Augenbrauen wieder in Form brachte. Spuren von Akne zogen sich durch meine Haut wie tiefe Schluchten und ließen sie uneben wirken. Ein weiterer Pickel bohrte sich an meinem Haaransatz den Weg ans Tageslicht, aber ich würde ihn eiskalt ignorieren, das war besser für uns beide. Heute würde es kein Blutvergießen mehr geben.

»Leonie, beeilst du dich?«, schallte Mamas Stimme von der Küche zu mir nach oben.

Ich ließ mein Werkzeug sinken und betrachtete unglücklich mein Spiegelbild – so konnte ich unmöglich gehen. So schnell wie möglich sprang ich auf und hechtete in Richtung Bad.

»Ja, ich beeile mich!«, schrie ich zurück, während ich hastig meine Zähne putzte und gleichzeitig mein Gesicht mit Peelingcreme einschäumte, was beinahe dazu führte, dass ich etwas davon verschluckte. Ich spuckte die zerlaufene Zahnpasta aus und wusch mit groben Handbewegungen mein Gesicht. Ein Blick auf die Uhr. Ich war viel zu spät dran. Schon wieder.

Während ich meine Haut abtrocknete, legte ich mir das Kleid und Make-up raus, dann hechtete ich zurück ins Bad und warf das Handtuch wieder über die Halterung.

»Wir wollten schon vor zehn Minuten los!«, kam es erneut von unten.

»Ich weiß!«

Danke, Mama, das hilft mir jetzt auch nicht.

Heute klatschte ich mir viel zu viel Concealer aufs Gesicht, in der Hoffnung, meine Unreinheiten zu verdecken, aber ich war mir nicht sicher, ob es das nicht sogar noch schlimmer machte, weil der helle Ton farblich nicht mehr zu meiner sonnengebräunten Haut passte. Es war nun mal ein Concealer für den Winter und jetzt war später August. Aber das ließ sich jetzt auch nicht mehr ändern. Betreten betrachtete ich mein Werk. Warum sah ich ausgerechnet heute so schrecklich aus?

»Leonie Isabella Müller, jetzt aber hurtig!«

»Jaaa!«

Schnell noch einen Eyelinerstrich, etwas Mascara und Labello und …

»Ich fahre schon mal das Auto raus!«

Ich hörte, wie die Tür ins Schloss fiel, und Panik breitete sich in mir aus. Grob streifte ich mir das Kleid über, fuhr mir durch die Haare und stürzte die Treppe hinunter.

»Du bist groß geworden, Leonie, so erwachsen.« Frau Luan musterte mich aus ihren rehbraunen Augen und lächelte sanft.

»Eden, du bist aber auch ein stattlicher junger Mann geworden«, platzte es aus Mama heraus, als hätte sie nur darauf gewartet.

Ich verdrehte die Augen und warf Eden einen heimlichen Seitenblick zu. Auch wenn ich es ungern zugab, hatte sie recht. Seine dunklen Locken hatte er auf eine Seite gekämmt, was ihm einen ordentlichen und gleichzeitig auch irgendwie wilden Look verlieh. Aus seinen tiefen Augenhöhlen stachen pechschwarze Iriden hervor und in Kombination mit seiner blassen Haut erinnerte er an einen Tim-Burton-Charakter. Eden antwortete nicht, sondern lächelte einfach bescheiden.

Dieser Mistkerl.

Dabei wusste ich ganz genau, dass er und seine Mutter nicht für Gespräche gekommen waren. Sie wollten mich davon überzeugen, an ihrem bescheuerten Ritual teilzunehmen, und ich wusste jetzt schon, dass Mama dafür Feuer und Flamme war. Nur ich, die blöde Langweilerin, hatte keinen Bock auf Dämonen und Werwolfszauber. Generell hielt ich mich von dem ganzen Kram fern. Jedes Jahr, wenn sich das obligatorische Treffen mit den Luans näherte, wurde ich fahrig. Jedes Haar auf meiner Haut bereitete mir Schweißausbrüche. Ich war keine von ihnen, auf keinen Fall!

»Leonie, du siehst ja ganz angespannt aus«, stellte Frau Luan betrübt fest. Dann wandte sie sich an Eden: »Zeig ihr doch mal das Gelände, dann könnt ihr euch ein bisschen untereinander austauschen.« Ihr Blick blieb an mir kleben. »Ich könnte mir vorstellen, dass es bald so weit ist.«

Mein Magen zog sich zusammen, als mein Blick den Pfad entlang in Richtung eines kleinen Anwesens wanderte. Es stach wie eine dunkle Prophezeiung aus der farbenfrohen Landschaft hervor. Ich schluckte. »Das ist es also?«

Eden folgte meinem Blick und grinste. »Da kommt man nicht so einfach rein, ich soll dir vor allem den Schuppen zeigen.«

»Den Schuppen?« Ich sah ihn ungläubig an, bis mir eine kleine Holzhütte auffiel, die von den Bäumen auf dem Grundstück fast vollständig verdeckt wurde. »Das sieht aus wie ein Hexenhaus.«

Eden lachte auf. »Nicht ganz. Da wohnt Oma Heidrun, deine und meine Urgroßmutter.«

Ich war vollkommen unvorbereitet hier angekommen und jetzt sollte ich auch noch vergessene Ahnen kennenlernen?

Wieder musterte ich das Häuschen. »Sie ist aber kein Geist, oder?«

Ich hatte gehofft, dass Eden wieder lachen würde, aber seine Miene ließ keine Schlussfolgerungen über seinen Gemütszustand zu.

»Nein, ist sie nicht.«

Die Antwort kam verspätet und überzeugte mich kein bisschen.

Die Tür quietschte und uns schlug stickige Luft entgegen. Eine Horde aufgewirbelter Staubkörner umtanzte uns und brachte mich zum Husten. Tränende Augen, verstopfte Nase – diese beschissene Hausstauballergie. Ich schnappte nach Luft.

»Geht's?«, fragte Eden. Ich war mir nicht sicher, ob er besorgt oder genervt klang.

»Ja«, röchelte ich und deutete auf die vor uns schwebende Wolke aus Sand und Milbenresten. »Der Staub.«

»Das ist ein Schutzzauber«, stellte er nüchtern fest.

Ich nickte matt und fügte dann mit schwacher Stimme hinzu: »Scheint zu wirken.«

Eden lächelte. »Komm mit, das ist nur im Flur so.«

Tatsächlich: Als wir ein Zimmer betraten und Eden die Tür hinter uns schloss, war mein Hustenreiz verschwunden. Dafür zog mir ein anderer Duft in die Nase: alte Kiefern, etwas Pfefferminz und Alkohol. Ich ließ meinen Blick durch den Raum schweifen, der nur von einem Kaminfeuer und einer schwach flimmernden Öllampe erleuchtet wurde. Die Wände waren aus Holz mit zahlreichen, darin eingelassenen Regalen, vollgestopft mit allerlei Krimskrams. Das meiste sah wertlos aus, dazwischen vereinzelt Töpfe mit Kräutern sowie einige kuriose Gegenstände, die ich nicht wirklich zuordnen konnte. Neben dem Kamin stand ein Tisch, darauf eine große Flasche Whisky. Einiges war offenbar danebengegangen und verlief langsam mit einer kleinen Blutlache am Tischrand.

»Alles in Ordnung, Oma Heidrun?«, fragte Eden besorgt.

Jetzt, da ich wusste, wie seine besorgte Stimme klang, konnte ich ausschließen, dass er eben auch nur ansatzweise besorgt gewesen war. Aber was konnte ich auch schon von einem Typen erwarten, der behauptete, von einem Wolf besessen zu sein, und von Schutzzaubern faselte, während ich beinahe erstickte? Und jetzt auch noch das Blut. Mir drehte sich der Magen um. Alles an diesem Ort wirkte befremdlich und obwohl die Einzelteile, aus denen dieser Raum bestand, normal zu sein schienen, ergaben sie zusammen einfach keinen Sinn – wie in einem abgefahrenen Traum.

Eine Tür gegenüber von uns schwang auf und ein Lichtkegel ergoss sich auf den Holzboden. Dieser Schuppen war eigentlich gar kein Schuppen, sondern ein richtiges Haus. Eine alte Dame tippelte in unsere Richtung. Sie war klein und so schmal, dass ich Angst hatte, sie würde bei einem Sturz in tausend Stücke brechen. Ihre Haare waren nichts als ein weißer Flaum auf dem Kopf, so wie bei kleinen Küken, doch ihre dunklen Augen starrten wachsam in unsere Richtung.

»Da seid ihr ja.« Ihre Stimme klang rauchig und stark und passte genauso wenig zu ihrem Körper wie die Inhalte der Regale zueinander. Sie machte eine wegwerfende Bewegung in die Richtung, aus der sie gekommen war. »Boris hat sich verletzt.«

Ein Jaulen war als Antwort zu hören und ich war mir ziemlich sicher, dass Boris kein Mensch war. Und tatsächlich: Sobald er seinen Namen gehört hatte, schoss Boris durch die Zimmertür in unsere Richtung. Ein schwarzer unglaublich hässlicher – tja, was war Boris eigentlich? Ein Hund? Er sah ein bisschen aus wie ein überdimensionierter Mops und er sabberte wie verrückt, sodass er überall, wo er hinlief, eine glänzende Spur hinterließ.

»Wie ist das passiert?«, fragte Eden, während ich einen gebührenden Abstand zu Boris hielt, der verdächtig nach Whisky stank.

Die Dame zuckte mit den Schultern. »Boris hasst das Krallenschneiden und er hat die Pfote so schnell weggezogen, dass –«

Boris ging erneut in ein jämmerliches Klagelied über und ließ sich dramatisch auf den Boden fallen. Als er merkte, dass er von seinem Frauchen keine Aufmerksamkeit bekam, sprang er wieder auf und stellte sich neben sie.

»Ist ja gut, mein kleiner Dämon. Na ja, zum Glück hatte ich was Hochprozentiges zur Desinfektion.«

Ich versuchte, verständnisvoll dreinzublicken. »Dann geht es Boris bestimmt bald besser.«

Der Hund sah mich kurz an und wandte sich dann seinem

Futternapf zu.

»War nur ein kleiner Kratzer, aber vor Schreck hat Boris mich angerempelt und ich habe mich an der Schere geschnitten.« Sie hob ihre einbandagierte Hand.

Daher also das ganze Blut. Ich blieb stumm. Was sollte ich darauf auch antworten? Hilflos blickte ich zu Eden, der auf Oma Heidrun zuging.

»Setz dich erst mal Oma, das Ritual kann auch noch warten.«

Sie ließ sich auf einem Hocker nieder, begutachtete mich und schüttelte dann den Kopf. »Nein, kann es nicht. Es wird jeden Moment losgehen. Hol die anderen.«

Na toll, aus dieser Nummer kam ich wohl nicht mehr raus.

Was geschah, wenn sich ein paar verschollene Verwandte zusammenfanden, um einen Werwolfszauber durchzuführen? Genau, nichts Gutes. Zumindest rechnete ich nicht damit.

Mama schien das anders zu sehen. Sie rutschte auf ihrem Stuhl hin und her wie ein aufgeregtes Kind.

»Und was ist das?«, fragte sie Oma Heidrun, während sie auf die klare Flüssigkeit deutete.

»Weichspüler«, antwortete Heidrun knapp und goss etwas davon in das durchsichtige Behältnis in unserer Mitte.

»Ach so«, sagte Mama, als hätte sie verstanden. Als hätte sie irgendwas von dem verstanden, was hier geschah. Aber das tat sie genauso wenig wie ich, da mit Papas Tod der Kontakt zu dieser Seite der Familie fast vollständig abgerissen war. Jedes Mal, wenn ich die Luans traf, wurde ich schmerzhaft an ihn und seinen Tod erinnert und ich war ganz und gar nicht überzeugt davon, dass ich jemals einen Wolfsgeist in mir tragen würde.

Die anderen schienen das anders zu sehen. Erwartungsvoll blickten mich meine fremden Tanten und Onkel an. Die meisten sahen mich wahrscheinlich zum ersten Mal, zumindest kannte ich viele Gesichter nicht. Ich errötete, während Oma Heidrun weiter das Behältnis in der Mitte befüllte, jetzt mit etwas, das aussah wie Waschmittel, gemischt mit Mentos.

Wenn ich das trinken müsste, würde ich sicherlich sterben.

Musste man vielleicht sterben, um von einem Geist besetzt werden zu können? Ich würde heute nichts Ess- oder Trinkbares annehmen, von niemandem. Misstrauisch ließ ich meinen Blick umherschweifen, als erwartete ich, dass sich jeden Moment eine Falle auftat und ich einfach blindlings hineintappte. Und dann sah ich sie.

Sie waren nicht mehr als Schatten, klebten an den Wänden und beobachteten uns aus glühenden Augen. Mir wurde eiskalt.

Die anderen schienen sie nicht zu bemerken und ich sagte keinen Ton. Wenn ich jetzt wirres Zeug von mir gab, würden sie recht damit behalten, dass hier irgendetwas vor sich ging, und das wollte ich auf keinen Fall.

Vielleicht waren es irgendwelche Gase aus dem Gebräu, das Oma Heidrun da herstellte? Vermutlich war das so und wir waren in Wahrheit alle high. Ich hätte beinahe gelächelt, doch dann bewegte sich einer der Schatten und reckte den Kopf näher in meine Richtung. Vielleicht waren das die Geister, die sie rief? Vielleicht wollten sie mich besetzen?

Am liebsten wäre ich einfach weggerannt, doch ich blieb sitzen und sagte keinen Mucks.

Eden riss mich aus meinen Gedanken, indem er mir einen heftigen Hieb in die Seite gab.

»Aua! Spinnst du?«, fuhr ich ihn an und erntete dafür tadelnde Blicke von den Verwandten.

Der Idiot sah mich einfach nur missmutig an und verzog die Lippen zu einem schmalen Lächeln. Immerhin wusste er wahrscheinlich, wie dieses Ritual ablief.

Mit vorgehaltener Hand beugte ich mich in seine Richtung und flüsterte: »Wachsen mir eigentlich Haare, wenn mich so ein Geist findet? Und gibt es hier eigentlich einen Alphawolf oder wie läuft das ab?«

Er verdrehte die Augen, als hätte ich wirklich gar keine Peilung. »Wir sind hier nicht bei *Twilight*, dir wachsen keine Haare und du wirst auch nicht plötzlich zum Wolf. Es geht um *Wolfsgeister*, das ist was ganz anderes. Das ganze Alpha-, Beta- und Gammawolf-Zeugs ist aus Untersuchungen mit Tieren in Gefangenschaft, das stellt nicht −«

»Es ist so weit«, unterbrach ihn Oma Heidrun. Sie hatte sich auf ihren Stuhl gestellt und hielt das befüllte Gefäß in der Hand. Ich musste meine gesamte Willenskraft aufbringen, damit ich ihr den Krug nicht aus der Hand riss und sie zurück auf den Boden brachte, so wackelig wirkte die gesamte Angelegenheit.

Ich blickte noch einmal zu Eden, aber der hatte sich bereits abgewendet. Immerhin wuchsen mir keine Haare. Das hätte ich früher fragen sollen, dann hätte ich mich nicht die ganze Zeit verrückt machen müssen.

Dafür hatte ich jetzt die hier – mein Blick wanderte erneut in Richtung Decke zu den wabernden Gestalten, die dort ungeduldig auf und ab wippten –, das war wahrscheinlich temporär, aber mindestens genauso unangenehm.

»Erst mal freue ich mich, dass ihr so zahlreich gekommen seid, auch ihr da oben.« Oma Heidrun konnte diese Gestalten also auch sehen, ein paar strichen ihr sogar liebevoll über den Haarflaum.

Mama blickte nur irritiert nach oben, hob die Augenbrauen und sah die Rednerin neugierig an. Sie konnte sie nicht sehen. Na toll, ich war tatsächlich einer von den Freaks.

»Dies ist ein besonderer Augenblick für unsere Leonie …«, fuhr sie fort. *Unsere?* Wir kannten uns doch erst seit einer knappen Stunde? »… Sie ist bereit, eine von uns zu werden und ihren Geist zu empfangen, derjenige, der zu ihr gehört, möge für immer bei ihr sein.«

Stille. Keiner rührte sich.

Ich traute mich nicht, etwas zu sagen, und hielt sogar die Luft an, als ein kleiner Schatten genau über mir Platz nahm und den Kopf erwartungsvoll in meine Richtung reckte.

Dann kam Boris, der sich seit unserem Kennenlernen nicht mehr zu Wort gemeldet hatte, aus der Ecke geschossen und begann wie verrückt zu bellen. Allerdings sah er jetzt irgendwie anders aus. Er hatte zwei Köpfe – was zur Hölle?! Jetzt ergab das Kosewort *Dämon* Sinn, auch wenn Boris vorher nicht viel schöner gewesen war.

Ich begann, Dinge zu sehen, die es so eigentlich nicht gab, und das machte mich sauer. Ich wollte das alles nicht. Das hier war nicht meine Welt. Und dann sah ich es – den Auslöser für Boris' Verhalten. Zu meiner rechten Seite hockte ein riesiges Tier. Ein Wolf. Stark und gewaltig, mit weißem Fell und eisblauen Augen, die selbstsicher durch die Runde schweiften. Mir stockte der Atem und die Schatten liefen ineinander über, tropften von der Decke, umhüllten mich und waren dann verschwunden. Was war das?

Mama war die Einzige, die immer noch Oma Heidrun anstarrte, nachdem sie verunsichert umhergeblickt und anscheinend nichts Auffälliges entdeckt hatte.

Oma Heidrun strahlte. »Es ist tatsächlich so weit.« Sie machte eine Pause. »Und wie ich sehe, haben sich da zwei Sturköpfe gefunden.«

Der Wolf musterte mich abschätzig und begann sich dann die Pfoten zu lecken.

Du mich auch. Er war offenbar kein bisschen besser erzogen als Boris.

Ich sollte eigentlich Angst haben, aber mein ständiger Begleiter ließ mich im entscheidenden Moment im Stich. Müsste ich nicht irgendeine Art Überlebensinstinkt haben, der mir sagte, ich sollte vor dem Monsterwolf wegrennen, und zwar schnell?

Stattdessen fiel jetzt ein Großteil der Anspannung von mir ab. Ironie des Schicksals. Zwar saß ein gigantischer Wolf neben mir, aber das sollte es gewesen sein?

Ein Hämmern – erst zaghaft und dann immer lauter. Jemand schlug gegen die Tür. Oma Heidrun stieg vom Stuhl und stellte das Gefäß auf den Tisch in unserer Mitte.

»Wir sind wohl noch nicht vollzählig«, stellte sie fest. Sichtlich genervt trippelte sie in Richtung Tür.

Ein weiterer Schatten. Er waberte an ihr vorbei ins Zimmer. Er hatte etwas bei sich, das aussah wie ein Plüschtier.

Wölfi? Das Kuscheltier, das mir Papa als Kind geschenkt hatte?

Weißes Fell, blaue Augen. Der Schatten kam auf mich zu, überreichte es mir und für einen kurzen Moment hatte ich das Gefühl, Papas Lächeln zu sehen.

»Jaja, so holt uns die Vergangenheit ein«, sagte Oma

Heidrun. »Als Werwolf wirst du Teil einer eingeschworenen Gemeinschaft werden. Deinem Vater hat es das Herz gebrochen, als er uns verlassen musste, aber für dich hat er es gerne getan. Und nun ist der Wolf zurück.«

Papa hatte es das Herz gebrochen? Ich erinnerte mich an all die Wolfsgeistergeschichten, die er mir als Kind erzählt hatte, aber ich hatte nie bemerkt, dass es ihm so wichtig war. Erst jetzt verstand ich Mamas Begeisterung für das Ritual. Es erinnerte sie an Papa.

»Der Wolfsgeist wird dir als Werwolf nicht nur Fähigkeiten geben, die du vorher nicht hattest, er wird dich vervollständigen, du musst ihm nur Zutritt zu deinem Geist gewähren.«

Zahlreiche neugierige Augen wanderten zwischen mir und dem Tier hin und her. Unsicherheit machte sich in mir breit. War das meine Bestimmung? Einen Wolfsgeist in mir zu tragen?

Ich erinnerte mich an den Tag, an dem Papa mir von dem Wolfsgeist in den Wäldern erzählt hatte, der verirrte Kinder rettete und sie zurück nach Hause zu ihren Eltern brachte, von dem Wolfsgeist in den Bergen, der stürzende Bergsteiger auffing, ohne dass sie es jemals merkten, und von dem Wolfsgeist von Winter und Schnee, den ich damals in Form des Stofftiers stets bei mir trug. Er war der Wolf der Geduld, der stets wartete, bis der Frühling wiederkam und die Ungeduldigen zur Besinnung brachte. Er war der Wolf, der neben mir saß, zumindest erinnerte er an den Schneewolf aus Papas Legenden.

Ich blickte zwischen dem Tier und dem Schatten vor mir hin und her, während die anderen mich erwartungsvoll betrachteten. Papa hätte es wohl wirklich so gewollt, es musste einfach richtig sein. Warum sonst die Geschichten? Warum hatte ich sonst plötzlich das Gefühl, dass dieses komische Ritual doch einer der bedeutendsten Momente in meinem Leben sein könnte?

Dass es vielleicht sogar schön wäre.

Ich fühlte Wärme in mir aufsteigen, blickte zu Eden, der mir ermutigend zunickte, und zu Oma Heidrun, deren Haare nach der ganzen Aufregung nur noch mehr abstanden.

Der Schatten mit Papas Gesicht streckte eine Hand nach mir

aus und strich mir über die Haare.

»Ja«, sagte ich, nicht sicher, ob ich das so richtig machte. Es fühlte sich aber richtig an, und ich wurde von einer tiefen Zufriedenheit durchflutet.

Ich war tatsächlich eine von ihnen.

Sonja Viktoria Beckmann, 1983 in Hameln geboren, lebt heute mit ihrer Familie in Hannover. In ihren Geschichten gibt sie am liebsten den Außenseitern der Gesellschaft eine Stimme. Als Selfpublisher hat sie bisher *Coopers Schatten* veröffentlicht.

Sonja Viktoria Beckmann

Hikikomori

Kapitel 1

KWie jeden Morgen sprang pünktlich um sechs Uhr die rot getigerte Streunerkatze mit leisen Pfoten auf den Balkon vor Tasukes Fenster und spielte mit dem Windspiel. Tasuke erwachte mit einem leisen Lächeln. Er streckte sich ausgiebig, aber das ungeduldige Miauen vor der Balkontür trieb ihn zur Eile. Mit müden Schritten schlurfte er in die Küche. Er besah sich die Portionsbeutel mit dem Katzenfutter und wählte einen Beutel Bio-Hähnchen aus. Auf dem Balkon wurde er lautstark von dem Streuner begrüßt, der sich sofort über das Futter und das frische Wasser hermachte, sobald Tasuke die Schalen auf dem Boden abgestellt hatte.

Die Morgenluft war noch etwas kühl um diese Jahreszeit, aber doch recht angenehm. Tasuke atmete tief ein und betrachtete den verwilderten Garten des Hauses. Überall wuchsen Glockenblumen, Löwenmäulchen und herrlich duftender Lavendel. Eine große Kaisereiche verbarg seinen Garten vor den Blicken der Nachbarn. Dieses friedliche kleine Fleckchen Erde mit seinen Vögeln, Bienen, Eichhörnchen und der allmorgendlichen Visite der roten Katze war das Einzige, was Tasuke von der Außenwelt ertragen konnte. Sein Haus verließ er nie.

Er kehrte in die Küche zurück, wusch sich gründlich die Hände und begann damit, Frühstück für zwei Personen zuzubereiten. Nach dem Kochen befüllte er eine Bentōbox mit Reisbällchen, gerolltem Omelett, Nattō-Bohnen und gebratenem Rindfleisch. Die Box legte er mit einer Wasserflasche in einen Stoffbeutel. Exakt um sieben Uhr dreißig ging Tasuke mit dem Stoffbeutel zur Haustür. Bevor er sie öffnete, holte er tief Luft und zählte langsam bis zehn. Dann legte er den Beutel auf die oberste Stufe, schloss rasch wieder die Tür und verriegelte sie doppelt. Zehn Minuten später stieg jemand die Stufen hinauf, nahm behutsam den Beutel an sich und ersetzte ihn durch einen anderen Stoffbeutel, gefüllt mit einer leeren Bentōbox und einer leeren Wasserflasche. Zu diesem Zeitpunkt war Tasuke schon wieder in der Küche. Er richtete das übrige Frühstück auf einem Teller an und nahm es im Wohnzimmer mit einer Tasse Tee zu sich.

Nach dem Abwasch heizte er den Ofen im Arbeitszimmer vor. An seinem Laptop ließ er sich die neuesten Aufträge und Bestellungen von einem Programm vorlesen.

Um zehn Uhr dreißig erhielt er eine Nachricht auf sein Smartphone, die ihn darüber informierte, dass seine Pakete innerhalb der nächsten zehn Minuten geliefert werden würden. Tasuke wartete eine halbe Stunde länger, um ganz sicherzugehen, dass er dem Lieferanten nicht begegnen würde. Er holte die schweren Pakete und den Stoffbeutel mit der leeren Bentōbox ins Haus und verschloss wieder sorgfältig die Tür. Den Beutel und die Pakete, die Lebensmittel enthielten, stellte er auf dem Küchentisch ab. Die restlichen Pakete mit den Arbeitsmaterialien und dem frischen Ton stapelte Tasuke auf der Werkbank im Arbeitszimmer. Als er gerade den Brennofen programmierte und behutsam eine wunderschöne, handgefertigte Vase hineinstellte, klingelte es an der Tür.

Kapitel 2

Sanft umfasste er die hübsche, dampfende Teetasse, der ein herrlicher Duft entströmte. Sie erwärmte seine steifen Finger. Vor einer Stunde waren seine Mutter und seine Großmutter in das kleine Haus, das Tasuke seit dem Tod seines Onkels vor fünf Jahren allein bewohnte, gekommen. Dann hatte er unbeweglich auf dem Boden vor dem niedrigen Chabudai-Tisch gesessen, die Hände in der Bauchtasche seines Pullovers ineinander verkrampft, und die lautstarken Vorhaltungen seiner Mutter über sich ergehen lassen. Es hätte nicht nur die gesamte Familie wegen ihm ihr Gesicht verloren, nun würde er auch noch das Leben seiner Schwester und ihre bevorstehende Hochzeit ruinieren. Als seine Mutter immer lauter geworden war, hatte sich seine Großmutter erhoben, um die Fenster zu schließen. Dann hatte sie in ihrer Verlegenheit begonnen, Tee zu kochen.

Endlich herrschte Schweigen. Ein kurzer Waffenstillstand. Alle nippten an ihrem Tee. Verstohlen sah Tasuke zu der Frau herüber, die sich seine Mutter nannte. Als er acht und seine Schwester sechs Jahre alt gewesen waren, hatte sie beschlossen, sich neu zu verheiraten, und die Kinder ihres verstorbenen Mannes seiner Familie übergeben. Tasuke war bei seinem Onkel und seine Schwester Akiko bei ihren Großeltern aufgewachsen. Seine Mutter hatte er danach nur noch sporadisch gesehen. Einmal im Jahr war sie aufgetaucht, hatte sich schroff nach den schulischen Leistungen erkundigt und beide Kinder ermahnt, fleißig zu sein. Tasuke hatte sie dabei stets streng ins Auge gefasst, denn er hatte schon in der Grundschule erste Schwierigkeiten bekommen. Er war mit dem komplexen Schriftsystem nicht zurechtgekommen. Die erste Silbenschrift Hiragana hatte er sehr gut im Kindergarten gelernt. Er hatte sie phonetisch begriffen. In der Grundschule hatte sich langsam herauskristallisiert, dass Tasuke Legastheniker war.

Als es Zeit geworden war, Kanji zu lernen, hatte er gewusst, dass er auf verlorenem Posten stand. Endloses und grausames Mobbing war gefolgt. Dabei hatte Tasuke oft nicht gewusst, wer schlimmer war: die Schüler, die ihn schikanierten und knufften, oder seine Mutter, die ihn bei ihrer jährlichen Zeugniskontrolle verprügelte. Irgendwann hatte er das Schulgebäude einfach nicht mehr betreten können. Er hatte die Schule geschwänzt, sich in Parks oder Bibliotheken herumgetrieben, wo er sich die Kopfhörer aufsetzte und sich ein Hörbuch anhörte. Sein Onkel war ein sehr ruhiger Mensch gewesen. Als die Schulleitung ihn darüber informiert hatte, dass Tasuke dem Unterricht fernblieb, hatte sein Onkel geschwiegen. Kein Geschrei und keine Prügel. Aber dann hatte Tasuke es nicht mehr geschafft, morgens gezwungen fröhlich zu verkünden, dass er nun in die Schule gehen würde. Nicht wenn er dabei seinem alten Onkel in die

Augen gesehen und die stumme Wahrheit gekannt hatte. Stattdessen war Tasuke im Haus geblieben und hatte begonnen, seinem Onkel beim Töpfern zur Hand zu gehen. Diese Arbeit war sonst schon immer erledigt gewesen, wenn Tasuke nach Hause kam. Mit Ruhe und Geduld hatte sein Onkel ihn in diesem Handwerk unterrichtet und Tasuke war ein dankbarer Schüler gewesen.

Kapitel 3

»Bedenke, was du mir und deiner Familie schuldest! Wenn Akikos Verlobter erfährt, dass sie so einen Versager als Bruder hat, wird es keine Hochzeit geben.« Nach Atem ringend schloss Tasukes Mutter für einen Moment die Augen und rieb sich mit Daumen und Zeigefinger die Nasenwurzel.

»Hör auf, eine Schande für alle zu sein, und lebe endlich wie ein normaler Mensch, nicht wie ein geistiger Krüppel«, sagte sie heiser. Allmählich versagte ihr die Stimme. Seufzend zog sie ihren Mantel über und griff nach ihrer Handtasche. Tasukes Großmutter folgte ihr schweigend. Mit forschen Schritten ging seine Mutter voran und stieg ins Auto. Als seine Großmutter an der Beifahrertür ankam, drehte sie sich nochmals zu Tasuke um, der sich krampfhaft mit verschwitzter Stirn am Rahmen der weit offenen Tür festhielt und den beiden nachsah. Sie blickte ihn flehentlich an und zuckte dann vor Schreck zusammen, weil Tasukes Mutter energisch auf die Hupe drückte.

Keuchend schloss Tasuke die Tür, drehte den Schlüssel zweimal im Schloss und legte die Kette vor. Stumm saß er gegen die Tür gelehnt auf dem Boden. Nach einer Weile erhob er sich. Er räumte den Tisch im Wohnzimmer ab, wusch die Teetassen und stellte sie wieder in den Küchenschrank. Immer noch aufgewühlt ging er hinaus in den Garten. Hier fand er immer Frieden und Ruhe. Seitdem er vor Jahren einmal eine Dokumentation über Bienen gesehen hatte, pflanzte er im Garten viele Sträucher, Blumen und Gräser, die Bienen anzogen und ihnen als Pollenlieferant dienten. Die Rechnung war aufgegangen und Tasuke erfreute sich in den warmen Monaten an dem stetigen Summen und fleißigen Treiben, das in dem Garten herrschte. In einer Ecke hatte er Magnolien angepflanzt, weil Bienen, laut dem Fernsehbericht, zwar keinen Nutzen aus diesen Pflanzen zogen, sie aber gern als Schlafplatz benutzten. Und tatsächlich sah Tasuke gelegentlich das kleine Hinterteil einer Biene zwischen den Blättern hervorlugen, die in dem Blütenkelch der Magnolie schlief. Das gehörte zu den niedlichsten Dingen, die er je in seinem Leben gesehen hatte.

Den Rest des Tages töpferte er Vasen, Teller und Tassen. Die bereits fertigen Keramiken verpackte Tasuke und er etikettierte sie mit einer Audio-zu-Text-App. Um achtzehn Uhr dreißig, eine halbe Stunde bevor der Fahrer des Postdienstes kommen würde, stellte er die Pakete sorgfältig vor die Tür. Anschließend wusch er sich in der Küche gründlich die Hände und bereitete sich ein Abendessen zu.

In dieser Nacht wurde Tasuke von Alpträumen geplagt. Er irrte in einer dunklen Gasse umher, wollte nach Hause. Panisch lief er auf eine Straßenlaterne zu, um sich zu orientieren, aber als er dort ankam, bemerkte er zu seinem Entsetzen, dass dort die Bushaltestelle war, unweit vom Haus seines Onkels. Und im Schein der Laterne standen sie alle. Seine Mitschüler. Ein paar hatten ihre Handys gezückt und filmten bereits. Andere hielten ihre Baseball- und Hockeyschläger in den Händen. Das würde wieder ein Spaß werden. Der erste Schlag traf ihn am Knie. Als Tasuke auf den Boden sackte, prasselten die Schläger auf ihn ein. Mit beiden Armen um den Kopf versuchte er sich zu schützen. Schreiend und weinend wachte er auf. Danach konnte er nicht mehr einschlafen. Er wickelte sich tröstend in seine Decke und weinte leise. Tasuke dachte an all die Sticheleien, all die Videos, die von ihm, meist wimmernd auf dem Boden liegend, immer noch im Netz kursierten, und an die endlosen Belästigungen im Internet. Auf jeder Social-Media-Plattform hatten sie sein Profil gefunden, es mit idiotischen Nachrichten bombardiert oder gehackt. Auch als Tasuke der Schule ferngeblieben war und immer seltener das Haus verlassen hatte, hatte es lange nicht aufgehört. Oft war nachts ein Regen aus Kieselsteinen an seiner

Fensterscheibe erklungen oder vergorene Nattō-Bohnen waren dagegen geklatscht.

Tasuke hatte sich meist schlafend gestellt und in der Früh alle Spuren entfernt, bevor sein greiser Onkel aufstand. Eines Nachts aber war der Tumult besonders laut gewesen. So laut, dass Tasuke befürchtet hatte, es würde seinen Onkel aufwecken. Leise war er zum Eingang geschlichen und hatte ängstlich durch den Türspion gespäht. Drei ehemalige Mitschüler hatten an den Treppen des Hauses gestanden. Sie hatten Handschuhe getragen und eine durchsichtige Plastiktüte, gefüllt mit einer zermatschten Durianfrucht, bei sich gehabt. Alle drei hatten im Schein einer Laterne gestanden und mit jemandem diskutiert, der etwas abseits gestanden hatte und für Tasuke nicht richtig zu erkennen gewesen war. Sehr energisch hatte die Stimme auf die Jungen eingeredet, bis sie schließlich murrend und unverrichteter Dinge wieder abzogen. Für einen Moment hatte Stille geherrscht, dann war ein Mann mit grauem Bart und zottigen Haaren aus dem Schatten getreten und hatte sich mit einer großen, vollgepackten Einkaufstüte auf die unterste Stufe des Hauses gesetzt. Zwei Stunden hatte er dort Wache gehalten und Tasuke hinter der geschlossenen Tür mit ihm. In der nächsten Nacht, als der obdachlose Mann noch einmal nach dem Rechten sehen wollte, hatte er zu seinem Erstaunen einen Stoffbeutel, gefüllt mit Essen und Trinken, für sich vorgefunden.

Kapitel 4

Als ein neuer Morgen langsam herandämmerte, gab Tasuke es auf, wieder in den Schlaf zurückzufinden. Nicht nur seine Vergangenheit, auch die Gedanken an seine Schwester Akiko hielten ihn wach. Wollte er wirklich das Risiko für das Scheitern ihrer Hochzeit sein? Konnte er damit leben, seiner kleinen Schwester die Zukunft verdorben zu haben, falls die Verlobung wirklich deswegen gelöst werden würde? Menschen, die so extrem zurückgezogen lebten wie Tasuke, waren als Hikikomori bekannt und galten als Schande in der japanischen Gesellschaft.

Verschlafen fütterte Tasuke die Katze. Zum Frühstück

entschied er sich heute für koreanische Pfannkuchen, bestehend aus Karotten-, Zucchini- und Paprikastreifen, außerdem Omelett mit Lauchzwiebeln und panierte Hähnchenbruststreifen. Mit einer vollen Box und einer frischen Wasserflasche stellte er den Stoffbeutel vor die Tür. Anschließend nahm er sein Frühstück zu sich. Eine Stunde später kam der obdachlose Mann die Straße entlang.

Den ganzen Tag lang erledigte Tasuke alles, was anfiel. Er töpferte hingebungsvoll eine wunderschöne Schmuckablage, die ein Kunde seiner Frau zum anstehenden Hochzeitstag zu schenken gedachte, verpackte und etikettierte die fertigen Aufträge, stellte die Päckchen vor die Tür, putzte das Haus – und doch war er mit seinen Gedanken stets bei seiner Schwester. Bevor ihre Mutter sie abgegeben hatte, waren sie beide unzertrennlich gewesen. Als Tasuke zu seinem Onkel und Akiko zu ihren Großeltern gekommen war, hatte er ganze Nächte durchgeweint. Gelegentlich hatte er mit seinem Onkel die Großeltern besucht. Akiko hatte sich schnell eingelebt und die ungeteilte Aufmerksamkeit ihrer Großeltern genossen, die viel umgänglicher waren als ihre Mutter, die sie immer nur kurz am Abend gesehen hatte, wenn diese müde und gestresst von der Arbeit gekommen war.

Ganz gegen seine Gewohnheit machte sich Tasuke am späten Abend eine große Portion Ramen mit Enoki-Pilzen und setzte sich mit einer kalten Limonade vor den Fernseher. Bis Mitternacht schaltete er die unzähligen Kanäle durch, ohne sich auf etwas davon wirklich konzentrieren zu können. Schließlich gab er den Ablenkungsversuch auf. Er schaltete den Fernseher aus und räumte den Tisch ab. Durch das stundenlange Sitzen auf dem Boden fühlten sich seine Beine an wie Wackelpudding. Beim Aufstehen knickte Tasuke mit einem Fuß um, plumpste wieder auf den Hosenboden und kippte sich dabei die halb leere Schale mit den Nudeln und der Brühe über den Pullover. Seufzend stellte Tasuke die Schale zurück auf das Tablett. Mit spitzen Fingern zog er sich vorsichtig den mit Brühe vollgesogenen Pullover über den Kopf, trug ihn zusammengefaltet in das Badezimmer und legte ihn in die Waschmaschine.

Einen Moment lang stand er vor der Waschmaschine und überlegte, ob er das Programm mit der Vorwäsche auswählen sollte. Dann brach er plötzlich in Tränen aus. Heftig schluchzend fiel er auf die Knie und schlug sich die Hände vor das Gesicht. Tasuke weinte lange. Nach einer Weile krabbelte er auf allen vieren zur Wand und lehnte sich gegen die kühlen Fliesen. Er zwang sich, langsame, tiefe Atemzüge zu nehmen. Allein der Gedanke daran, vor die Tür zu gehen, versetzte ihn in Panik, aber er wollte sich seiner Schwester zuliebe überwinden. Nachts war in seinem Viertel nur noch der Waschsalon geöffnet.

Als es ihm ein wenig besser ging, stand er auf und wusch sein Gesicht über dem Waschbecken mit kaltem Wasser. Er brachte seine Frisur in Ordnung. Anschließend ging er in die Küche und kam mit einer Plastiktüte zurück. Er stopfte den Pullover hinein und ging zur Haustür. Ein Blick auf seine Armbanduhr verriet ihm, dass es genau ein Uhr vierzig in der Nacht war. Er zog einen leichten Parka über und band sich mit zittrigen Händen seine Sportschuhe zu. Tasuke atmete tief und kontrolliert ein und aus. Leise zählte er bis zehn, dann entriegelte er die Tür und trat in die Nacht hinaus.

Kapitel 5

In Tasukes Ohren donnerten seine Schuhe auf den Asphalt. Obwohl er weder schnell noch langsam ging, kamen ihm die Geräusche, die er verursachte, unglaublich laut vor. Das Rascheln seines Parkas, wenn er beim Gehen die Arme schwenkte. Die Schritte, die er machte. Die Plastiktüte, die manchmal sein Bein streifte. Alles kam Tasuke surreal und unheimlich vor. Er fühlte sich schutzlos und verletzlich, wie ein Einsiedlerkrebs ohne seine Behausung. Er ging die Straße ganz hinunter bis zur Kreuzung, die um diese Uhrzeit wie leergefegt war. Tasuke wandte sich nach links, als er vor dem Waschsalon ankam, an dem er früher nach der Schule jeden Tag vorbeigelaufen war und der rund um die Uhr geöffnet war. Verstohlen spähte Tasuke durch die gläserne Eingangstür. Der Salon war hell erleuchtet, sauber und die Reihen schienen leer. Tasuke wollte noch länger warten und beobachten, aber auf der gegenüberliegenden Straßenseite näherte sich eine kleine Gruppe von Leuten. Ihre Stimmen hallten ihnen voraus. Panisch stieß Tasuke die Tür auf, lief die erste Reihe mit Waschmaschinen und Trocknern entlang und bog dann nach rechts ab, sodass er durch die Eingangstür und die große Frontscheibe nicht mehr zu sehen war.

Heftig atmend ließ er sich auf die Sitzbank plumpsen vor den Maschinen, die an der Rückwand des Salons aufgereiht waren.

»Guten Abend, junger Mann.« Die leise Stimme erklang ganz in seiner Nähe.

Tasuke fuhr erschrocken zusammen und blickte nach rechts. Auf der Sitzbank in der nächsten Reihe saß eine sehr alte Frau mit einem blauen Wollknäuel und zwei Stricknadeln auf ihrem Schoß. Über den Rand ihrer Brille hinweg musterte sie ihn mit einem freundlichen Lächeln. Respektvoll stand Tasuke auf und verbeugte sich zur Begrüßung. Die alte Dame nickte zur Antwort. Nervös setzte sich Tasuke zurück auf seinen Platz. Er zwang sich, seine Atmung zu kontrollieren.

Keinesfalls wollte er die alte Dame ängstigen. Diese hatte allerdings schon wieder ihre Strickarbeit aufgenommen und schien seine Anspannung nicht zu bemerken. Steif legte Tasuke seine Hände auf seine Knie, wobei er in einer Hand immer noch die Plastiktüte mit seinem schmutzigen Pullover hielt. Er sah sich um. Alle Waschmaschinen und Trockner waren leer, außer einem Trockner in der Nähe der alten Dame, der leise surrte und eine rote Decke zu enthalten schien.

Als er sich etwas beruhigt hatte, legte Tasuke seinen Pullover in eine der leeren Waschmaschinen. Immer noch etwas unsicher sah er sich nach dem Automaten um, an dem er das Waschmittel kaufen konnte. Die alte Dame bemerkte seinen suchenden Blick und deutete mit einer Stricknadel ein wenig den Gang hinunter. Wieder verbeugte sich Tasuke dankend und warf eine Münze in den Automaten. Ein kleiner Pappbecher füllte sich mit weißem

Waschpulver. Gerade als Tasuke noch eine Münze für den Weichspüler einwerfen wollte, hörte er die Stimme der alten Dame hinter sich.

»Oh bitte, junger Mann, benutzen Sie nicht den Weichspüler. Der aus dem Automaten riecht einfach scheußlich. Ich bringe immer meinen eigenen mit.« Eifrig legte sie ihr Strickzeug beiseite und kramte in ihrer Handtasche herum. »Hier ist er.« Sie hielt Tasuke eine kleine Flasche entgegen, die früher wahrscheinlich einmal ein Getränk enthalten hatte. Nun war sie zur Hälfte mit einer lilafarbenen Flüssigkeit gefüllt. »Ich habe noch etwas übrig und bin schon fertig mit meiner Wäsche. Bitte bedienen Sie sich. Er duftet wunderbar nach wildem Lavendel.« Zur Betonung hob sie eine faltige Hand und deutete mit dem Zeigefinger auf das Fläschchen. »Nach dem wilden Lavendel. Nicht nach dem normalen Lavendel. Das ist ein Unterschied«, sagte sie ernst.

Tasuke, der sehr gern jeden Morgen die Unmengen an wildem Lavendel in seinem Garten betrachtete, musste lächeln. Er holte tief Luft und sprang über seinen Schatten.

»Lavandula angustifolia. Ja, der duftet besonders schön«, sagte er mit leiser Stimme.

»Bitte bedienen Sie sich.« Geduldig hielt sie Tasuke weiter die kleine Flasche hin.

Tasuke nahm ihr behutsam den Weichspüler aus der Hand und deutete mit dem Oberkörper erneut eine Verbeugung als Dank an. Er befüllte die Waschmaschine mit dem Waschmittel und dem Weichspüler. Dann wählte er das Waschprogramm aus und stellte die Maschine an. Zurück auf seinem Sitzplatz angekommen, reichte er der alten Dame die leere Flasche und bedankte sich nochmals. Sobald das Fläschchen in ihrer Handtasche verstaut war, setzte sie ihre Strickarbeit fort.

Die Hände in den Hosentaschen, den Hinterkopf an die Wand gelehnt, beobachtete Tasuke seinen Pullover, der sich nun in der Waschmaschine vor ihm drehte. Die Maschine in dem Waschsalon war sehr viel leiser als seine eigene daheim. Es war ruhig. Von der Straße kam kein Lärm, in dem Waschsalon surrten die Waschmaschine und der Trockner leise vor sich hin.

Die alte Dame strickte schnell, aber fast lautlos.

»Ich komme gerne nachts hierher«, bemerkte die Dame, ohne von ihrer Handarbeit aufzuschauen.

Tasuke überlegte einen Moment, was er der Frau antworten könnte. Schließlich sagte er: »Um diese Uhrzeit ist es angenehm ruhig.« Seine Stimme klang etwas stockend. Im Grunde sprach er seit Jahren mit niemandem mehr und er hatte ein wenig Mühe damit.

Der alten Dame schien das nicht aufzufallen. Sie nickte zustimmend und sprach weiter: »Meine Tochter mag es nicht, dass ich um diese Uhrzeit das Haus verlasse. Sie macht sich Sorgen, ich könnte stürzen und niemand würde es bemerken, weil ja alle zu Hause sind. Aber ich kann es mir einfach nicht abgewöhnen. Mein Mann und ich sind immer um diese Zeit hierhergekommen, seitdem wir frisch verheiratet waren. Unser Zimmer bot keinen Platz für eine Waschmaschine. Mein Mann arbeitete als Nachtwächter und immer bevor er zur Arbeit ging, wuschen wir hier unsere Wäsche. Er las und ich strickte. Damals wusch man seine Wäsche noch fast umsonst. Sie haben die Preise ganz schön angezogen.« Bei diesem Satz zog sie die Stirn kraus und strickte energischer. Aber kurz darauf glätteten sich ihre Züge wieder und sie fuhr mit einem Schmunzeln fort: »Das war unsere Form einer romantischen Verabredung. Einen Besuch in einem schicken Restaurant konnten wir uns nicht leisten.« Sie lachte leise.

Der Trockner piepste dreimal dezent. Die alte Dame verstaute ihr Strickzeug in ihrer Handtasche und nahm einen gefalteten Stoffbeutel aus ihrer Manteltasche. Sie stand auf und ging langsam zum Trockner. Sorgfältig verstaute sie die rote Decke in dem Beutel. Als sie sich zum Gehen wandte, lächelte sie Tasuke freundlich an. »Ich wünsche Ihnen einen schönen Abend, junger Mann. Ich hoffe, Ihre Wäsche wird sehr schön nach dem wilden Lavendel duften.«

Tasuke erhob und verbeugte sich dankend. Kurz nachdem die alte Dame gegangen war, piepste die Waschmaschine. Tasuke nahm seinen Pullover heraus und legte ihn in den Trockner, den die alte Dame für ihre rote Decke benutzt hatte.

Dann setzte er sich zurück auf seinen Platz. Aus der Tasche seines Parkas zog er ein Taschentuch. Damit tupfte er sich die kleinen Schweißperlen von der Stirn. Nun, wo er wieder allein war, fielen die Anspannung und Unsicherheit von ihm ab. Tasuke fühlte sich müde und erschöpft, gleichzeitig aber auch aufgeregt und glücklich. Einerseits wollte er endlich ins Bett gehen und andererseits war er so hibbelig, dass er am liebsten den Gang rauf und runter gejoggt wäre, bis sein Pullover fertig war. Endlich piepste auch der Trockner. Tasuke sprang auf und öffnete die Tür des Trockners. Ein herrlicher Duft nach wildem Lavendel umspielte seine Nase und Tasuke musste lächeln. Er entsorgte die Plastiktüte im Mülleimer und ging mit dem gewaschenen Pullover in der Hand nach Hause.

Mit einem Stoffbeutel, gefüllt mit einer leeren Bentōbox und einer leeren Wasserflasche, in der Hand stieg der obdachlose Mann am nächsten Morgen wie gewohnt die Stufen zu Tasukes Haustür hinauf. Auf dem Absatz vor der Haustür stand er für einen Moment ratlos und stutzte. Unter einem neuen Beutel, gefüllt mit einer frischen Bentōbox nebst Wasserflasche, lag auch eine mittelgroße Pappschachtel mit einer kleinen Notiz auf dem Deckel:

– Für Sie –

Der hagere Mann legte den alten Beutel ab, nahm den neuen und die Schachtel an sich und wandte sich zum Gehen. Als er mit der Hand auf dem Geländer vorsichtig die Stufen hinabstieg, ertönte hinter ihm ein Klopfen. Er drehte sich um und blickte zur Haustür. Sie war verschlossen. Wieder klopfte es. Und nun sah er den jungen Mann, der die Gardine eines Fensters beiseitegeschoben hatte und ihm schüchtern zuwinkte. Der obdachlose Mann winkte zurück und verbeugte sich dankend.

Etwa drei Straßen weiter lag ein kleiner Park, in dem der Mann sich gerne zum Essen auf eine Bank setzte. Er öffnete den Stoffbeutel und nahm die Bentōbox heraus. Zu seiner Überraschung fand er neben der Wasserflasche auch eine

Thermoskanne mit heißem Tee. Sorgfältig platzierte er alle Gegenstände neben sich auf der Bank. Neugierig wandte er sich der Pappschachtel zu. Sie war nicht zugeklebt, nur sorgfältig gefaltet. Darin lagen ein Pullover, eine Tasse und noch eine Notiz.

– Es wird kälter. Erlauben Sie mir, Ihnen dies zu schenken.
Ich hoffe, ich konnte behilflich sein. –

Er nahm den Pullover aus der Schachtel und ein herrlicher Duft strömte ihm in die Nase. Er zog ihn gleich über sein dünnes Sweatshirt und schlüpfte dann wieder in seinen alten Mantel. So dick eingepackt, störte ihn das frostige Wetter nicht mehr. Er besah sich die Tasse. Die Keramik war in einem wunderschönen hellblauen Farbton bemalt. Das Motiv zeigte eine sehr hübsche rot getigerte Katze, die sich zum Putzen mit der Zunge über die gehobene rechte Vorderpfote fuhr. Sie saß in einem verwilderten Garten und war umgeben von Blumen und Bienen. Langsam und bedächtig, damit die Keramik nicht sprang, goss der Mann den dampfenden Tee aus der Thermoskanne in die Tasse. Der Mann frühstückte lange. Allmählich füllte sich der Park mit Joggern und Schülern, die den Weg als eine Abkürzung nutzten. Es war ein herrlicher Morgen.

Antonia Fürst wurde 1995 in Braunschweig geboren und ist in einem nahe gelegenen Dorf aufgewachsen. Schon in ihrer Kindheit hat sie Elfen und Feen in den Wäldern gesucht und ihre Vorliebe für das Fantastische in ihren kurzen Geschichten ausgelebt. Zurzeit arbeitet sie als Erzieherin und setzt sich nebenberuflich in ihrem Psychologiestudium mit den menschlichen Emotionen und Verhalten auseinander, was sie gern in ihre Geschichten integriert. Sie lebt mit ihrem Mann, ihrer Tochter und ihrem Dackel in dem Ort ihrer Kindheit.

Antonia Fürst

Wolfszeiten

*L*ogbuch-Eintrag 168
  Titus Walsh
  Rufzeichen: G7HHH9G1
Lager 4, Westregion
26. August 2087

Die Welt ist am Ende. Die Gesellschaft, wie wir sie kennen, existiert nicht mehr. Die Armeen sind zerschlagen, die Politiker haben abgedankt. Niemand will die Verantwortung für all das tragen.

Die Infizierten, die wir nur noch Werwölfe *nennen, haben die übrigen Menschen zurückgedrängt. Noch können wir bei Tageslicht außerhalb der Lager leben. Allerdings gibt es bereits Anzeichen und Gerüchte, dass die Werwölfe dank einer neuen Mutation auch tagsüber aus ihren Verstecken kommen. Die Sicherheit, die uns das Sonnenlicht gibt, wird damit bald ein Ende nehmen. Es ist eine grauenhafte Vorstellung, vierundzwanzig Stunden am Tag im Bunker verbringen zu müssen.*

Das Gegenmittel befindet sich zurzeit in der zweiten Testphase. Allerdings wird es zunehmend schwerer, Proben zu sammeln. Dadurch können wir das Mittel nur noch begrenzt prüfen. Die letzten Versuche haben das Virus in der infizierten Masse auf begrenzte Zeit eingedämmt. Jedoch bleibt es fraglich, ob eine vollständige Heilung erzielt werden kann. Die Formel des Gegenmittels wird weiter modifiziert.

Die Werwölfe werden von Woche zu Woche aggressiver. Das spricht für stärkere Mutationen des Virus. Zusätzlich infizieren sich immer mehr Menschen. Die Verwandlung dauert laut Professor Lancester inzwischen circa vierundzwanzig Stunden, was nur noch einem Viertel der Zeit von vor vier Monaten entspricht.

Lager 16 und 29 wurden angegriffen. Es ist nicht klar, ob jemand überlebt hat. Die Lager waren am schlechtesten geschützt. Der Funkkontakt ist vollständig abgebrochen. Die übrigen Lager sprechen von totaler Verwüstung.

Das Virus breitet sich aus und bisher konnten wir

nicht feststellen, woher es kommt. Aber eins ist sicher: Es kann sich nicht auf natürlichem Wege entwickelt haben. Menschenhand hat es geschaffen und nichts kann es aufhalten.

»Schreibst du wieder in dein deprimierendes Logbuch?« Meine Schwester Sam kommt aus dem Labor und lässt sich auf den Stuhl fallen, der mir gegenüber am Tisch steht.

Seufzend sehe ich auf und hebe hilflos die Hände. »Ich weiß eigentlich auch nicht, für wen ich das mache. Wer soll's schon lesen, wenn wir alle tot sind? Vielleicht hilft es, den Scheiß zu ertragen.«

Sofort wird ihr Blick traurig und sie legt ihre Hand auf meine. »Titus, sei ehrlich. Hast du wieder getrunken? Wie viele Flaschen Whisky hast du in den letzten Wochen geleert? Du musst damit aufhören. Der Alkohol tut dir nicht gut.«

Wenn ich so darüber nachdenke, kann ich die genaue Zahl gar nicht nennen. Es waren auf jeden Fall eine Menge. Unter meinem Bett stapelt sich das Altglas

Ich zucke mit den Schultern. Egal, was ich darauf erwidern würde, es wäre nicht das, was Sam hören will, und ich kann nichts versprechen, was ich nicht gewillt bin zu halten.

»Wir dürfen nicht aufgeben, solange es Licht am Ende des Tunnels gibt. Professor Lancester kann die Menschen retten!«

Sam ist immer so zuversichtlich. Ich verstehe nicht, wo sie diese Kraft und Stärke hernimmt. Es ist zu viel Zeit vergangen, zu dunkle Tage liegen hinter mir, als dass ich das Licht am Ende des Tunnels noch sehen könnte. Nicht mal ein Schein will sich mir offenbaren.

»Ich bin müde. Ich bin müde von dieser Welt – müde von diesem Leben. Wie viele Nächte haben wir jetzt im Bunker verbracht? Ich will nicht auch noch meine Tage in diesem dunklen Loch fristen, verstehst du?«

Ich weiß nicht einmal genau, warum wir hier in Lager 4 sitzen. Lancester wollte unbedingt, dass wir ihn begleiten. Dabei sind wir weder versiert im Umgang mit seinen Laborexperimenten, noch haben wir irgendwelches medizinisches Hintergrundwissen, das seine Forschungen vorantreiben könnte. Trotzdem bestand er darauf, dass wir bei den erneuten Experimenten mit dem Heilmittel dabei sind. Tessi und Luke, die beiden Laborassistenten, sind ihm wirklich eine Hilfe. Sam tut wenigstens so, als könnte sie etwas beisteuern, während ich die meiste Zeit im Weg herumstehe.

Tessi und Luke leben in Lager 4. Es ist im Gegensatz zu unserem Bunker in Lager 8 groß und hell. Ein altes Einfamilienhaus mit Betten für bis zu dreißig Personen. Allerdings ist es deshalb auch nicht annähernd so sicher wie unser Bunker.

Dort leben wir nur zu zehnt und das ist mir schon zu eng, weil wir uns die winzigen Zimmer teilen müssen. Ich will gar nicht wissen, wie es mit all den Menschen sein wird, wenn wir unsere schützenden Lager tagsüber nur noch sporadisch verlassen können.

»Was soll das heißen? Willst du dich draußen im Dunkeln auf einen Sonnenstuhl setzen und auf den Tod warten? Oder lieber darauf, dass du infiziert wirst? Meinst du, ein Leben als Werwolf wäre besser als das hier?« Sam hebt ihre Hand und weist damit demonstrativ auf den Raum, der früher mal ein Wohnzimmer war. Nun ist er vollgestellt mit Tischen und Stühlen.

Eilig drehe ich den Kopf zur Seite, denn ich merke, dass sich meine verdammten Augen mal wieder mit dämlichen, verräterischen Tränen füllen. Ich frage mich oft, wann ich so eine verweichlichte Heulsuse geworden bin. Dabei kenne ich die Antwort.

»Wen haben wir denn schon noch außer einander?«, frage ich heiser.

Meine Gedanken wandern zu wunderschönen blauen Augen und dem Moment, in dem sie meine Blicke zum ersten Mal auffingen. Das war, bevor sie milchig und gelb wurden. Bevor dieser unheilvolle Tag im Krankenhaus kam.

»Genau das haben wir: einander. Du hast mich und ich habe dich. Bitte, gib noch nicht auf. Die Menschen in den Lagern brauchen uns. Es gibt nicht mehr viele in der Westregion und deshalb brauchen wir jeden Einzelnen, der noch gesund ist.«

Jetzt rinnt auch ihr eine Träne über die Wange und ich

drücke ihre Hand. Ich wollte sie nicht mit meiner trüben Stimmung anstecken.

»Es ist so schwer«, flüstere ich.

Sie nickt und steht auf. Eilig wischt sie über ihre Wangen und schnieft kurz. »Komm, wir helfen dem Professor. Wer weiß, vielleicht können wir heute etwas ausrichten.«

Ich bezweifle es, folge ihr aber zu dem glänzenden Labor von Lager 4. Es ist das größte Labor der Westregion. Deshalb nutzt Lancester es öfter als unseres, das nur aus einem kleinen Tisch, einem Bunsenbrenner und ein paar Tiegeln besteht.

Schon als die Tür zur ehemaligen Küche aufgeht, sehe ich Tessi und Luke geschäftig hin und her eilen. Lancester steht vor einem Bunsenbrenner, über dessen Flamme er ein Reagenzglas hält. In den Glasröhrchen, Tiegeln, Töpfen und Schalen wird angerührt, gekocht und verdampft.

Hin und wieder murmelt jemand etwas von »Fortschritt« oder einer »neuen Beobachtung«. Selbst Sam, die keine Ahnung davon hat, was die drei hier tun, scheint innerhalb von Minuten in die Arbeit eingebunden. Sie reagiert auf jede Ansprache sofort und mit strahlendem Gesicht, während ich nur ab und an etwas anreiche oder im Weg stehe.

Dieses Treiben versetzt mich zurück in die Zeit, als ich jeden Tag in dem dunklen Krankenzimmer verbrachte. Auch dort sprachen alle von »Hoffnung«, holten ständig etwas oder brachten es weg. Bis die Sonne anfing, ihre fester werdende Haut zu verbrennen. Von da an glaubten sie nicht mehr an eine neue Art der Hepatitis und die Zuversicht war wie verflogen.

Ich versuche, ruhig zu bleiben und den anderen eine Stütze zu sein, so gut es geht. Bis mir nach der ersten Stunde der Kragen platzt. »Das bringt doch alles überhaupt nichts! Wir sind immer noch auf demselben Stand wie vor Monaten.«

Alles daran, wie sie hier durch das Labor laufen, in ihren Tiegeln und Gläschen rühren, versetzt mich in Rage. Keins ihrer sinnlosen Experimente verspricht Erfolg und ich kann das ständige Gerede von Hoffnung nicht mehr ertragen. Jedes Mal, wenn die neuste Probe bei den Viruszellen in der Leben imitierenden Masse angewandt wird, geht irgendetwas schief.

Sie hören auf zu arbeiten und sterben ab, sie verändern ihre Oberfläche oder das Virus nimmt neue Mutationen an.

»Es ist zwecklos. Das Heilmittel funktioniert nicht. Seht es ein!« Ich schlage so hart auf den Metalltisch, dass ein kleiner Plastikbehälter umfällt, der Deckel aufplatzt und sich der zähflüssige Inhalt über die glatte Arbeitsfläche und einige Petrischalen ergießt.

»Titus! Verdammter Mist, was soll das denn jetzt?!«, blökt Sam und versucht hastig, die rosa cremige Flüssigkeit aufzuwischen.

»Welcher Schwachkopf hat das denn dahin gestellt?«, wüte ich.

Ich sehe gar nicht ein, dass das jetzt auch noch meine Schuld sein soll. Schließlich kann ich nichts dafür, wenn Tessi und Luke ihr Labor nicht im Griff haben.

»Das ist vollkommen egal! Du solltest –«

»Hört doch mal auf herumzubrüllen!« Tessi unterbricht Sam und starrt in eine der Petrischalen, die nicht komplett von der süßlich penetrant riechenden Flüssigkeit geflutet wurde. Nur ein paar Spritzer sind hineingelangt, die vom Rand langsam zu der Masse in der Mitte fließen. »Seht mal, was mit der Probe passiert.« Mit dem Zeigefinger deutet sie zu der Schale und zieht eine Augenbraue hoch, ehe sie loseilt, um Stift und Papier zu holen.

Gemeinsam schauen wir auf die künstlich erzeugte Masse, die mit dem Virus infiziert wurde. Langsam, aber stetig nimmt sie eine andere Farbe und Form an. Sie wirkt glatter und weniger fest, rosiger und geschmeidiger.

Professor Lancester nimmt die zarte Schale zwischen Daumen und Zeigefinger und trägt sie hinüber zum Mikroskop. Er stellt sie darunter und dreht an ein paar Rädchen, seine Augen dicht vor der Linse.

Plötzlich ist eine enorme Spannung in dem Raum spürbar, als würden alle für einige Sekunden die Luft anhalten, bis …

»Du hast es geschafft, Junge! Das ist das fehlende Puzzleteil!«, ruft der Professor aus und hebt den Blick.

»Puzzleteil?« Irritiert sehe ich von einem zum anderen.

Aber niemand achtet auf mich, alle Blicke liegen erwartungsvoll auf Professor Lancester. Der lächelt selig vor sich hin, kehrt zur gefluteten Arbeitsfläche zurück und hält den kleinen umgestürzten Behälter hoch. »Das hier ist des Rätsels Lösung.«

»Und was genau ist das?« Sam wedelt sich etwas von dem furchtbar süßlichen Duft zu, zuckt dann aber nur mit den Schultern.

Bevor der Professor antworten kann, kommt Luke mit hochrotem Kopf näher und hält Lancester den zerbrochenen Plastikdeckel hin.

»Das ist mein Weichspüler«, murmelt er bedrückt, während Tessi hinter ihm nur mit dem Kopf schüttelt.

»Weichspüler? Warum zum Teufel habt ihr hier Weichspüler rumstehen? Ich meine, ich hab meine Wäsche seit Wochen nicht mal mit Waschmittel gewaschen.« Augenblicklich rümpfen alle Anwesenden die Nase, aber gerade als Luke antworten will, hebe ich die Hand. »Nein, warte. Es interessiert mich eigentlich gar nicht. Viel wichtiger ist: Was daran ist die Lösung?«

Lancester schraubt den demolierten Deckel wieder auf den Behälter und stellt ihn auf den Tisch. »Er löst das Virus auf, ohne die befallenen Zellen zu zerstören. Ich vermute, dass nicht der Weichspüler dafür verantwortlich ist. Es sind vielmehr die Tenside, die auch in jeder x-beliebigen Seife und jedem einfachen Duschgel enthalten sind. Sie führen dazu, dass sich die vorhandenen Komponenten des Mittels besser verbinden und somit stärker wirken. Darauf hätte ich auch eher kommen können.«

Sam klatscht neben mir begeistert, ich zucke zusammen. Ihr Gesicht strahlt und sie reibt sich die Hände, als wolle sie direkt loslegen.

»Na dann los, Professor. Was brauchen Sie, um mehr von dem Zeug für die Tests herzustellen?«

Nach einigen kurzen Anweisungen beginnen wir gemeinsam mit der Extraktion der Tenside aus dem Weichspüler und der Herstellung des verbesserten Heilmittels. Tatsächlich verspüre ich so etwas wie Erleichterung. Nein, das ist das falsche Wort.

Ich schöpfe Hoffnung. Hoffnung für die Heilung der Welt. Ich wünsche mir, dass dieses Gefühl diesmal berechtigt ist.

Logbuch-Eintrag 177
Titus Walsh
Rufzeichen: G7HHH9G1
Lager 8, Westregion
4. September 2087
Nach fünf Tagen des Experimentierens hat Professor Lancester endlich die richtige Dosis Tenside gefunden, um das Mittel zu binden und somit die volle Heilkraft zu entwickeln.

Das Mittel funktioniert in der Petrischale mit den Viruszellen und hat damit die erste Testphase bestanden. Auch Testphase zwei an der Leben simulierenden Masse konnte mithilfe des neuen Gegenmittels erfolgreich absolviert werden. Die Masse wurde vollständig geheilt.

Dennoch ist der Professor nicht bereit, einen Feldversuch durchzuführen und somit die letzte Testphase einzuleiten. Dabei ist jetzt die Zeit gekommen, dem verdammten Virus endlich ein Ende zu setzen! Ich kann mir nicht vorstellen, dass das Heilmittel in der Lage wäre, einen der Werwölfe zu töten, wenn der Versuch fehlschlägt. Außerdem wird er nicht fehlschlagen. Wir haben genug Tests, die das Gegenteil beweisen. Trotzdem will der Professor die Leben simulierende Masse durch die veraltete Methode der Tierversuche ersetzen. Dabei sollte durch die Masse genau das verhindert werden.

Lager 2 ist einer erneuten Attacke zum Opfer gefallen. Die Werwölfe wildern nun zahlreicher am Tag. Es wird nicht mehr lange dauern und sie werden auch die übrigen Lager finden. Ihre Intelligenz scheint zuzunehmen, denn inzwischen können sie Häuser als etwas von Menschen Bewohntes erkennen. Sobald sie in der Lage sind, Türen zu öffnen, bleibt uns nur noch das Beten.

Die Menschen, die nicht in festen Lagern leben, setzen inzwischen ganze Landstriche in Brand, um sich zu schützen. Feuer scheint die Werwölfe weiterhin abzuschrecken.

Die Welt da draußen gleicht einem Schlachtfeld und wir sind in der Unterzahl. Wir müssen etwas tun!

Ich klappe das Logbuch zu und schiebe es in eine der größeren Taschen meiner Armeejacke.

Der Sonnenaufgang hat begonnen. Die Werwölfe kehren in

ihre Unterschlüpfe im Wald zurück und genau darauf warte ich bereits seit zwei Stunden, versteckt auf dem Baum. Ich habe die Schnauze gestrichen voll von der Warterei. Warten auf eine Lösung, warten auf ein Heilmittel, warten auf den nächsten Test.

Es wird das letzte Mal sein, dass ich auf etwas warte. Im Krankenhaus habe ich bereits genug gewartet, darauf, dass die Medikamente wirken und ihre Reißzähne wieder schrumpfen. Deshalb beginne ich heute mit dem Feldtest. Ganz gleich, was der Professor davon hält.

Ich greife in eine andere Tasche meiner Jacke und ziehe meinen Flachmann hervor. Es wird Zeit. Ich kann ihr Knurren und Keifen bereits hören. Sie können nicht mehr weit entfernt sein. Eilig drehe ich den Deckel auf, nehme einen tiefen Schluck und verziehe bei dem rauchigen Geschmack das Gesicht. Dann stecke ich den Flachmann weg und ersetze ihn durch eine Spritze. Jetzt bin ich bereit. Sollen sie nur kommen.

Keine fünf Minuten später laufen die ersten Wölfe unter mir entlang. Es sind sechs und aus ihren Mäulern trieft Geifer. Rot, er ist blutrot und ihre Körper sind bedeckt von Blutspritzern.

In dem Moment geht mir auf, dass ich nicht einfach einen von ihnen überwältigen kann, wenn die anderen in der Nähe sind. Ich hätte überhaupt keine Chance. Die Infizierten würden mich zerfleischen, noch ehe ich richtig auf dem Boden aufkäme.

Wütend auf mich selbst krieche ich, kaum dass die Wölfe außer Sichtweite sind, auf meinem Ast bis zum Stamm. Gerade als ich daran herunterklettern will, höre ich das Zerbersten eines Zweiges auf dem Waldboden. Sofort erstarre ich in meiner Position und richte den Blick wieder nach unten. Ein Werwolf – kleiner und schlanker als die zuvor – läuft direkt auf meinen Baum zu. Das könnte meine Chance sein und diesmal werde ich sie nicht ungenutzt verstreichen lassen. Für *sie*!

Kurz bevor der Werwolf direkt unter mir ist, lasse ich mich fallen und lande auf ihm. Allerdings verfehle ich seinen Rücken und falle in seinen Lauf, sodass wir ineinander verstrickt über den Waldboden rollen. Der Horizont verwischt und ich weiß für eine kurze Zeit nicht, wo oben und unten ist. Bis ich mich mit einem festen Ruck unter dem Werwolf wiederfinde, der Zähne fletschend und knurrend auf mir liegt. Das gleiche Knurren wie damals bei *ihr*. Für den Bruchteil einer Sekunde bin ich wie erstarrt, bis der Werwolf meine Kleidung mit seinen Klauen zerreißt. Hektisch versuche ich, unter ihm hervorzukriechen. Irgendwie gelingt es mir, in dem Gerangel meinen Arm zu heben und auszuholen.

Ich atme auf, als sich die Spritze nach kurzem Widerstand in die feste Haut vom Hals der Bestie bohrt. Der Werwolf jault und sein Geifer verteilt sich auf meiner Jacke, während sich seine Atmung verlangsamt und er immer schwerer auf mir wird, bis sich die milchig gelben Augen schließen.

Es kostet mich viel Kraft, unter dem schweren Körper hervorzukriechen. Mit dieser geballten Masse an Muskeln hatte ich nicht gerechnet, und ich muss zweimal pausieren, ehe ich vollständig unter dem Werwolf hervorgerobbt bin.

Sobald ich wieder auf den Beinen bin, suche ich mich nach Wunden ab, aber außer ein paar Schrammen vom Waldboden kann ich nichts entdecken. Also keine Infektion. Verdammt, ich hatte riesengroßes Glück!

Als ich wieder halbwegs normal Luft bekomme und einen Schluck aus meinem Flachmann genommen habe, wuchte ich den Infizierten auf den klapprigen Fahrradanhänger, den ich an eines der alten Fahrräder aus unserem Lager gehängt habe, und fahre los.

Jetzt muss der Professor handeln.

Ächzend ziehe ich die Panzertür zum Bunker auf. Der Schweiß rinnt mir die Schläfe hinunter. Zusätzlich zu dem Dreck in meinem Gesicht und auf meiner Kleidung kleben meine Haare strähnig an meiner Stirn. Ich muss aussehen, als wäre ich überfallen worden. Dabei war ich derjenige, der einen Überfall ausgeübt hat. Mehr oder weniger.

»Ach du Scheiße, Titus! Ist alles in Ordnung?«

Sam macht ein paar Schritte auf mich zu, als ich eilig nicke und dreimal tief durchatme.

»Es geht mir gut, Sam. Ich muss nur kurz Luft holen.« Mit

diesen Worten drehe ich mich um und trete noch mal aus dem Bunker heraus.

Ich sammle meine letzte Kraft, beuge mich hinunter und hieve den Wolf über meine Schulter. Schritt für Schritt konzentriere ich mich darauf, nicht das Gleichgewicht zu verlieren.

»Du meine Güte, Junge! Was hast du getan?«, ruft Professor Lancester, noch ehe ich die Schwelle des Bunkers übertreten habe.

»Ich habe es so satt, zu warten. Wir müssen es versuchen. Professor, bitte! Das Mittel ist so weit. Es muss einfach funktionieren«, presse ich aus zusammengebissenen Zähnen hervor.

Schnaubend lege ich den bewusstlosen Körper des Wolfs auf den Esstisch in der Mitte des Raums.

»Wie hast du das denn geschafft?« Sams Blick wandert von mir zu dem Wolf. Dann schüttelt sie ungläubig den Kopf.

Vorsichtig tritt sie näher an die Bestie heran, sehr darauf bedacht, keine hastigen Bewegungen zu machen. Sein Brustkorb hebt und senkt sich langsam, aber regelmäßig. Ich hoffe nur, dass die Betäubung eine Weile anhält.

»Ich hab etwas von dem Narkosemittel aus dem Lagerraum mit einer Spritze aufgezogen, mich in einen Baum gesetzt und gewartet, bis eines der Viecher aufgetaucht ist. Dann bin ich ihm auf den Rücken gesprungen und hab ihm die Spritze in den Nacken gerammt.« Ich zucke mit den Schultern, so als wäre es das Leichteste auf der Welt.

»Bist du vollkommen verrückt geworden? Du hättest sterben können! Du hättest infiziert werden können!« Tränen glitzern in Sams Augen und ihre Wangen glühen rot vor Wut. »Wen hätte ich dann noch gehabt, hm? Wen? Niemanden! Absolut niemanden mehr.«

»Es ist ja nichts passiert, Sam.« Ich winke schnell ab, um sie zu beruhigen. Leider scheint es genau das Gegenteil zu bewirken, denn es sieht fast so aus, als würde sie ihre Zähne fletschen.

»Ich muss deiner Schwester zustimmen. Das war mehr als

leichtsinnig. Du hast dein Leben aufs Spiel gesetzt.« Professor Lancester kommt zum Tisch und betrachtet den bewusstlosen Werwolf vor uns.

»Ja, ich hab's verstanden. Mir ist nichts passiert und jetzt können wir ihm das Gegenmittel geben. Worauf warten Sie denn noch?« Er soll endlich aufhören zu quatschen und den Versuch durchführen.

Der Professor schüttelt den Kopf. »So einfach ist das nicht. Ich muss noch einige Parameter bestimmen, bevor ich das Mittel injizieren kann. Es ist noch nicht bereit für die dritte Testphase.«

»Das sagen Sie seit Tagen! In der zweiten Testphase ist nicht einmal etwas schiefgelaufen. Warum sollte es also nicht funktionieren?« Meine Hände ballen sich zu Fäusten.

Ich fühle mich genauso hilflos wie in dem Moment, als die Ärzte mich aus ihrem Krankenzimmer schickten, weil sie es für zu gefährlich hielten, wenn ich blieb. Der Moment, als die Verwandlung beinahe vollendet war. Der Moment, in dem ich sie und auch das übrige Klinikpersonal zum letzten Mal sah.

»In der Petrischale und bei der Masse ist es bisher auch nicht wichtig, wie viel ich von dem Mittel verwende! Bei einem echten Werwolf muss ich berücksichtigen, wie schwer er ist. Eventuell ist es sogar entscheidend, wie lange er schon verwandelt ist und welches Alter der infizierte Mensch hat. All das muss ich noch erproben. Wenn ich zu wenig verabreiche, besteht die Gefahr, dass er nicht vollständig geheilt wird. Wenn ich zu viel verabreiche, kann ich noch nicht sagen, welche Auswirkungen es auf den Menschen hinter dem Virus hat!« Von Satz zu Satz ist Lancester lauter geworden. Sein Gesicht hat einen dunkelroten Farbton angenommen und er muss sich augenscheinlich beherrschen, um nicht noch mehr zu sagen.

»Ich verstehe ja, dass du Ella zurückhaben möchtest, aber das ist nicht der richtige Weg«, wirft Sam ein.

Ich weiß, dass sie es gut meint, aber mit der Erwähnung ihres Namens legt sich bei mir ein Schalter um, der alle Lichter der Vernunft ausknipst.

»Überhaupt nichts verstehst du! Tu nicht so, als wäre dir klar, wie es ist, jemanden zu verlieren, den du so sehr geliebt hast wie ich Ella! Sie bedeutet mir einfach alles. Du hast ja keine Ahnung, wie es war, Tag für Tag an ihrem Krankenbett zu sitzen, ihre Verwandlung zu sehen, und nichts – rein gar nichts – tun zu können.«

Die letzten Worte hallen in der Stille des Bunkers für eine gefühlte Ewigkeit nach. Ich kann es nicht ertragen, so intensiv über Ella nachzudenken. Diese Unfähigkeit, ihr zu helfen, dieses Gefühl, wie gelähmt zu sein, ohne irgendetwas tun zu können, das wird Sam nie verstehen können. Sie hatte noch keine Beziehung und musste nicht miterleben, wie ein geliebter Mensch unter der Infektion leidet.

Als sich der rote Schleier der Wut vor meinen Augen wieder etwas lichtet und ich das Gesicht meiner Schwester sehe, versetzt es mir sofort einen Dämpfer. Eine Träne rinnt ihre Wange hinunter.

Die Reue kommt schneller als der Zorn. Wir haben beide unsere Eltern an das Virus verloren. Ich wollte nicht so hart zu ihr sein. Sie hat unsere Eltern sehr geliebt, aber wenn es um Ella geht, kenne ich einfach kein Pardon. Gerade als ich mich entschuldigen will, stellt sich Lancester zwischen uns.

»Verschwinde, Junge, ehe du alles nur noch schlimmer machst. Ich muss arbeiten und da kann ich dich hier nicht gebrauchen!« Der Professor steht jetzt direkt vor mir und seine Augen funkeln mich an.

»Aber Sie müssen doch einsehen, dass –«, wende ich ein, was sich sogleich als Fehler herausstellt, denn der Professor schlägt mit der Faust neben dem Wolf auf den Tisch.

»Raus jetzt! Lager 11 kann sicher deine Hilfe gebrauchen. Sie sind auf der Suche nach Lebensmitteln.«

Für einen Moment bin ich geneigt, mich auf diesen Streit einzulassen und nicht zu gehen. Doch für Sam und mich ist etwas Abstand vermutlich das Beste, weshalb ich meinen bebenden Körper abwende und den Bunker verlasse.

Kurz bevor ich die Panzertür zudrücke, sehe ich, wie der Brustkorb der Bestie sich schneller hebt und senkt. Vermutlich hört das Beruhigungsmittel bereits auf zu wirken, denn der Professor ist schon mit einer Spritze in der Hand auf dem Weg zu dem Werwolf.

Auch wenn mich vermutlich niemand zurück im Bunker haben will, entschließe ich mich, kurz vor Einbruch der Dunkelheit zu Lager 8 zurückzuradeln.

Als ich die schwere Panzertür öffne, liegt der Wolf noch immer auf dem hölzernen Esstisch mitten im Raum.

Sam sitzt in einer Ecke und kritzelt gedankenverloren auf einem Block herum.

»Hey …« Ich hebe leicht die Hand zum Gruß und versuche mich an einem versöhnlichen Lächeln.

Sam sieht auf und erwidert mein Lächeln. »Hey! Schön, dass du wieder da bist.«

Ich nicke und streiche mir durch die Haare. »Ja, na ja. Also ich wollte mich entschuldigen. Ihr habt recht. Es war eine dumme Aktion und ich hätte das nicht tun dürfen.«

Meine Schwester sieht mich weiter unverwandt an. »Nein, eigentlich hattest du recht. Ich konnte den Professor davon überzeugen, das Heilmittel an dem Werwolf zu testen. Für El… – für unsere Familie. Und … es scheint zu wirken.«

Mit gerunzelter Stirn sehe ich zu dem Werwolf und frage mich, woran sie festmachen, dass es funktioniert.

»Seine Haut – sie wird weicher.«

Wieder nicke ich. Es funktioniert wirklich. Es dauert ein paar Sekunden, bis ich verstehe, was das bedeutet. Dann flutet Adrenalin meinen Körper und eine enorme Euphorie packt mich. »Das ist der Wahnsinn! Es kann alles verändern!«

Sam springt auf und fällt mir in die Arme. Während ich sie halte, spannt sich plötzlich jeder Muskel in ihrem Körper und sie hält den Atem an.

»Professor?« Sam löst sich hastig und sieht sich suchend um.

»Die Tür steht offen.« Ich zeige auf den Lagerraum.

»Professor Lancester?«, fragt sie noch mal in den kleinen Raum hinein.

Er hockt vor einem Karton und wühlt geschäftig darin herum. »Ich bin hier.«

»Der Werwolf bewegt sich, Professor. Soll ich ihm neues

Beruhigungsmittel verabreichen?« Erst jetzt realisiere ich, warum meine Schwester plötzlich so komisch ist.

Fahrig lässt der Professor die Hände durch sein schütteres Haar gleiten. »Das Problem ist … wir haben die letzte Dosis bereits aufgebraucht und ich kann absolut nichts finden, mit dem wir das Wesen weiterhin betäuben können.«

Es dauert einen Moment, bis die Information zu mir durchgesickert ist. Wir haben kein Betäubungsmittel mehr!

Ich bin wirklich ein Idiot. Wir waren nicht auf die dritte Testphase vorbereitet und jetzt stehen wir da ohne Betäubungsmittel.

Gerade als ich zu einer weiteren Entschuldigung ansetzen will, höre ich ein Klappern hinter mir, dann ein Poltern und ein Rumsen.

Ich wirble herum und Sam schreit auf. Der Werwolf ist schwer atmend in den Stand gekommen. Die Klauen hängen schlaff an seinem Körper herunter und die Zunge aus dem mit Reißzähnen besetzten Maul.

»Verdammter Mist! Bleibt hinter mir!« Ohne zu zögern, baue ich mich vor dem Werwolf auf und bilde eine schützende Wand vor Sam und Lancester. Das ist allein meine Schuld. Ich kann nicht zulassen, dass die beiden dafür büßen müssen.

Mein lauter Ruf zieht die Aufmerksamkeit des Wolfs schlagartig auf uns. Er hebt seinen Blick und knurrt. *Dieses Knurren.* Es erinnert mich zu sehr an die letzten Augenblicke mit Ella. Für einen Moment verliere ich den Fokus, sodass sich Sam an mir vorbeischiebt.

»Seht nur. Seine Augen – sie sind grün. Beinahe menschlich.« Ich will gerade nach Sams Arm greifen und sie wieder zurückziehen, als sie beschwichtigend ihre Hände hebt. »Die Gesichtszüge haben sich auch verändert. Das Mittel heilt ihn.«

»Mädchen, geh nicht weiter. Er ist noch immer unberechenbar!« Auch der Professor drängt sich an mir vorbei und stellt sich neben mich – jederzeit bereit, Sam zurückzuziehen.

Allerdings lässt sich meine Schwester nicht von ihrem Vorhaben abbringen.

»Beruhige dich. Wir versuchen, dir zu helfen.« Ihre Stimme klingt sanft, was auch der Werwolf zu bemerken scheint. Sein Blick verändert sich und wirkt beinahe traurig. »So ist's gut. Leg dich wieder hin und ruh dich aus. Das Heilmittel wird dir helfen. Wir wollen dir nichts tun.« Mit jedem Satz ist sie näher an den Tisch herangetreten. Sie hebt einen der Stühle auf, die der Werwolf bei seinem Erwachen umgestoßen haben muss. »Komm her. Wenn du dich ruhig verhältst, brauchst du kein Beruhigungsmittel, okay?«

Ich kann nichts tun, als meiner Schwester dabei zuzusehen, wie sie mit dieser Bestie spricht. Die Angst, den Werwolf mit einer falschen Bewegung oder einem zu lauten Wort aufzuschrecken, lähmt mich. Professor Lancester wirkt ebenfalls erstarrt.

Der Wolf macht langsam einen Schritt nach dem anderen auf den Tisch neben Sam zu.

Mit einem breiten Lächeln dreht meine Schwester sich zu uns um. »Es funktioniert! Der Verstand scheint bereits auf dem besten Wege der Heilung zu sein«, raunt sie in unsere Richtung.

Abgelenkt von Sams Faszination bemerken wir zu spät, dass der Wolf seinen Kurs ändert.

Das Nächste, was ich höre, ist ein wildes Brüllen und schwere, kratzende Schritte, die immer schneller werden.

»Nein!« Ohne darüber nachzudenken, laufe ich ebenfalls auf Sam zu.

»Um Himmels willen!« Professor Lancester stolpert zur Seite, während Sam sich in Windeseile wieder dem Wolf zuwendet, ihre Hände noch immer gehoben.

Dann sehe ich nur noch Zähne. Lange, scharfe Reißzähne, die sich in Sams Schulter bohren. Sie stöhnt auf, verdreht die Augen und erschlafft im Maul des Wolfes.

Kopflos sehe ich mich nach irgendetwas um, mit dem ich den Wolf von ihr abbringen kann. Das Erste, was ich zu fassen bekomme, ist ein rostiges Rohr. Ohne weiter nachzudenken, packe ich es fester und schlage auf den Rücken des Werwolfs ein. Irgendwo weit entfernt nehme ich ein lautes Quietschen wahr.

»Lass sie los, du Bestie!« Blind vor Angst schlage ich weiter auf den Wolf ein, bis er mit einem lauten Brüllen endlich von Sam ablässt. Seine stechend grünen Augen fixieren mich für eine Sekunde, ehe er aus der Panzertür verschwindet, die Lancester geöffnet haben muss.

Logbuch-Eintrag 179
Titus Walsh
Rufzeichen: G7HHH9G1
Lager 8, Westregion
27. November 2087
Sam ist nun seit 75 Tagen verschwunden. Sie verwandelte sich nur langsam, aber sie verwandelte sich. Gegen Beruhigungsmittel ist sie immun und das Gegenmittel wollte ich bei ihr nicht anwenden. Den Wolf, den wir behandelt haben, fand ich am nächsten Morgen tot am Waldrand.

Der Professor vermutet, dass die Betäubung in Kombination mit der Injektion des Heilmittels zu einer erneuten Mutation des Virus führte. Die Augen der beiden Werwölfe waren nicht mehr gelb und ihre Haut weicher. Dennoch konnten wir Sam nicht im Bunker halten.

Die Westregion verliert immer mehr Lager. Die Überlebenden aus den angegriffenen Lagern kommen zu uns in den Bunker. Die letzten Mitglieder des Militärs sind infiziert oder tot.

Dieser Bunker ist nur solange sicher, bis der nächste volltrunkene Idiot einen Werwolf hierherbringt. Es ist allein meine Schuld, dass Sam verwandelt wurde und der Versuch mit dem neuen Heilmittel nicht gelang. Es ist allein meine Schuld, dass das Werwolfvirus erneut mutiert ist.

Wäre ich doch nur nicht so versessen darauf gewesen, Ella zu heilen. Jetzt habe ich niemanden mehr. Sam, Ella, Mom, Dad. Es tut mir leid.

L.J. Heart ist das Pseudonym einer 1989 geborenen niederösterreichischen Jungautorin. Bereits seit ihrer Jugend schreibt sie Geschichten und Gedichte für ihre Familie und Freunde. Romance und Fantasy waren dabei stetige Begleiter. Mit der *Found in Crete*-Reihe ging L.J. Heart den nächsten Schritt und machte ihre Werke öffentlich. Seitdem arbeitet sie stetig an neuen Geschichten, die große Gefühle, viel Witz, aber auch tiefgründige Charaktere versprechen.

L.J. Heart

Dagegen ist ein Kraut gewachsen

Pitschnass öffnete ich die Eingangstür und spürte, wie sich die Regentropfen ihren Weg durch mein Fell bahnten. Es war klar, dass die heutige Vollmondnacht und das mieseste Wetter des ganzen Jahres auf ein und denselben Tag fallen mussten. Seufzend ließ ich die Fetzen des zerrissenen weißen T-Shirts zu Boden fallen. Sofort bildete sich eine Lache und ich ärgerte mich, dass ich gleich noch einen Lappen holen musste, um den teuren Holzboden nicht zu ruinieren. Es wäre eine Schande, wenn das gute Walnussparkett beschädigt werden würde.

Wenn ich an den Tag im vergangenen Jahr zurückdachte, an dem mein Bruder mich vorgewarnt hatte, hallten noch heute seine Worte in meinem Kopf wider: »Gregor, du bist ein Werwolf, so wie alle Männer in unserer Familie, und ab deinem dreißigsten Geburtstag wirst du dich verwandeln.« Die einzige Reaktion, die ich für ihn übrig gehabt hatte, war, schallend loszulachen und ihn zu fragen, ob er zu viel Whisky getrunken hatte. Nicht, dass mein geliebter Bruder nicht des Öfteren zu tief ins Glas geschaut hätte zu dieser Zeit. Aber in diesem Moment war für mich sonnenklar: Er hatte sich offensichtlich sein Hirn zu Mus gesoffen. Werwölfe gab es schließlich nur im Märchen oder in den schottischen Volkssagen aus unserer Kindheit. Aber James hatte recht behalten – keine zwei Wochen nach seiner Ankündigung hatte ich mich das erste Mal verwandelt und es war das reinste Drama gewesen. Die Hühner vom Nachbarn hatte ich in dieser Nacht so dermaßen erschreckt, dass sie sich aus Angst gemausert hatten. Obwohl ich kein einziges der armen Dinger gefressen hatte, sah es aus, als hätte Frau Holle die Betten ausgeschüttelt. Die ganzen Federn am nächsten Tag ungesehen und mühevoll verschwinden zu lassen ... Nicht gerade eine meiner Glanzstunden.

Auf dem Weg ins Wohnzimmer versuchte ich, auf Tatzenspitzen zu laufen, um nicht noch mehr vom Boden zu besudeln. Es war schon schlimm genug, dass innerhalb von Sekunden das ganze Haus nach nassem Hund stank. Wenigstens war die dehnbare Jogginghose heil geblieben. Schnaufend stieß ich die Luft durch meine Nasenlöcher aus und tapste weiter. Heute war definitiv nicht meine Nacht. Es hatte bereits furchtbar begonnen. Die letzten drei Tage hatte ich mich schon unwohl gefühlt und ich hatte mich an James' Worte erinnert, dass die Stärke der Verwandlung auch durch die Nähe des Mondes zur Erde beeinflusst wurde. Aber diesmal war es ganz anders. Anstatt der üblichen Hitze, die mich sonst durchfuhr, hatte ich Schüttelfrost. Ob es daran lag, dass ich bereits die letzten Tage kränkelte und sich eine Erkältung lautstark ankündigte?

Endlich hatte ich das Badezimmer erreicht und tapste weiter zum Fenster. Immerhin musste ich vermeiden, dass Miss Marlone von nebenan einen Herzinfarkt bekam, wenn sie zufällig durch ihr Schlafzimmerfenster zu mir herübersehen würde. Die Dame war über achtzig. Es war eine echte Herausforderung, die Jalousie mit meinen Pranken herunterzulassen. Die dünne Perlenschnur aus Kunststoff war nicht für Werwölfe ausgelegt.

Als ich es endlich geschafft hatte, warf ich einen Blick auf die Uhr im Wohnzimmer, die ich durch die Tür sehen konnte. Es war schon nach fünf Uhr morgens. Seltsam, wieso hatte ich mich noch nicht zurückverwandelt? Heute war echt alles anders als sonst. Wieder durchfuhr mich ein kalter Schauder. Auch das war seit der Verwandlung schon mehrfach passiert. War meine Körpertemperatur etwa zu niedrig? Hmm, wie könnte ich das ändern ... Im Spiegel sah ich die Wanne in meinem Rücken, vielleicht würde ein entspannendes Bad helfen. Was sollte es, nass war ich sowieso schon. Also drehte ich mich um und betätigte den Hahn. Es würde eine Weile dauern, bis sie vollgelaufen war, also setzte ich mich davor auf den Boden und schnitt Grimassen, die sich im weißen Lack der alten Emaillewanne spiegelten.

Als Kind hatte ich mir oft vorgestellt, wie Werwölfe aussehen würden. Okay, zugegeben, ich hatte auch über Vampire, Einhörner und Drachen nachgedacht. Aber nie hätte ich damit gerechnet, dass ich selbst mal ein Werwolf sein würde, der in seinem Badezimmer am Boden saß, bekleidet mit einer Sporthose, aus der seine Hinterläufe ragten, als hätte er Plüschpantoffeln an. Ganz abgesehen davon, dass ich meinen Schwanz nach oben in den Hosenbund geklemmt hatte. Ich konnte ja nicht ständig mit Jogginghosen herumlaufen, die ein Loch in der Naht am Hintern hatten. Wie würde das denn aussehen?

Das leiser werdende Plätschern des Wassers signalisierte mir, dass die Wanne endlich voll war. Also entledigte ich mich meiner Hose, stieg in das warme Nass und setzte mich. Sofort schwappte die Wanne über. Mit der Verwandlung veränderte sich auch meine Körperfülle und -länge. Die Beine ragten weit über den Rand hinaus, und meine Vorderläufe legte ich auf dem Wannenrand ab. Und nun? Ich wartete eine Weile, aber auch jetzt machte mein Fell keine Anstalten zu verschwinden. Na gut, dann konnte ich mich auch waschen. Fellpflege quasi.

Auf der Suche nach meinem Shampoo tastete ich das Regal hinter meinem Kopf an der Wand ab, in dem ich alle Mittelchen aufbewahrte, die ich immer griffbereit brauchte. Endlich, da war die charakteristische Flasche. Mit der Krallenspitze öffnete ich den Deckel, hielt die andere Pfote auf und wartete, bis das Shampoo herauslief... Viel war es nicht, gerade einmal ein Klecks in der Größe einer Mandel. Das würde nie im Leben reichen. Seufzend schloss ich das Fläschchen und warf es in Richtung Mülleimer. Es traf die Wand und verschwand in der weißen Rundablage. Treffer, versenkt.

Jetzt musste eine Alternative her. Wieder ließ ich die Pranke über das Regal gleiten und blieb an einer bauchigen

Kunststoffverpackung hängen, die ich über meinem Kopf nach vorne zog. In pinker Schrift war zu lesen: »Soft & Cozy«. Ich hatte doch tatsächlich den Weichspüler erwischt. Schon wollte ich ihn zurückstellen, aber eigentlich war es gar keine so schlechte Idee. Fell war doch eigentlich Wolle und meine Mum hatte immer gesagt: »Gregor, für Wolle und Feines nimmt man immer Weichspüler.« Was konnte also schiefgehen?

Eine halbe Stunde später roch ich nach Hibiskus und Wasserlilien, fehlte nur mehr das rosa Schleifchen im Fell über meinen Augen. Aber die Verwandlung hatte immer noch nicht eingesetzt. Was war nur los mit mir? Das Handtuch, mit dem ich mich abrubbelte, hatte deutlich unter meinen Klauen gelitten und eigentlich nur dazu geführt, dass mein Fell elektrostatisch von meinem Körper abstand. So hatte ich mir das definitiv nicht vorgestellt.

Missmutig tapste ich also vom Badezimmer zurück ins Wohnzimmer, warf noch ein Scheit in das Kaminfeuer, von dem ich froh war, dass es meinen nächtlichen Ausflug überstanden hatte, und setzte mich in den grünen Polstersessel. Das war doch zum Haareraufen. Vielleicht würde ein Glas Whisky helfen. Mit der Pranke schnippte ich die obere Hälfte des Globus-Barwagens auf, der in weiser Voraussicht ständig neben meinem Sessel stand. Wie immer konnte ich mich nicht entscheiden, also ließ ich die Klaue kreisend über die Verschlüsse der Flaschen gleiten und sagte in Gedanken: »Ene, mene, muh …« Am Ende des Reims stoppte ich abrupt und schielte, worauf meine Wahl gefallen war. Den Stoppel erkannte ich sofort, er gehörte zu der Flasche *Drambuie Whisky Likör*. Nicht ganz das, was ich wollte, aber auch nicht die schlechteste Option. Die feinen Nuancen des Honigs und der Kräuter würden zumindest die Erkältungssymptome bekämpfen, die ich vor der Verwandlung verspürt hatte.

Es stellte sich als schwierig heraus, mit frisch gepflegtem, rutschigem Fell den Verschluss aufzudrehen, weshalb ich gute fünfzehn Minuten damit beschäftigt war. Werwolf und Feinmotorik waren definitiv keine Dinge, die zusammenpassten. Endlich hatte ich es geschafft und die rötlich-braune Flüssigkeit verteilte sich in dem bereitgestellten Glas. Ein Doppelter – was muss, das muss. Die Flasche stellte ich zurück in den offenen Globus, ich griff nach meinem Drink und goss ihn mir in einem Schwung in die Kehle.

Der Fehler meines Lebens, wie sich herausstellte, denn das Zeug brannte mir die Seele aus dem Leib. Mit jeder Sekunde wurde es schlimmer und ich war versucht, mir die Haut vom Hals zu ziehen, so heiß wurde sie. Verflucht, das war gar nicht gut. Schmerz kroch von meinem Magen aus durch meinen ganzen Körper, unbändiger Schmerz. Mit beiden Pranken an der Kehle versuchte ich, aus dem Sessel aufzustehen. Aber es war zu spät. In dem Moment, als vor meinen Augen alles schwarz wurde, hörte ich noch, wie die Haustür geöffnet wurde.

»Gregor … Komm schon.« Die Worte waren leise, gefolgt von einem leichten Schlag gegen meine Wange. »Verflucht, jetzt mach schon die Augen auf.« War das etwa James? Langsam sickerte das Gesagte in mein Hirn und ich versuchte, meine schweren Lider zu öffnen. Es war viel zu hell, das Licht stach furchtbar in meinen Augen und mein Kopf dröhnte.

»Jetzt komm schon«, ertönte es noch einmal und ich rang mich dazu durch, meinen Bruder anzusehen. »Na endlich. Kurz hatte ich Angst, ich muss den Tierarzt holen.« James war über mich gebeugt und lachte.

»Was war das denn bitte?«, fragte ich und realisierte, dass ich endlich wieder ich war. Nur mit der grauen Jogginghose bekleidet, lag ich auf dem Fußboden genau vor dem Kamin. Ich erinnerte mich daran, den Likör getrunken zu haben, aber dann war alles wie ausradiert. Gefühlt tausend Fragezeichen schwebten zwischen mir und James in der Luft.

»Das kann ich dir sagen: Heidekraut«, antwortete James und lachte wieder.

»Heidekraut«, wiederholte ich und könnte mich selbst ohrfeigen. »Sag nicht, dass die Kräuter im *Drambuie* Heidekraut sind.« Doch mein Bruder nickte nur. Ich hatte doch tatsächlich ausgerechnet das Gesöff in meiner Bar erwischt, das auf Werwölfe wie ein pures Adrenalin wirkte, und mir davon gleich eine Überdosis gegönnt, die mich auch noch flachgelegt hatte.

Kopfschüttelnd stützte ich mich auf den Ellenbogen ab und blickte auf das Glas, das noch immer neben dem Sessel am Rand der Bar stand. »Na wenigstens hat sich damit auch die Erkältung erledigt, das hat mit Sicherheit alle Bakterien weggebrannt.«

Francyne M. Foster ist die Inhaberin des Foster'schen Vergnügungsparks und das seit ungefähr vier Jahren. Zu ihrem Debüt wurde der Park mit der Mag-Fornton-Themenwelt eröffnet, die der ein oder andere vielleicht etwas kopflos wieder verlassen hat. (Man findet noch heute Verwirrte, die im Heißhunger-Wahn auf der Suche nach Apple Crumble oder Karotten-Keksen sind.) Mit der Sanctity-College-Reihe begrüßt nun eine weitere Attraktion ihre nächsten Opfer… hust… Besucher, die sich freiwillig – sehr freiwillig – in die verquere Welt der Spiegel und Nebelschwaden trauen. Es ist abzuwarten, wie die Gäste aussehen, wenn sie dieses Areal wieder verlassen … Während ihre Besucher durch ihren Park irren, beschäftigt sich Francyne M. Foster in ihrer nischenartigen Zentrale damit, sich weitere Themenkomplexe auszudenken.

Francyne M. Foster

Kopfüber

Ein Kratzen. Widerlich hoch im Klang. Wie Fingernägel auf einer Schiefertafel. Zum Höllenfürsten noch eins! Was war das nur für ein Krach?! Agathas Lippen kräuselten sich skeptisch, während sie oben am Treppenabsatz stand und die schmalen und ungeraden Holzstufen hinabsah. Wenn das wieder dieser verdammte Werwolf war ... Oh, der könnte dieses Mal aber was erleben! Alter Schnorrer!

Lou MacCanidae hatte es aber auch nicht leicht – so als einziger Werwolf in einem Höllenhunde-Clan. Wenn man es genau nahm, war es ein Rudel und kein Clan, aber wehe, das sagte man in der Gegenwart eines dieser blutrünstigen Schoßhündchen. Agatha brauchte in ihrem Haus kein Licht. Ihr Körper mochte die 700 Jahre bereits überschritten haben, aber ihre Sinne waren noch immer einwandfrei. Schön, ihre Hüfte meckerte neuerdings und nach einem langen Tag kam sie die Treppe nicht mehr ohne zusammengebissene Zähne hoch. Vor ihrer Mitbewohnerin Onoria gab sie sich natürlich nicht die Blöße. Ihre Ohren klingelten just, als wieder das Kratzen ertönte. Agatha nahm stöhnend die ersten Stufen nach unten. Morgen sollte sie unbedingt dafür sorgen, dass die Stufen endlich gerade wurden und vor allem gleich hoch!

»Dreimal verflixte Chimäre! Kasimir? Machst du diesen Krach?«, rief sie leise nach unten.

»Krach? Krach? Ich bin doch überhaupt nicht wach!«, erklang es in Agathas Kopf. Die Chimäre mit Faultierkörper, aufgewecktem Katzengesicht und flauschigem dunkelbraunem Eichhörnchenschwanz hatte ihren Schlafplatz unten im Flur im obersten Schubfach einer alten Kommode. Kasimir war an sich stumm, dafür besaß er so eine mentale Stärke, dass er sich mit seiner inneren

Stimme verständigen konnte.

»Du neugieriges Katzenviech hast deine Ohren selbst im Schlaf immer offen. Wo kommt dieses Kratzen her, verfluchter Himmel?!« Die antike Kommode, die Onoria vor vielen Jahren – es dürften Jahrhunderte sein – von einem ihrer Verehrer geschenkt bekommen hatte, knarzte, als Kasimir sich in seiner kuschligen Schublade erhob und ihr eine Antwort schuldig blieb. Agatha kam unten an und wackelte mit den nackten Zehen, als sie den kalten Steinboden unter den Füßen bemerkte. An der Flurdecke tummelten sich Glühlinge, die leicht verquer um die Holzbalken summten und leise schnatterten. Agatha stemmte ihre Fäuste in die breiten Hüften. »Hast du die Käfer wieder von deinem Ambrosia schlabbern lassen?«

»Der Glühling, so ein niedliches Ding, trank eifrig Ambrosia, als wäre morgen nimmermehr da!«, reimte Kasimir wie stets sehr amüsiert und streckte sich ausgiebig. Sein flauschiger Schwanz zitterte dabei leicht.

»Jaja, verschenke nur das gute Zeug!« Agatha ging den Flur entlang und blickte rechts ins Wohnzimmer. »Wo habe ich meinen Zauberstab, du Flohherberge?«

»Mal hier, mal dort, irgendwann ist er ernsthaft fort.«

Agatha stöhnte müde an die Decke und hielt dann inne. »Das Kratzen ist weg, nicht?« Sie hob abwehrend eine Hand in Richtung Kasimir. Mehr als Kauderwelsch war von ihm ohnehin nicht zu erwarten.

»Das habe ich gehört, Agatha O'malley, won't you caress my belly? Der Zauberstab, so wie es sich begab, liegt im Spülbecken … bei den Schnecken.« Schnecken? Was für Schnecken? Agatha dachte sogleich an irgendwelche neuen Mitbewohner, die Onoria heimlich einziehen ließ. Das endete meist in einer riesigen Sauerei, in der fast immer Schleim ein Nebenprodukt war. »Keine Schnecken, doch was reimt sich besser auf ›Becken‹?«

Kopfschüttelnd ließ sie das so stehen und ging barfuß in die Küche, in der ein kläglicher Rest Holz im offenen Kamin vor sich hin glühte. Agatha trat auf etwas Glitschiges und konnte einen Aufschrei gerade so unterdrücken. Ein wütendes Zischen hallte durch die chaotische Ordnung in der Küche.

»Ach, sei still, du Möchtegern-Viper!« Darauf folgte ein weiteres Zischen, dieses Mal klang es sehr eingeschnappt. Agatha war auf Iris getreten, auf irgendein Teilstück von ihr zumindest.

Iris war ein Findelkind, das Onoria – selbstredend – aufgenommen hatte. In diesem Teil der Welt war bekannt, dass Onoria für alle obdachlosen Geschöpfe ein Plätzchen in ihrem Zuhause fand. Für wirklich alle! Iris mochte nur eine verzauberte Schlange sein, aber sie hatten bereits eine Elfen-Gang beherbergt und den schizophrenen Vampir Adolphus, der sich seinen Körper mit dem menschlichen Model Shirley teilte, und Gustaver, den Raben mit der Höhenangst. Manchmal war ihr Haus vor den fünf gehängten Sonnen am Rande des Crispy Forest westlich von Heaven's Sake City eher eine Anstalt für schwer behandelbare Kreaturen als eine Behausung.

Agatha fand ihren Zauberstab nicht im Becken, dafür in der Besteckschublade. Sie schickte die Glühlinge vor die Tür, sie sollten ihren Rausch ausschlafen. Danach ging sie selbst zurück ins Bett. Na schön, sie tätschelte Kasimir noch einmal den Kopf. So anstrengend es manchmal mit ihm war, lange böse sein konnte sie ihm nie.

Onoria hatte in der Nacht natürlich nichts gehört. Sie und Agatha saßen am nächsten Morgen auf der Veranda und beobachteten das entfernte Treiben auf der größten Handelsstraße, die nach Heaven's Sake führte. Das Haus lag auf einem seichten Hügel und bot von dort oben eine sensationelle Aussicht auf die Stadt. Kasimir kletterte gerade den Tränenbaum im Vorgarten nach oben und bot sich ein Duell mit Iris. Kasimirs Problem war jedoch, dass er den Verstand einer Katze besaß, doch den Körper eines gemächlichen Faultiers. Iris wiederum … nun, Iris war ein verzauberter Mensch und fand sich in einem Schlangenkörper kläglich zurecht, wobei sie ein interessantes Äußeres besaß. So viele weiße Schlangen mit rubinroten Augen dürfte es nicht geben, selbst in ihrer Welt nicht. Den beiden Rabauken zuzusehen, war ein amüsanter Zeitvertreib.

Onoria schob ihre Brille auf dem Nasenrücken zurecht und

blinzelte. »Vielleicht sollten wir doch einmal den Großmeister fragen.« Pah, da flog eher die Hölle vom Himmel! Agatha grummelte vor sich hin. Sie hatte zwar selbst keine Kenntnis, welcher Zauber auf Iris lag, aber den selbstverliebten Trickster würde sie nicht fragen. Großmeister! Wie lächerlich! Was für ein Hexer wollte er schon sein, der nicht einmal Tote aufwecken konnte, obwohl er stets betonte, es doch zu können?! »Ach, nun schau nicht so, Aggy. Ich weiß, dass du Christopherus nicht leiden kannst, aber er könnte doch noch eine –«

Agatha hob eine Hand und unterbrach ihre langjährige Freundin mit den silberweißen Haaren. »Er ist ein Stümper! Ein Nekromant, der keiner ist!«

»Sie hat recht, Onoria. Ein Scharlatan der Großmeister ist und doch blind du bist«, mischte sich Kasimir ein.

Onoria dachte nach. »Es hat sich nicht auf ›Onoria‹ gereimt.« Kasimir fiel darauf entrüstet vom Baum. Schade, dabei hatte er bereits die Hälfte des Stammes hoch geschafft. Sie stand mit einem besorgten Gesichtsausdruck auf und eilte die wenigen Stufen die Veranda hinab, über den Rasen und hob Kasimir auf. Dabei klapperten und klimperten ihre vielen Ketten und Armbänder wie ein halbes Dutzend Windspiele bei Sturm. Kasimirs linke Klaue nutzte ihren langen Pferdeschwanz als Stütze. Onoria war über die vielen Jahren unempfindlich für solcherlei Schmerz geworden.

»Galopp, Galopp, fragt die Schwestern, hopp, hopp«, plapperte Kasimir.

Die beiden Hexen sahen sich überrascht an, überlegten, wen er meinte, und just schnappten sie mit gemeinsamer Erkenntnis nach Luft.

»Nein, die Orakel-Quasselstrippen suche ich bestimmt nicht auf!«, entschied Agatha sehr vehement und legte geladen ihre Füße auf den Hocker vor sich. Onoria war zur Abwechslung ihrer Meinung, sodass sie sich beide mit der Chimäre in die Haare bekamen und niemand mitbekam, wie Iris den Baumstamm runterschlängelte und sich über das saftige Gras auf die Veranda zubewegte. »Oh, zur eisernen Jungfrau, Kasimir!«, brüllte Agatha laut und sprang von ihrem Schaukelstuhl auf.

»Priscilla ist eine Schwätzerin! Sie erzählt seit dem Höllenaufstieg, dass selbst Luzifer persönlich vernarrt in sie sei! So ein HUMBUG!« Iris' Kopf hob sich, während sie halb auf der Treppe hing. Agatha betrachtete sie irritiert. Normalerweise nahm die Schlange selten an Konversationen teil. Das konnte sie auch nicht, gestikulieren ja, aber mehr auch nicht.

Onorias Ansicht kippte langsam, dann spitzte sie immer ihre Lippen im Akkord. »Na ja, aber Iris lebt jetzt schon so viele Jahre bei uns und wir wissen nur, dass sie nach Mensch riecht, und das auch nur, weil es Ferdinand behauptet hat!«

Jaja, das stimmte schon. Ferdinand war ein weiterer Werwolf, der einen ausgezeichneten Riecher besaß – im Gegensatz zu Lou, dem Schnorrer. Agatha musste Onoria zähneknirschend recht geben. Sie hatten Iris' Schicksal tatsächlich vernachlässigt. Anfangs hatten sie viele Zauber probiert, aber nichts herausfinden können.

Sie schielte zur Schlange und kniff die Augen zusammen. »Sollen wir die Schwätzerinnen aufsuchen?«, wollte sie von dem außergewöhnlichen Reptil wissen. Iris blinzelte einmal, was wohl Ja bedeutete.

Agathas Kopfhaut kribbelte. Das tat sie nur, wenn ihr Blut die richtige Betriebstemperatur besaß und sie spontan Feuer entfachen könnte. Agatha O'malley konnte mit ihren leuchtend roten Haaren und ebenso leuchtenden Iriden nicht leugnen, dass sie eine Feuerhexe war. Bei Onoria sah das anders aus. Trotz ihrer weißen Haare war sie eine Erdhexe und gleichzeitig eine sehr kompetente Heilerin. Agatha gab sich geschlagen und warf die Hände in die Luft. »Schön, dann machen wir uns eben morgen auf den Weg!« So würden sie es wenigstens schnell hinter sich haben.

Onoria nickte gedehnt, doch besonders zuversichtlich war sie nicht.

»Hab Vertrauen, lass aufbauen, was der Weg mit sich bringt, auf dass das Ziel die eine Lösung vorhersingt.« Vertrauen hatten sie schon ineinander, nur nicht unbedingt in die Orakelschwestern, die letztlich für jede Art von Hilfe eine Gegenleistung verlangten.

»Das ist selbst für dich sehr theatralisch, Kasimir«, stieß Onoria aus und war sich nicht sicher, wie begeistert sie über die Reise sein sollte. Immerhin war es doch ein ›Stückchen‹ Weg. Die Orakelschwestern wohnten separat auf einer kleinen Insel östlich von Heaven's Sake – der Hauptinsel. Die Hexen konnten zwar fliegen, aber sich im Nu fortbewegen konnten selbst sie nicht.

Agatha bekam am nächsten Morgen kaum die Augen auf. Dieses Kratzen ... so langsam reichte es ihr wirklich! Zugegeben, die Reise bis zu den Quasselstrippen würde kein Spaziergang – und auch kein Spazierflug – werden, aber hoffentlich würde Agatha so eine Nacht mal wieder durchschlafen können. Sie könnte sich Streichhölzer in die Augenhöhlen stecken, damit ihre Lider nicht immer wieder runterfielen. Nur gab es seit dem ›Kopfüber‹ keine Streichhölzer mehr. Die Menschheit hatte ihre Zeit verwirkt, die Apokalypse war eingetreten, Gott hatte Ernst gemacht ... Doch anstatt alles ›intelligente‹ Leben auf der Erde zu entfernen, war ein gewisser gefallener Engel in die Bresche gesprungen und hatte dem Mann mit den weißen Täubchen doch noch einen letzten Streich gespielt. So lebte ebendieser nun unter der Erde und die bekannte Hölle befand sich auf vielen Inseln über den Wolken.

»Ach, was waren das noch für Zeiten, als wir teleportieren konnten ...«, seufzte Onoria in der Küche, in der sie sich gerade überlegten, mit welcher Gelegenheit sie heute fliegen würden.

»Ich weiß, ich weiß ... Wenigstens haben wir hier oben kaum Menschen. Es hat alles sein Für und Wider, Teuerste.« Agatha nickte sich selbst zu und packte frisches Brot in einen winddichten Korb.

Auf Heaven's Sake gab es nur rationierte Mengen an Magie. Die Apokalypse hatte es so geregelt, dass die Inseln wie ein geschlossenes Ökosystem funktionierten. Was drinnen war, blieb auch drinnen, und was von außen reinkam, musste in irgendeiner Form auch wieder raus. So blieb die Waage immer ausgeglichen. Würden sie heute ihre Magie nutzen, um zu fliegen, wäre sie am Ende des Tages aufgebraucht. So einfach war das. Es gab ein paar Tricks, um den Verbrauch zu verlangsamen, aber im Grunde war das Schema schon in Ordnung.

Die Hexen waren im Haus fertig, dann blieb nur die Frage: »Du willst mit, Iris?« Die weiße Schlange mit den rubinroten Augen lag mitten im Flur und machte damit sehr deutlich: *Es lüstert mich, mitzukommen. Jemand trage mich hinaus!* Könnte sie ihre Nase in den Himmel strecken, würde sie es tun.

»Ich ebenfalls!«, meldete sich Kasimir, der an einem Deckenbalken über ihnen baumelte, knapp zu Wort. Onoria nahm ihre Pilotenbrillen von den Treppenstufen und schnappte sich Kasimir. Sie wären sonst längst weg, bevor er es endlich aus dem Haus geschafft hätte.

»Tja, dann sollten wir zusehen, dass wir passende Transportmittel finden für unsere... nun, Begleiter.« Agatha verließ mit einer mürrisch gehobenen Braue das Haus und wurde doch bereits vor der Tür fündig. »Na, also!« Sie trat neben ihren Lieblingsschaukelstuhl und klopfte auf die Rückenlehne. Onoria seufzte und erwähnte, dass Agatha doch mal etwas kreativer sein könnte. »Pahaha! Bequemer als ein Besen ist es allemal.« Iris nahm schon mal Platz und rollte sich auf der Stuhlfläche zu einem Haufen zusammen.

Indes spazierte die weißhaarige Hexe Richtung Scheune, Agathas Lippen kräuselten sich und sie zupfte mit Blick auf Iris ihren Zauberstab aus ihrem giftgrünen Leinenoberteil. Normalerweise schickte es sich nicht für Frauen, Hosen zu tragen, aber bevor sie sich beim stürmischen Lüftchen noch eine Blasenentzündung holte, hatte sie sich doch für eine Hosenvariante entschieden, deren Schritt sehr tief saß und auf den ersten Blick wie ein langer Rock aussah. Zurück zu ihrem Zauberstab! Sie richtete ihn auf Iris' Köpfchen und im nächsten Moment zierte eine kleine Pilotenbrille ihr Haupt und ein zarter Schal ihren Hals – falls Schlangen einen Hals besäßen. »Nicht, dass du dir noch die Bindehäute entzündest, hm?« Wobei das ulkig aussehen könnte... eine Schlange mit Bindehautentzündung. Sie tätschelte Iris' Kopf und zuckte dann vor Schreck. Das Kratzen! Da war es doch gewesen. Schnell sah sie sich um. Wo kam das nur her?!

Onoria, die freudig lachend aus der Scheune kam, lenkte sie ab. Kasimir saß … ja, gab es das denn? Agatha rieb sich über die Augen. Spielte ihr ihre Wahrnehmung einen Streich? Nein, die Chimäre saß wirklich in ihrer alten Badewanne mit den Löwenfüßen. Nur bewegte sich die Wanne von selbst und spazierte mit Kasimir an Bord über die Wiese. Sie waren bereits mit vielen Gelegenheiten geflogen – mit einem Bett, Strandkorb, Besen, Staubsauger –, aber noch nie mit einer Badewanne! Kasimir grinste wie einst die Grinsekatze im Wunderland bis über beide Ohren und trug ebenfalls eine Fliegerbrille samt hollywoodreifem weißem Schal.

Agatha schmunzelte kopfschüttelnd. »Du kleiner Schwerenöter.« Mit ihrem Zauberstab winkte sie den Schaukelstuhl zu sich heran, der sich leicht in die Luft bewegte und mit Iris zusammen die Stufen hinabflog. Kasimir hockte in der Wanne auf dem Proviantkorb und klammerte sich am Wannenrand fest. Die beiden Hexen machten sich in und auf ihren Fortbewegungsmitteln bereit und bevor es ab in die Luft ging, hörten beide noch einmal dieses Kratzen. Zum heiligen Luzifer noch eins!

Die Aussicht von oben über die Weiten von Heaven's Sake war atemberaubend. Vor dem ›Kopfüber‹ hatte es auf der Erde kaum noch einen Raum für magische Wesen – welcher Art auch immer – gegeben. Hier, auf und zwischen den Wolken, konnten sie wieder sie selbst sein. Sicherlich war auf Heaven's Sake nicht alles perfekt – wenn so viele verschiedene Arten zeitgleich existierten –, aber auf einer Fläche, die ungefähr dem damaligen Europa entsprach, ließ es sich leben und es gab genug Platz, um Kriegen aus dem Weg zu gehen. Und über allem stand einer. Jemand, dem sie das hier zu verdanken hatten. Jemand, der seit einigen Jahren spurlos verschwunden war. Luzifer Morgenstern, der Lichtbringer, der gefallene Engel, der erste Engel und für Gott doch das Letzte. Der Anfang und doch das Ende. Trotzdem blieb er die schönste, klügste und gerechteste Taube von allen in Gottes Taubenschlag. Vor *ihm* sollten die Menschen auf der Erde knien und nicht vor dem ›anderen‹. Nur empfanden dies weder seine Anhänger so noch die meisten Menschen auf dem Planeten. Agatha und Onoria – die selbst viele Jahre unter Menschen gelebt hatten – wussten, dass es irgendwann wieder zum Krieg kommen würde. Noch hielt die Dunkelheit die Himmelswesen unter der Erde in Schach, aber irgendwann würde der Tag kommen …

»Ich habe Hunger und Durst!«, hörte Agatha ihre Freundin im Kopf ächzen. »Und Rückenschmerzen …« Ja, das konnte sie sich vorstellen, wenn Onoria so unbequem in ihrer Wanne hockte. Sie waren immerhin einige Stunden durchgeflogen und hatten ein Drittel ihrer Reise hinter sich gebracht.

Unter ihnen befand sich gerade Fairy's Glen. Feen waren grundsätzlich zickig, wenn man unangekündigt ihr Land betrat, das aus vier Jahreszeiten bestand – unter ihnen war gerade Frühling. Agatha deutete mit der Hand, dass sie die Höhe verringern sollten, um zu landen. Onoria war genauso begeistert wie sie. In ihren langen Leben waren sie oft auf Feen getroffen und selten war eine Begegnung ohne Ärger vonstattengegangen. Sie landeten auf einer offenen Lichtung. Gequält und mit steifen Muskeln stiegen sie von ihren fliegenden Vehikeln und bewegten im strahlenden Sonnenlicht ihre müden Knochen, indes verließen ihre tierischen Begleiter ebenfalls die Fortbewegungsmittel.

Agatha nahm gerade ihre Brille ab, als sie es hörte: das Kratzen! »Ja, da brat mir doch einer eine weiße Taube! Wie kommt dieses vermaledeite Kratzen HIERHER?!« Sie stemmte ihre Fäuste in die Hüften und blickte sich mit schmalen Augen um. Das schrille Geräusch klang erneut wie Fingernägel auf einer Kreidetafel. Agathas linkes Augenlid zuckte und ihr klapperten bei diesem Ohrenmissbrauch die Zähne. Ein pastellgrünes Reh stand neugierig am Waldrand und verrenkte sich beim Gaffen fast den Hals, aber ansonsten war niemand zu sehen.

»Das ist wirklich verblüffend, nicht?«, sang Onoria nebensächlich und holte den Picknickkorb aus der Wanne.

Wahrlich verblüffend. Agatha legte Brille, Schal und Mantel ab und verschwand ›für kleine Hexen‹ zum Waldrand. Sie trat zwischen lilafarbene Büsche, zarte Bäume und bekam bei dem frühlingshaften Ambiente Kopfschmerzen. Sie blieb stehen und blickte nach oben durch die genauso pastellgefärbten Baumkronen. Sie hatte nichts gegen den Frühling, nur etwas gegen die pompöse Selbstverliebtheit der Elfen. In den Jahreszeiten-Höfen der Elfen hatte alles exakt so abzulaufen, wie es die Elfen verlangten. Hellrosafarbener Punkt. Blumiges Aus. Sonnenstrahlhelles Ende.

Agatha sah sich um, aus keinem besonderen Grund, nur einem Gefühl. *Iris?* Die Schlange war normalerweise ein Einzelgänger und benahm sich die meiste Zeit wie eine erhabene und arrogante Katze, die ihre Gesellschaft kaum für würdig erachtete. Umso mehr war Agatha überrascht, dass ebendiese eigentümliche Schlange ihr gefolgt war und nun sogar fragend den Kopf hob. Die Szene war ein wenig unmöglich, fand Agatha. Iris offenbar nicht. Ihr Kinn deutete Agatha, weiterzugehen. *Nur zu, warum gehst du nicht weiter?* Die Feuerhexe stand wie veräppelt da und zog erst nach einigem Zögern weiter. Vielleicht lag es auch an dem Umstand, dass Iris noch ihre Pilotenbrille mit dem weißen Schal trug und damit passend ihre wahrlich exzentrische Divenartigkeit bildhaft darstellte. Irgendwo hörte sie ein Knacken. Schlange und Hexe sahen sich um, aber zu sehen war niemand. Aggy freute sich schon auf den Moment, wenn sie wieder aufbrechen würden. Das Elfenvolk war ihr zu hinterlistig und sie wollte nicht auf die geflügelten Wesen treffen.

Nach der Erledigung ihrer Angelegenheiten nahm sie mit Onoria auf der Wiese einen verfrühten Lunch ein und im Anschluss packten sie wieder ihre Sachen. Die Erdhexe band sich gerade ihre weißen Haare erneut zusammen, als ihr Blick zufällig den Badewannenrand streifte. Tiefe Kratzer waren zu sehen. Erst dachte sie an Kasimir und dessen Krallen, aber erstens passte der Verlauf der Spuren nicht dazu und zweitens saß Kasimir auf der anderen Seite. Mit gerunzelter Stirn fuhr Onoria über die Kratzer und besah sich ihre Fingerkuppen. Orakulös! Sie hatte minimale Keramiksplitter auf ihrer Haut. Woher stammten die Kratzer und vor allem von *wem?* Agatha lenkte sie ab und sobald sie wieder bereit in ihren Flugzeugen saßen, ging es weiter.

Auf Heaven's Sake lebten viele Kreaturen und Fabelwesen gemeinsam. Schattenwesen und helle Schaffungen wie Elfen oder Einhörner entstammten unterschiedlicher Herkunft und doch hatten sie hoch über den Wolken ein Zuhause gefunden, in dem sie zumindest eins gemeinsam hatten: Sie konnten wieder sein, wer sie waren. Frei, selbstbestimmt und zwanglos. Dafür allerdings hatten sie sich im Gegenzug anpassen müssen. Mit viel Zähneknirschen war den meisten das gelungen. Nur den Orakelschwestern nicht. Sie hatten sich auf einer kleinen entlegenen Insel zurückgezogen, die sie kaum verließen und auf der sie äußerst ungern Besuch empfingen. Besonders einladend war das Zuhause der drei Schwestern auch nicht. Luzifer hatte ihnen eine kleine Insel überlassen, die im Grunde nur aus einem Wäldchen und einem Berg bestand. In Letzterem lebten die listigen Weiber.

Iris benahm sich seit der Landung aufmüpfiger als sonst. Onoria und Agatha hatten das Wichtigste aus ihren Vehikeln an sich genommen und ebendiese hinter einem Wacholderstrauch versteckt. Iris schlängelte voraus und wenn sie ihre Stirn runzeln könnte, würde sie es tun. Vor allem Agatha war mit dieser Reaktion überfordert. Es war schon immer so gewesen, dass sie sich um die Schlange kümmerte und Kasimir an Onoria klebte – so wie in diesem Augenblick auf ihrem Arm.

»Ist die Schlange erst sauer, ist die gute Stimmung nicht von Dauer«, trällerte Kasimir in den Köpfen der Hexen. Iris hielt zur Überraschung aller inne und drehte sich mit geöffnetem Maul zu ihnen. Ihre Giftzähne hatten die Hexen noch nie so genau sehen können.

»Ja, nanu! Das hat Iris ja noch nie getan!«, stieß Onoria vollkommen überrascht aus.

Agatha fühlte in der Luft nach eventuellen Bannen oder Zaubern, aber nein, es war alles sauber. Trotzdem blieb sie wachsam.

Der Fußmarsch durch den Wald dauerte nicht lang. Solange man auf dem Trampelpfad blieb, konnte auch eigentlich nichts passieren. Verließ man ihn ... tja, dann hatten Priscilla, Blythe und Edith zwischen den Pflanzen so einige Halluzinogene parat, die dazu animieren konnten, aus Versehen von der Insel zu springen und nie mehr gesehen zu werden. Christopherus hatte schon immer heimlich versucht, herauszubekommen, wie dieser Zauber funktionierte, aber bisher waren ihm die drei Quasselstrippen immer auf die Schliche gekommen. Besonders freundlich waren sie generell zu niemandem, aber Hexen gegenüber am allerwenigsten. Agatha hielt von den schrulligen Damen auch nicht viel. Die Prophezeiungen, die sie aussprachen, waren meistens unwahr und außerdem so auslegbar, dass sie alles Mögliche heißen konnten. ›*Die Sonne wird stets aufgehen, aber bedenke das aufziehende Gewitter, bevor sie untergeht.*‹ Das war so ein Standardspruch. Oder auch: ›*Willst du den Berg überqueren, kitzle ihn am Fuß.*‹ Sie machten sich einfach immer einen Spaß. Erst recht, wenn Wesen in großer Not und Verzweiflung zu ihnen kamen, um sie um Rat anzurufen.

Das Vierergespann ließ den Wald hinter sich, bei dem einem immer erst hinterher bewusst wurde, wie still und einsam es dort drin gewesen war. Sie traten zwischen den letzten Bäumen hindurch, blickten zum kläglichen Berg und atmeten erleichtert durch, obwohl ihnen der Besuch noch bevorstand.

»Dieser Wald ist grauenhaft. Wie viele wohl auf dem Rückweg gestorben sind, wenn sie keine Hilfe von den Zicken bekommen haben?« Bei dem Gedanken daran könnte Agatha ohnmächtig werden. »Dass Luzifer sie überhaupt mit hierhergenommen hat ...«, ergänzte sie verständnislos. Die Schwestern waren vielleicht keine kräftigen Monster, die Heaven's Sake wirklich gefährlich werden könnten, aber sie sprachen mit doppelten Zungen und stifteten mit ihren Worten Unruhe, schürten Intrigen und hatten in den Jahrhunderten vor allem Männer aufgehetzt und unsinnige Kriege führen lassen.

»Er wird seine Gründe haben. Das weißt du, Aggy. Unser Fürst hat immer einen Plan in der Hinterhand.« Ja, nur war er auch meistens der Einzige, der wusste, wie dieser aussah.

»Ach ja? Hat er den gerade auch oder wo steckt er?«, grummelte Agatha. Sie konnte Onorias Leichtsinn selten verstehen. Für sie kam immer alles so, wie es kommen musste. Onoria dachte wie ein gläubiger Christ: dass alles seinen Sinn hatte und eine Fügung sämtliche Geschicke in die richtigen Bahnen lenken würde.

»Luzifer, der Urlaub macht, verdient vielleicht und doch nicht angebracht. Oder trügt der Schein? Nur wo wird unser Retter dann sein?« Kasimir hing huckepack auf Onorias Rücken und schielte gespannt links über ihre Schulter. Sein wuscheliger Schwanz stand angespannt aufrecht. »In Gefahr? Tot? Ausradiert?«

»Kasimir!«, drang es schrill aus Onorias Mund. Vor Schreck war sie stehen geblieben. »Unser Fürst ist selbstverständlich nicht tot! Sag sowas nicht!«

Iris' Kopf ruckte nach hinten und sie schien beinahe die Augen zu verdrehen. Sie war doch wirklich sehr merkwürdig heute. Mit jedem Schritt begann der blassblaue Himmel sich plötzlich zu verdunkeln. Nur ein Illusionszauber.

»Immer diese Theatralik«, grummelte Agatha und vernahm, wie Iris immer angespannter wurde. »Sag mal, haben wir den Fusel für die Weiber eigentlich mitgenommen?«

Wenn man sie mit irgendwas bestechen konnte, war es Whisky. Kein Bourbon, und Gerste wuchs auf den Inseln auch nicht, aber dafür etwas Ähnliches, nämlich Dinkel. Mit ein bisschen Getrickse schmeckte der Whisky dann fast wie der auf der Erde. Agatha und Onoria brauten ihren Alkohol selbst, aber nur in geringen Mengen, die kaum der Rede wert waren. Whisky war hier oben genauso wertvoll wie Gold und das vor allem in solch einer Situation, in der sie sich gerade befanden. Sie betraten den Eingang des Berges und konnten die Schwestern bereits trällern hören.

»Zum Höllenhund noch eins! Edith lallt ja jetzt schon.« Dabei war noch nicht einmal Teezeit.

Onoria gluckste und nieste, als sie ein penetranter, blumiger Duft in der Nase kitzelte.

»Lasst diesen Unsinn, ihr nichtsnutzigen Koboldärs–«, knurrte Agatha.

»Agatha!«, unterbrach Onoria zügig.

Augenrollend ging die Feuerhexe hinter Iris her in die Höhle. Im Inneren war es kühl und feucht. Kleine Kristalle funkelten in den rauen Felswänden. Bunte Lichter flackerten wie Staubkörner in der Luft und spendeten gerade so viel Licht, dass man sich die Füße nicht brach. Der Weg verlief zunehmend tiefer und schlängelte sich durchs Gestein. Iris hatte es offenbar sehr eilig und Agatha musste die Beine in die Hand nehmen, um sie wieder einzuholen.

»Iris! Bleib steh… nein, das geht ja schlecht. Bleib, wo du bist!« Aber die Schlange hörte nicht und kam vor ihnen im ›Salon‹ der Orakel an.

»Oh, wen haben wir denn da? Ein Zugluftstopper! Oder… nee… ich, ach, was weiß ich.« Das war Edith, die hier unten um einiges betrunkener klang.

Aggy kam mit leichter Schnappatmung im Salon an, der im Grunde ein riesiger Wellnesspool war, und verlor die Fassung, als sie Iris in Angriffshaltung vor dem Becken vorfand. Edith schien allein und nur Gott konnte es so gedreht haben, dass diese uralten Schachteln noch immer wie 21-jährige Frauen aussahen – bildschön natürlich. Und nackt. Sie mussten selbstverständlich ständig nackt sein. Edith giggelte vor sich hin und Agatha reagierte geistesabwesend, aber noch schnell genug, als sie Iris einfach auf den Schwanz trat und sie so daran hinderte, Edith anzugreifen.

Onoria schnappte hinter ihr nach Luft und setzte Kasimir auf dem staubigen Boden ab. Ein weiteres Lachen erklang und so hoch, wie es ertönte, gehörte es zweifelsohne zu Priscilla. Mit wallenden Hüften, elfenbeinfarbener Haut und langen schwarzen Locken kam sie aus dem Nichts dazu und blieb dann mit großen Augen stehen. Von einer Sekunde auf die nächste lief sie zornrot im Gesicht an und Agatha langte nicht mehr rechtzeitig nach vorn, um Iris von ihrer Dummheit abzuhalten. Die weiße Schlange schoss nach vorn, prallte an einem Schutzschild ab und stand sogleich machtlos Priscillas Angriffszauber gegenüber, der aus ihrer Hand geschossen kam. Doch der Blitz traf Iris nicht, sondern wurde durch eine unsichtbare Kraft einige Zentimeter vor ihr aufgefangen. Was war hier los? Die Hexen sahen sich irritiert an.

Priscilla blickte auf ihre Hand, dann auf die Besucher, bevor sie in schallendes Gelächter ausbrach. »Hast du nun Dumme gefunden, die dich hierherbringen? Hast du so viele Jahre gebraucht?«, säuselte sie und hielt sich eine Hand aufs Herz. Aggy und Onoria hatten keine Ahnung, was gemeint war und warum Priscilla die Schlange überhaupt kannte.

»Ein Zauber liegt in der Luft und so penetrant wie der Duft liegt die Lösung in dieser Höhle, uns gehört das Siegergegröle!«, flüsterte Kasimir. Ja, das wurde den Hexen nun auch bewusst. Die Orakel mussten mit Iris' Zauber zu tun haben.

»Ein Verschwindezauber, Ria! Tu etwas!«, zischte Agatha eindringlich in Onorias Kopf, während sie nach vorn trat und die Aufmerksamkeit der Schwestern auf sich lenkte.

»Priscilla! Du siehst ja keinen Tag älter aus …«, gurrte die Feuerhexe und fühlte, wie das Feuer durch ihre Adern peitschte.

»Agatha O'malley! Du siehst dafür mindestens 150 Jahre älter aus.« Sie lächelte breit und im nächsten Moment sackten ihre Mundwinkel streng nach unten. »Was wollt ihr?«

Onoria indes beobachtete die Umgebung sehr genau. Ein Gegenzauber funktionierte bei einem Verschwindezauber nur, wenn sie den verzauberten Gegenstand auch exakt traf. Natürlich gab es auch einen anderen Zauber, aber für den hatte sie die Formel nicht mehr im Kopf. Sie richtete ihre Augen auf Iris, irgendwo vor ihr musste doch … Sie streckte langsam ihren Arm aus und rieb fokussiert ihre Fingerspitzen, visierte etwas rechts an Iris vorbei und schnipste mit dem Zeige- und Mittelfinger nach vorn. Der Zauber saß! Nun fiel nicht nur Onoria die Kinnlade nach unten, als sie erkannte, was der Zauber verborgen hatte. Dort stand ein schnaufendes Einhorn. Aber kein gewöhnliches Einhorn! Dieses schwarze Wesen mit dem weißen Horn und den rabenschwarzen Augen gab es nur einmal und es gehörte niemand Geringerem als Luzifer Morgenstern persönlich. Onoria wäre beinahe ehrfürchtig auf die Knie gefallen. Aggy blickte blinzelnd zwischen dem Einhorn und Iris hin und her.

»Oh, dieser verdammte Gaul!«, bellte Edith und wollte rasant aus dem Becken springen, um sich auf das Einhorn zu werfen, aber ebendieses stellte sich bedrohlich auf die Hinterbeine und erstaunte die Hexen mit seiner imposanten Erscheinung.

»Agatha! Nun tu was mit deinem Zauberstab, bevor du uns bringst ins Grab!«, schrie Kasimir in Aggys Kopf und riss sie aus ihrer Starre.

Sie nutzte den Moment der abgelenkten Schwester, zog ihren Zauberstab aus ihrem Ärmel und verpasste den drallen Damen im Wasser einen feuergebräunten Teint, den Blythe im letzten Augenblick umlenkte. Wo kam dieses Miststück her?!

Onoria, derweil ebenfalls mit Zauberstab bewaffnet, wirbelte einen weiteren Zauber, nur traf dieser ein anderes Opfer. Der Schlagabtausch erlag umgehend, als Iris von einem grellen Wirbel eingehüllt wurde und im nächsten Moment zu Boden ging wie ein Sack Dinkel. Agathas wallendes Feuer kochte über, als sie erkannte, welcher Mensch wirklich in ihr gesteckt hatte, und sah im wahrsten Sinne rot. Sie rief ihre Magie zusammen und schlug sie den drei Schwestern mit voller Wucht aus ihren Armen entgegen. Ediths Augen wurden groß und sie hatte nur noch eins im Sinn: Flucht! Mit einem Fingerschnips verschwanden sie und ihre Schwestern. Aggys Feuersalve schlug gegenüber in der Felswand ein und ließ nur wütenden Rauch zurück.

Onoria kniete sich neben den von schwarzen Federflügeln bedeckten Körper und blickte ratlos zu Agatha. »Wie oft der Höllenfürst uns ohne BH gesehen hat … Ich darf gar nicht daran denken.«

Agatha presste die Lippen zusammen und rieb sich die Nasenspitze. Wenn man bedachte, wie oft sie bereits nackt vor ihrem Retter im Regen getanzt hatten …

»Ist er in Ordnung?«, fragte sie laut und hockte sich neben ihre Freundin.

Kasimir kam dazu, ignorierte das Schnaufen des riesigen Einhorns und schnüffelte an Luzifers Kopf herum. »Riecht lebendig.«

Daraufhin bewegte sich der Höllenfürst, ächzend und

schwerlich. Sein Kopf hob sich, rote Iriden funkelten den Hexen entgegen. Obwohl seine langen weißen Haare strähnig und fettig an den Seiten herabfielen, die Haut viel zu blass wirkte und er müder nicht aussehen konnte, mussten die Damen ihr Schmachten herunterwürgen. Luzifer war und blieb als erster Engel auch das Schönste, was der dusslige Alte im weißen Hemd je zustande gebracht hatte. Er setzte zum Sprechen an, aber kein Ton verließ seine Lippen. Für den Moment war das auch nicht wichtig. Zunächst sollten sie ihren Fürsten aus dieser Höhle bekommen und ihn wieder aufpäppeln. Agatha und Onoria nickten sich wissend zu. Erstere blieb mit ihrem Blick am sehr spitzen weißen Einhorn hängen. Ah, also doch keine Fingernägel auf einer Kreidetafel.

»Die Rückkehr des Höllenfürsten ist famos, trotzdem sind wir die Quasselschwestern nicht los! Auf, auf, hopp, hopp, ab nach Hause im Schweins… Einhorngalopp!«

Andrea Henning wurde 1977 in Templin (Brandenburg) geboren und absolvierte nach dem Abitur eine Ausbildung zur Steuerfachangestellten. Heute lebt sie mit ihrem Mann und den beiden Söhnen in der Nähe von Hamburg.

Schon als Kind kam sie an keinem Buch vorbei und verfasste bereits im Grundschulalter erste kurze Texte sowie Gedichte. Der moderne Klassiker *Die Zeitmaschine* von H. G. Wells weckte in der frühen Jugend ihr Interesse für Zeitreisen, das sie nie wieder loslassen sollte. Es lag also auf der Hand, dass sie ihre erste Veröffentlichung diesem Genre widmete. Inspiriert von unzähligen Romanen, Filmen und Serien entstand im Jahr 2022 in wenigen Monaten ihr Debüt, der humorvolle Zeitreiseroman *Morgen wird Heute wie Gestern − Zeitreisen zum Abgewöhnen*, für den eine Fortsetzung fest geplant ist. Weitere Werke (u. a. die *Lumensphere*-Trilogie) sind bereits in der Entstehung bzw. in der Planung.

Instagram: andrea.henning_autorin

Andrea Henning

Der Sinn von allem

»Ein Whisky ohne Eis, bitte«, sagte Martin zum Barkeeper und sah sich in dem Pub um.

Der Reiseführer hatte nicht zu viel versprochen. Der Pub, außerhalb eines Dorfes auf einem Hügel gelegen und über einen schmalen Pfad zu erreichen, war urgemütlich. So hatte Martin es gelesen und so empfand er Ambiente und Atmosphäre auch. Der Raum verbreitete einen familiären, freundlichen Eindruck. Im Hintergrund lief Musik. Ohne den Reiseführer wäre Martin nie auf die Idee gekommen, das Dorf, das er als Zwischenstopp für eine Reise gewählt hatte, am Abend noch einmal zu verlassen.

»Ein Whisky ohne Eis«, brummte der Barkeeper und stellte Martin das Glas hin. Er nahm einen Bierdeckel, machte mit einem Kugelschreiber einen kleinen Strich an den Rand und murmelte: »Bezahlen kannst du später.« Er warf sich das Geschirrtuch über die Schulter und wandte sich dem Zapfhahn zu, um eine Bierbestellung zu erledigen. Der Barkeeper war der Einzige, der der angenehmen Stimmung einen leidlichen Dämpfer verpasste.

Martin probierte den Whisky. Der schmeckte recht gut.

In diesem Augenblick betrat eine junge, zierliche Frau den Pub. Sie ließ den Blick schweifen und ging schließlich recht zielstrebig zum Tresen. Dort setzte sie sich auf den Barhocker neben Martin.

»Hi«, sagte sie zu ihm, lächelte zaghaft und warf ihre Haare zurück.

»Hi«, gab Martin den Gruß zurück und freute sich darüber, dass sie neben ihm saß. Er hatte sie am Nachmittag unten im Dorf gesehen. Ihre rotblonden Haare waren weithin sichtbar gewesen und erschienen ihm außergewöhnlich. Sie weckten sein Interesse an ihr.

»Magst du auch einen Whisky?«, fragte

er, um den Schweigemoment zu durchbrechen. »Der hier ist ganz vernünftig. Ich schätze zwölf Jahre.« Er hielt das Glas hoch und schwenkte es langsam hin und her.

»Fünfzehn Jahre, ein Single Malt. Das Eichenfass kommt gut durch.«

»Oh«, meinte Martin verlegen. Er hatte sich stets für einen Whiskykenner gehalten. »Woher weißt du das?«

»Ich rieche es.«

»Wirklich? Du kannst das riechen?« Er hielt seine Nase über das Glas, nippte zunächst und behielt den Schluck ein paar Sekunden im Mund. Schließlich trank er aus und wiegte den Kopf.

Zwölf Jahre? Fünfzehn Jahre? Ihm gelang es nicht, sich eindeutig festzulegen.

»Quatsch.« Sie lachte, nachdem sie Martin seinen Geschmackstest in Ruhe hatte zu Ende bringen lassen. »Ich weiß aber, was unser Tom«, sie deutete mit dem Daumen in Richtung des Barkeepers, »den Neuankömmlingen gern einschenkt. Ach, und ja, ich nehme auch gern einen. Du hast recht, der ist wirklich gut.«

Martin bestellte bei Tom, dem Barkeeper, zwei Whisky.

»Ich bin übrigens Martin«, sagte er, als er mit der jungen Frau anstieß.

»Luna.«

Während Martin nur einen kleinen Schluck trank und die goldgelbe Kostbarkeit genoss, leerte sie das Glas in einem Zug. Er hob erstaunt die Augenbrauen.

»Nicht schlecht«, meinte er, »da kommt kein Bierkutscher mit.«

Sie kommentierte seine Worte nicht, sondern verzog nur spöttisch den Mund.

»Du bist wohl öfter hier«, stellte Martin fest.

Und wieder erhielt er keine Antwort. Vielleicht erwartete sie die nächste Einladung zum Drink. Aber so einfach wollte Martin es ihr nicht machen.

»Warum steht auf deinem Shirt das Wort *Werwolf*?«, fragte er stattdessen.

Das schwarze, eng anliegende Tanktop war ihm bereits aufgefallen, als Luna den Pub betreten hatte. Das Wort *Werwolf* prangte darauf. Die Buchstaben bestanden aus gezeichneten kleinen weißen Knochen.

»Das ist meine Band«, antwortete Luna.

»Wow, du bist in einer Band? Spielst du ein Instrument?«

»Nein, ich bin die Sängerin. Und ich schreibe unsere Texte.«

»Echt? Das finde ich ja mal total spannend. Was macht ihr für Musik? Kann ich dich irgendwo mal live sehen?«

»Klar kannst du das«, sagte Luna zäh. »Wir spielen hier im Pub jeden zweiten Samstag, eine Mischung aus Irish Folk und Mittelaltermusik. Vielleicht hast du die Werbung am Eingang gesehen.«

»Ach, na klar!« Martin schlug sich mit der flachen Hand an die Stirn. Die blasse Erinnerung an den ebenso blassen Pappaufsteller neben der Eingangstür des Pubs kehrte zurück. Dieser erhielt nun im Nachhinein die Aufmerksamkeit, nach der er gesucht hatte.

»Warum ausgerechnet *Werwolf*?«, fragte Martin, nachdem er noch einen Schluck Whisky genommen hatte.

»Das hat mich ja noch niemand gefragt«, sagte Luna und lachte. »Keine Ahnung, klingt einfach interessant, finde ich.«

»Was? Ihr habt euch nur so genannt, weil es *interessant* klingt? Ganz ohne Hintergedanken?«

»Ja, warum denn nicht? Du hast ja immerhin danach gefragt, weil du es offenbar *interessant* findest. Ziel erreicht, würde ich sagen.«

»Ja, schon, aber *jeder* Bandname hat doch eine Bedeutung oder eine Inspirationsquelle, irgendeinen Ursprung halt«, sagte Martin.

»So?«

»Ja, klar.« Er dachte kurz nach. »Kennst du *The Doors*? Jim Morrison?«

»Äh, ja.« Ihrem Blick nach zu urteilen, wusste sie nicht, worauf seine Frage abzielte.

»Der Name der Band geht auf ein Buch von Aldous Huxley zurück: *The Doors of Perception*. Geblieben ist aber nur der erste

Teil des Titels, weil der Bandname kurz und knackig klingen sollte.«

»Aha«, sagte Luna, schien allerdings nicht sonderlich beeindruckt.

»*The Beatles* kennst du bestimmt auch.«

»Logo, wer nicht.«

»Der Name ist eine Vereinigung aus dem Wort Beetles, also Käfer, und dem Musikgenre Beat. Das Ganze galt als Hommage an *The Crickets*, die Grillen.«

»Grillen, soso«, meinte sie nüchtern und verzog keine Miene.

Martin dagegen war in seinem Element. Seine Augen leuchteten begeistert. Aufgeregt rutschte er auf seinem Barhocker hin und her, so viel es die winzige Sitzfläche eben zuließ.

Musik war toll.

Die Bedeutung von Bandnamen war toll.

Und Luna war *richtig* toll.

Sie lächelte süß und folgte höflich seinen Ausführungen. Ob es sie wirklich interessierte oder ob sie nur nett war, konnte Martin nicht erkennen. Aber solange sie im Gespräch blieben, war für ihn alles in Ordnung.

»*Metallica*, kennt jeder, oder?!« Seine Frage war rhetorischer Natur, denn Luna kam gar nicht dazu, etwas zu sagen. Sofort redete er weiter. »Das war eigentlich einer von zwei Vorschlägen für den Namen eines Musikmagazins. Der Herausgeber war ein Freund des Drummers, äh … Lars, von *Metallica* … also damals ja noch nicht *Metallica*, und der fragte den nach seiner Meinung. Lars empfahl seinem Freund, den anderen Namen für sein Magazin zu verwenden, und stibitzte sich den kantigen, zweiten Namen für seine eigene Band. Clever, hä?«

Luna nickte artig.

»Jaja, schon cool«, antwortete sie seufzend.

Martin glühte. Seine Wangen waren ganz rot.

Lag es am Whisky?

An der Wärme im Pub?

An seiner flammenden Hingabe zur Musik?

Oder ganz einfach an Luna?

»Ich könnte ewig so weitermachen, Luna«, sagte er, fixierte sie mit den Augen und ließ keinen Zweifel daran aufkommen, dass er seine Worte ganz genauso meinte. In seinen Hirnwindungen kramte er bereits nach einem weiteren Beispiel.

»Hm«, erwiderte sie. »Gibt es *keine* einzige Band, die du kennst, die sich einfach nur einen Namen gegeben hat, weil er irgendwie cool klingt? Ich meine, so ganz *ohne* Hintergedanken?«

»Nein, ich glaube nicht«, entgegnete Martin und legte grübelnd den Finger ans Kinn. »Alles hat doch einen Sinn«, sprach er weiter. »Manchmal muss man nur danach suchen. Zum Beispiel... Vielleicht gibt es ja hier in der Gegend einen Mythos zu einem Werwolf. Weißt du, ich finde, das würde sogar gut passen. Der Pfad hier hoch auf den Hügel war echt beeindruckend. Geradezu magisch. Düster. Geheimnisvoll. Rätselhaft ...«

»Jaja, ich hab's verstanden«, sagte Luna und winkte ab, um seine Aufzählung zu unterbrechen.

Aber Martin ließ sich nicht mehr stoppen. »Im Reiseführer stand nur was von diesem abgeschiedenen Dorf mit einem außerhalb gelegenen Pub und außergewöhnlich gutem Whisky. Stell dir nur mal vor, wie der Tourismus angekurbelt werden könnte, wenn es hier die Legende um einen Werwolf gibt. So wie beim Schloss von Dracula oder Nessie oder Rübezahl.«

»Rübezahl?« Luna wirkte nun wieder gelangweilt. Vielleicht war sie der Aufzählungen überdrüssig oder kannte die Mythen und Legenden gar nicht. Martin konnte nicht erkennen, was sie dachte. Kein Wunder, er kannte sie erst seit wenigen Minuten. Entmutigen lassen wollte er sich davon nicht.

»Ja ... Ich meine, wie wäre es denn, wenn der Pub zu jedem Vollmond rappelvoll wäre, weil ihr einen Gig habt? Ein Werwolf zum Vollmond. Hammer! Und vielleicht auch zu Neumond!«

»Wir spielen immer nur freitags oder samstags. Ich denke, das kommt dann selten passend hin mit den Mondphasen.«

»Ja, das ist richtig. Aber euer Bekanntheitsgrad würde sich trotzdem erhöhen. Vielleicht schafft ihr es sogar als Geheimtipp in die Neuauflage des Reiseführers. Ihr könntet auf einen Schlag

Tausende Fans mehr haben. Und wenn sie alle wieder zu Hause sind, kaufen sie eure CD oder streamen eure Lieder.«

»Aha.« Luna starrte auf ihr leeres Glas.

»Vor wie vielen Gästen spielt ihr sonst?« Martin zog seine Augenbraue hoch und lächelte vielsagend.

»Ach, weiß nicht, vielleicht zwanzig, manchmal dreißig …«

»Ha!« Er klatschte laut in die Hände. »Siehst du? Wenn wir unter dem Kessel ein wenig Feuer machen, spielt ihr locker vor …« Er sah sich um. »Hundert passen mindestens hier rein. Wenn wir die Tische umstellen, könnten noch mal fünfzig Leute zusätzlich Platz finden.« Er presste die Lippen aufeinander, zog die Stirn kraus und verplante im Geist bereits den Pub für ein Konzert.

»Arbeitest du etwa in der Werbebranche?«, fragte Luna in seine Gedanken hinein.

»Äh, was? Äh, ja«, antwortete Martin abwesend, während es hinter seiner Stirn brodelte.

»Du glaubst wirklich daran, dass alles seinen Sinn hat, oder?« Luna kniff die Augen zusammen.

»Natürlich! Das liegt in der Natur der Dinge. Warum sollte etwas existieren, wenn es keinen Sinn hat? Das entspricht nicht meiner Logik und auch nicht der Logik der Natur. Setzt sich etwas nicht durch, verschwindet es wieder – sowohl in der Natur als auch auf dem freien Markt.«

»Ich würde dich gern vom Gegenteil überzeugen«, murmelte Luna seufzend. »Ich glaube fest daran, dass es eben auch Dinge oder Namen gibt, die keinen höheren Sinn haben. Darin liegt eine entspannte Leichtigkeit und auch eine gewisse Freiheit, finde ich.«

»Leichtigkeit und Freiheit?« Jetzt war Martin derjenige, der seufzte. Sein Small Talk mit Luna hatte eine philosophische Wendung erhalten. Zu gern wollte er die Diskussion vorantreiben und mit Fakten von Darwin und anderen klugen Köpfen glänzen. Doch Luna schien das Gespräch nicht mit dem gleichen Enthusiasmus zu führen wie er selbst. »Heute ist Vollmond«, sagte er, um ihrer Unterhaltung eine leichtere Nuance zu verleihen. »Ein großer gelber Vollmond. Das würde sich gut als Logo für eure Band machen.« Er grinste und bestellte bei Tom noch zwei Whisky.

»Vollmond, sagst du? Heute?« Luna schien auf einmal hellwach und interessiert.

»Ja, ich hatte sogar den Eindruck, dass er heute noch schöner und strahlender wirkt als sonst.«

»Der Mond strahlt aber nicht, er wirft nur das Licht von der Sonne zu uns weiter.«

»Ich weiß«, meinte Martin. Er hatte es abseits seiner üblichen Rhetorik mit ein wenig Romantik versucht und nun wählte ausgerechnet Luna die Wissenschaft für einen Konter, die Wissenschaft, die sie eben noch auszuhebeln versuchte.

»Zwei Whisky ohne Eis«, brummte Tom dazwischen und kritzelte die nächsten Striche auf den Bierdeckel.

»Skål«, sagte Martin und hob sein Glas. »Auf den Vollmond, der das Licht von der Sonne heute besonders hell zur Erde weiterleitet.«

»Skål«, erwiderte Luna und leerte das Glas erneut in einem Zug.

»Habt ihr schon ein Logo für eure Band?« Martin fühlte sich wie aufgezogen.

»Nö. Wir haben nur diese Knochenschrift«, antwortete Luna und zeigte auf ihr Shirt. »Wir sind Musiker und keine Grafiker.«

»Ich habe eine Idee. Wollen wir kurz rausgehen?«, fragte Martin und war von seinen eigenen, sehr direkten Worten überrascht. Der Whisky hatte wohl seine Zunge gelockert.

»Wieso raus?« Luna war deutlich irritiert.

»Ich zeige dir den überaus prächtigen Mond und erzähle dir, wie ich mir das Logo für eure Band vorstellen könnte. Mir schwirren ein paar fantastische Einfälle durch den Kopf.«

»Hm.« Luna überlegte. »Ich weiß, wie der Mond aussieht. Du kannst es mir auch hier erklären.«

»Ach komm, nur kurz. Oder hast du etwa Angst vor mir?« Martin lachte und nippte an seinem Glas.

»Angst? Ich?« Luna stimmte in sein Lachen ein. »Nein, ganz sicher nicht.«

»Na, dann los!« Er sprang von seinem Barhocker und bot ihr

seine Hand an. Luna zögerte nur kurz und nahm sie dann lächelnd.

Zusammen verließen sie den Pub, kamen an dem Pappaufsteller mit der Werbung für die Band *Werwolf* vorbei und traten in die frische Kühle der Nacht.

»Ach schade, gerade jetzt ist eine Wolke davor«, meinte Martin mürrisch und schaute zum sonst klaren Himmel hinauf. »Aber wenn wir noch ein paar Sekunden warten, dann …«

Er sprach nicht weiter, sondern drehte sich um die eigene Achse, die Augen nach oben gerichtet, als könnte er so die Wolke vertreiben.

»Brr, es ist kalt«, sagte Luna und rieb mit den Händen an ihren Oberarmen.

Martin hatte seine Drehung beendet und schaute Luna in die Augen. Er hatte große Lust, sie zu küssen. In diesem Moment verschwand die Wolke und gab den Mond frei. Das Licht fiel weiß-blau auf die beiden herab.

Lunas Augen färbten sich augenblicklich schwarz. Ihre Zähne wuchsen pfeilschnell aus dem Mund heraus zu riesigen Hauern. Die Füße bohrten sich durch die Schuhe und verwandelten sich – wie auch die Hände – in riesige Pranken mit messerscharfen Klauen. Ihre Kleidung wurde überall von dichten, festen Haarbüscheln durchstoßen, die sich über den ganzen Körper verteilten und das Tanktop sowie die kurze Hose einfach wegsprengten.

Luna überragte Martin nun deutlich und sah mit speicheltropfendem Maul auf ihn herab.

Hat also doch alles einen Sinn, dachte dieser noch – und ward nie mehr gesehen.

Die Liebe zum Schreiben begleitet **Alex C. Weiss** schon seit ihrer Kindheit. Es war Erich Kästner, der sie einst weckte, als er in *Emil und die Detektive* erzählte, wie es ist, Schriftsteller zu sein. Das Herz der Autorin schlägt für Fantasy und Poesie. In beiden Genres hat sie bereits Bücher veröffentlicht. Arenlai ist die Fantasywelt, die sie detailreich erschaffen hat. Die Namen vieler Wesen und Orte basieren auf einer eigens von ihr erdachten Fantasiesprache. Auf Instagram veröffentlicht Alex C. Weiss unter dem Namen Leinwandpoesie regelmäßig neue Poesie erbunden mit selbst kreierten Illustrationen und Kunstwerken. Denselben Namen tragen auch ihre Poesiebände, die gefühlvolle Gedichte aus allen Bereichen des Lebens bieten.

»Fantasy und Poesie, dafür schlägt mein Herz. Damit kann man Träume einfangen und jede Facette des Lebens spiegeln.«

Homepage: https://www.alexweiss.eu

Bisher erschienene Bücher:

Fantasy:
Arenlai Pan (Fantasyroman)
Arenlai Wörterbuch Sirnie

Poesie:
Leinwandpoesie Wutmomente
Leinwandpoesie Tränenmomente
Leinwandpoesie Traummomente
Leinwandpoesie Glücksmomente
Leinwandpoesie 500 Poesiemomente
Leinwandpoesie Herbstmomente
Leinwandpoesie Wintermomente
Leinwandpoesie Weihnachtsmomente

Alex C. Weiss

Das Trüffelschwein

Einst brach ein altes Trüffelschwein
in meinen feuchten Keller ein.
Es grunzte laut und sah mich an,
ich kraulte seine Ohren dann.

Auf einmal hörte ich es sprechen,
von Werwölfen, die Hälse brechen,
von den Gefahren draußen im Feld,
von all den Irrtümern der Welt.

Ich traute meinen Ohren kaum,
dachte, ich wär in einem Traum.
Doch dann erzählte mir das Schwein,
es könne nicht mehr in sein Heim.

Die Werwölfe lebten nun dort,
in seinem einstgen sichren Ort.
Es bangte um die Schwägerin
und auch die kleinen Ferkel drin.

Da nickte ich, weil ich verstand,
dass es sein Herz an die Heimat band.
So packte ich nun alles ein,
was hilfreich könnte uns wohl sein.

In meinen Beutel kam ein Seil,
ein Säbel und ein kleines Beil,
ich packte auch noch Proviant,
da kam das Schweinchen angerannt.

Weichspüler sollte ich noch bringen,
aufgeregt begann es zu springen.
Eine ganze Flasche sollte es sein,
die würde reichen für das Schwein.

Ich runzelte die Stirn besorgt:
»Hoffentlich hab ich den besorgt.«
Doch in der Waschküche fand ich genug
Weichspüler zwischen Seife und Krug.

So zogen wir alsbald von dannen,
hinaus zwischen die dunklen Tannen.
Die Nacht brachte das trübe Heulen,
das auch verscheuchte weise Eulen.

Die Nackenhaare standen schon,
das Heulen wurde laut zum Hohn.
Da sagte doch das Trüffelschwein,
der Weichspüler muss es nun sein.

Es rieb mich kräftig damit ein:
»Das soll zu unsrem Schutze sein!«
Dann tat ich selbiges bei ihm,
wir waren doch ein gutes Team.

Weiter führte mich nun das Schwein
auf dem Weg zu seinem trauten Heim.
Das Heulen wurde immer lauter,
das Schweinchen neben mir vertrauter.

Die Angst saß mir alsbald im Nacken,
da hörte ich es neben mir knacken.
Schon brachen sie aus dem Wald,
mir wurde heiß und doch auch kalt.

Da fingen die Werwölfe an zu niesen,
ich sah Tränen in ihre Augen schießen.
»Was ist das für ein grässlicher Gestank?«,
rief einer. »Das macht mich ganz krank!«

Die andren fingen an zu keuchen
und ließen sich ganz leicht verscheuchen.
»Siehst du!«, sagte das Trüffelschwein.
»So einfach kann das Leben sein.«

Es zeigte mir nun auch sein Zuhaus,
ich zog die Weichspülerflasche raus.
Die andren Schweine grunzten dann,
ich sah sie voller Freude an.

Wir sprühten alles mit Weichspüler ein,
schön duftend sollte es hier sein.
Die Werwölfe würden es sicher hassen
und ihre Füße vom Schweinegrund lassen.

Zur Feier des Tages brachten sie dann
ihren besten Whisky heran.
Wir feierten bis tief in die Nacht,
in trauter »Mensch und Tier«-Eintracht.

Neue Freunde hatte ich nun im Wald,
in ungewohnter runder Gestalt.
Und jedes Mal wenn ich sie besuchte,
brachte ich Weichspüler zu ihrer Buche.

Emra Kami, Jahrgang 1984, lebt mit ihrer Familie im beschaulichen Harzvorland. Die studierte Wirtschaftsjuristin arbeitet seit über zehn Jahren als freiberufliche Texterin und Redakteurin. Wann immer sie kann, schreibt sie an ihren Fantasyromanen. Ihre Debüt-Trilogie *Die Höllberg-Chroniken* über ein Vampir- und Werwolfreservat im Harz soll demnächst den Weg in die Welt finden. *Eine ängstliche Liebe* ist ihre erste Veröffentlichung. Updates zu ihrer Arbeit gibt es unter www.instagram.com/emrakami.

Emra Kami

Eine ängstliche Liebe

Einen Ex-Freund zu treffen ist, als würde man ein Fass voller abgelaufener Feuerwerkskörper öffnen. Beides, die Wirkung des Ex-Freunds auf das Nervensystem und das Verhalten abgelaufener Pyrotechnik im Fass, sind hochentzündliche und unkalkulierbare Prozesse. Und bei beiden ist Chemie im Spiel. Im Falle der Pyrotechnik könnte es unerwartet *BUMM* machen, im Falle des Ex-Freunds produziert die Chemie mit unendlicher Beharrlichkeit Erinnerungen, Gefühle und Worte, die man gern gesagt hätte oder gern sagen würde, wenn man ihn, besagten Ex-Freund, treffen würde. Wie zum Beispiel: *Ich liebe dich noch.*

Fünf Jahre habe ich Guz nicht gesehen. Oder eigentlich sechs, wenn man über die kurze Stalking-Einlage hinwegsieht, bei der ich ihn heimlich beim Einkaufen beobachtet habe. Er hatte drei Bananen und ein Vollkorntoast im Einkaufskorb und ich habe mich hinter einem Pappaufsteller mit Haarfärbemitteln versteckt. Damals war unsere Trennung noch frisch und ich komplett durch den Wind, weil ich Guz noch liebte und mich selbst hasste. Zu Recht, wohlgemerkt, weil Guz perfekt war und ich eine Idiotin.

Eine Idiotin, die wenige Wochen zuvor die Liebe ihres Lebens abserviert hatte. *Ich kann das nicht mehr*, waren meine letzten dramatischen Worte an Guz gewesen, bevor ich meine Sachen gepackt und das Weite gesucht habe. Was ein Witz ist (über den ich bis heute nicht lache), weil eigentlich *er* derjenige hätte sein müssen, der *mich* verlässt. Aber so ist Guz nicht. Guz hätte mich nie verlassen. Guz wollte mit mir zusammenziehen, meine Füße unter der

Decke wärmen, gemeinsame Spaghetti-Vorräte anlegen und mir den besten Cappuccino der Welt servieren. Und jetzt hatte er einem Treffen zugestimmt. Obwohl ich ihm das Herz gebrochen hatte.

»Ja?« Ich hielt mir das Handy ans Ohr, das gerade in meiner Tasche geklingelt hatte. Der eisige Wind biss in meine Finger.

»Bist du schon da?«, fragte Paulina. Ihre Stimme schallte laut aus dem Handy und ihr Tonfall war noch genauso aufgeregt wie vor fünfzehn Minuten, als sie mir im Flur unseres Apartments »viel Glück« gewünscht hatte. Ein Wunsch, der am Ziel vorbeischrammte, weil ich für mein Vorhaben kein Glück, sondern vor allem Mut brauchte. Mut und Guz' Vergebung.

»Nein, noch nicht.« Ich schob das Handy unter meine Mütze, damit mir das Ohr nicht abfror.

»Du bist vor zwanzig Minuten losgegangen – warum bist du noch nicht da?«

Ich seufzte. Paulina und ihr Kontrollwahn. Um meine vermeintliche Trödelei zu erklären, sagte ich: »Hier draußen herrscht Endzeitstimmung«, was stimmte, denn auch in diesem Moment klatschten Schneeflocken gegen meine Brille und eine Windböe trieb eine Ladung Schnee vom Dach eines parkenden Autos in meine Richtung. Ich schaffte es gerade so, ihr auszuweichen.

»Das ist natürlich ungünstig«, bemerkte Paulina. »Besonders für deine Haare.«

»Rufst du deshalb an?«, fragte ich. »Um mir zu sagen, wie schrecklich meine Frisur ohne Mütze aussehen wird?«

»Nein, obwohl, *auch*, aber vor allem wollte ich fragen, ob du jetzt endlich weißt, was du zu Guz sagst.«

»Nein, weiß ich nicht«, antwortete ich gereizt, weil ich meine Finger nicht mehr spürte und weil mich Paulinas Fragen nervös machten. *Warum willst du dich mit Guz treffen? Willst du wieder mit ihm zusammenkommen? Liebst du ihn noch?* Es ging hier um Guz und mich, verdammt. Das mit uns war … *kompliziert.* Auf so vielen Ebenen, dass ich schon vor langer Zeit den Überblick verloren hatte.

»Als Erstes solltest du ihn fragen, ob er eine Freundin hat«, sagte Paulina.

»Mache ich«, sagte ich, dachte aber: *Mache ich auf keinen Fall*, weil ich mir sicher war, dass ich fünfzig Prozent der möglichen Antworten auf diese Frage nicht ertragen würde.

»Um dich vor Enttäuschungen zu schützen.«

»Schon klar.«

»Und dann solltest du ihn fragen, ob seine Familie immer noch Menschen hasst.«

»Auf keinen Fall«, entgegnete ich wie aus der Pistole geschossen, während ich mit gebeugtem Rücken gegen eine Schneeböe anlief.

»Warum nicht?«

»Weil ich die Antwort auf diese Frage schon kenne.« Ich kannte sie tatsächlich. Einige Mitglieder von Guz' Familie, darunter auch seine Mutter, gehörten der obersten Riege des Hoorista-Rudels an. Diese Werwölfe pflegten ihren Hass auf Menschen wie ich meinen Kaffee-Vollautomaten: mit unermüdlicher Hingabe und maximaler Detailverliebtheit.

Paulina seufzte. »Auch Werwölfe können sich ändern, Lizzy.«

»Sie haben alles an mir gehasst, Pauli, sogar meine Klamotten.«

»Deine Klamotten sind ja auch etwas …« Paulina überlegte. »… speziell.«

»Was ist daran speziell, wenn man weite Pullover mag?«, fragte ich angefasst.

»Du hast Kleidergröße 38, Lizzy, und deine Pullover würden einem Elefanten passen.«

»Keinem ausgewachsenen!«

Paulina lachte. In der Ferne erblickte ich im Schneegestöber die blinkenden Lichter des *Scroochs*. In dieser Bar hatten Guz und ich uns kennengelernt. Zwei Studenten, die von nichts einen Plan hatten, außer davon, wo es den besten Whisky der Stadt gab. Nach zwei Gläsern Glenfiddich hatte mich Guz im Hinterhof geküsst. Drei Wochen später gab er mir einen Schlüssel für seine Wohnung. Innerhalb weniger Monate liebte ich alles an ihm. Die Art, wie er Zwiebeln schnitt, wie er aussah, wenn er aus der Dusche kam, die Bücher, die er las, seine Unfähigkeit, Komplimente anzunehmen, seine Launenhaftigkeit, die Form seiner Fingernägel, wie er meinen nackten Körper ansah, den Geruch seines Weichspülers, wie er nach Vollmondnächten verschmutzt und übermüdet heimkehrte, seine knorpeligen Ohrmuscheln – einfach alles. Und dann: wurde ich schwierig. Weil er perfekt war. Von Natur aus einzigartig, faszinierend, anziehend. Und ich war bloß ein stinknormaler Mensch. Öde, durchschnittlich, flachbrüstig – und viel zu verliebt.

»Ich muss Schluss machen«, sagte ich und legte auf, bevor Paulina sich verabschieden konnte. Die letzten Schritte wollte ich mit meiner Aufregung allein sein. Ungesagte Worte sortieren. Mich sammeln. Mir einreden, dass dieser Abend nicht in einer Katastrophe enden würde. Dass ich es schaffen würde, ich zu sein. Einfach nur ich. Keine Lügen, keine Mauern, kein plötzlicher Rückzug.

Die Lichter des *Scroochs* kamen näher. Obwohl niemand, der noch halb bei Sinnen war, an diesem Abend in ein Auto stieg, hielt ich nach Guz' Toyota Ausschau. Eine alte Gewohnheit, die sich zu einer Obsession hochgeschaukelt hatte. Überall suchte ich nach seinem Auto. Auf Messeparkplätzen am anderen Ende des Landes, in den Tiefgaragen von Hotels, selbst in Gebieten, die nur für Menschen zugänglich waren. Eine Schneeböe drängte mich vom Gehsteig auf die Straße, fast wäre ich über meine eigenen Füße gestolpert. Ob das ein Omen war? Weltuntergangswetter als Hintergrundsetting für meinen persönlichen Weltuntergang? Vielleicht hatte Guz tatsächlich eine Freundin. Das wäre … nein, daran wollte ich nicht denken. Es war egal, was Guz hatte oder nicht hatte. *Ich* hatte den Mut gehabt, ihn anzurufen und um ein Treffen zu bitten. Und dieses Treffen würde stattfinden. In wenigen Minuten. Hinter dieser Tür, bei deren Anblick mir der Magen krampfte. Kein unangenehmes Krampfen. Eher so, als hätte mir jemand heiße Steine in den Bauch gelegt, die langsam nach unten rutschten. Ein letztes Mal durchatmen, dann drückte ich die Klinke. Die Hitze der Bar schlug mir ins Gesicht. Die Ohrfeige einer lang verdrängten Erinnerung. Zwei Jahre lang hatte ich es geschafft, Guz, diese Bar und alles andere aus meinem Gedächtnis zu löschen. Dafür hatte ich einen hohen Preis gezahlt. Am Ende hatte ich gar nichts mehr gefühlt. Nicht mal mehr mein eigenes Unglück.

Heizungsluft kitzelte mein Gesicht. Auf den ersten Blick hatte sich nichts verändert. Die Bar sah aus, wie ich sie aus meiner Zeit mit Guz in Erinnerung hatte. Nikotingelbe Wände mit Metallschildern, die einem sagten, was Glück war und wo es sich versteckte, eine klebrig-glänzende Theke, angeleuchtete Whiskyflaschen hinter Glas, zwei lärmende Flipperautomaten, runde Tische mit karierten Plastiktischdecken, die zur Hälfte besetzt waren. Von Menschen und Werwölfen, soweit ich das beurteilen konnte. Das *Scroochs* war eine der wenigen Bars der Stadt, in denen alle Arten willkommen waren, und die einzige Bar, in der Guz und ich uns als Mischpärchen wohlgefühlt hatten.

Plötzlich rief jemand meinen Namen. Natürlich erkannte ich die Stimme sofort. Als ich mich umdrehte, sah ich Jeffrey mit einem Tablett in der Hand neben der Bar stehen. Die Tür hinter ihm schwang hin und her. Offenbar war er gerade aus der Küche gekommen.

»Das ist ja eine Ewigkeit her.« Jeffrey kam näher und drückte mich mit der freien Hand an seine Sandwich-Knoblauchbrot-Wampe. »Wie lange ist das her? Acht, neun Jahre?«

Ich mopste mir eins von den Sandwiches auf Jeffreys Tablett und erwiderte kauend »sechs«, während ich mit einem Auge die Eingangstür im Blick behielt.

»Kommt mir länger vor«, sagte Jeffrey, bevor er »Noch ein Tuna-Avocado-Sandwich!« in Richtung Küche brüllte.

»Mir auch«, sagte ich und gönnte mir einen zweiten Bissen. Jeffreys Sandwiches waren einfach köstlich. Die besten in ganz St. Lavine.

»Dachte, wir sehen dich nie wieder.« Jeffrey sah plötzlich traurig aus. Fast so, als hätte er mich tatsächlich vermisst.

Die Erwähnung meiner langen Abwesenheit versetzte mir einen frischen Stich ins Herz. Um meinen Schmerz zu verstecken, sah ich erneut zur Tür und fragte: »Hast du zufällig Guz gesehen?«

»Den guten alten Guzi?« Jeffrey rieb sich den Bauch. »Sag bloß, du triffst dich hier mit ihm?!«

»Tue ich.« Ich klang lässig, obwohl jede Zelle meines Körpers vor Anspannung vibrierte.

»Hab ihn heute noch nicht gesehen. Aber seh ihn sowieso nur noch selten. Ist ständig mit seinem Paddelboot unterwegs. Fährt den Gungis rauf und runter. Letztens hat sich sein Boot gedreht, mit Karacho gegen die Ufersteine, da war er abends hier. Billy und die anderen haben sich über ihn lustig gemacht, weil er sich lieber den Kopf an Steinen aufschlägt, als mit ihnen Whisky zu trinken. Du kennst ja die Idioten. Aber das darf ich nicht laut sagen. Ohne die Idioten sähe ich echt alt aus. Hab immer noch eine fette Hypothek auf den Schuppen hier laufen.«

»Geht es Guz' Kopf gut?«, fragte ich besorgt.

»Denke schon. Der Junge ist zäh. Wie seine Mutter.« Jeffrey hielt mir das Tablett entgegen. »Noch eins?«

Ich schüttelte den Kopf. »Vielleicht später.«

Jeffrey ließ das Tablett sinken und mein Blick wanderte rastlos durch den Raum, blieb schließlich an der Uhr hinter der Bar hängen. Zehn nach acht. Eigentlich verspätete sich Guz nie. Eher schlitterte er in seinem Toyota mit 180 Pferdestärken über vereiste Straßen, als jemanden warten zu lassen. Vielleicht war ihm etwas passiert. Eilig suchte ich nach unserem Chatverlauf und drückte auf »Anrufen«. Es klingelte mehrere Sekunden, doch Guz nahm nicht ab.

»Machst du noch diese Uhren?«, fragte Jeffrey, während ich Guz eine unverfängliche Nachricht schrieb: *Im Schnee stecken geblieben? :-)* »Diese 3D-Uhren mit den lustigen Figuren?«

»Ja, mache ich noch«, antwortete ich, während meine Gedanken unwiederbringlich abdrifteten. Guz würde mich nicht versetzen. Auf keinen Fall. Sowas machte Guz nicht. Oder doch?

»Warte immer noch auf mein Exemplar mit den drehenden Whiskyflaschen, das du mir versprochen hast«, sagte Jeffrey.

»Es fehlen noch ein paar Details«, erwiderte ich, obwohl das eine Lüge war. Jeffreys Uhr war längst fertig und es war der schönste Plexiglas-Kubus, den ich jemals gemacht hatte. Mit Mini-Whiskyflaschen aus Testflakons, einem fliegenden Sandwich als Sekundenzeiger und LED-beleuchteten Knoblauchbrot-Nachbildungen als Stunden- und Minutenzeiger, die sich um eine Theke aus Eisstäbchen drehten. Seit vier Jahren stand Jeffreys Uhr in meinem Wohnzimmer und wartete darauf, dass ich es fertigbrachte, sie abzugeben, doch ich konnte es nicht. Die Uhr war wie ein Fenster zu meinem alten Leben. Meinem Leben mit Guz. Ganze Sonntage verbrachte ich damit, dem Sandwich beim Fliegen zuzusehen.

»Was sagst du zu den Verhaftungen?«, fragte Jeffrey. »Ein ganzes Rudel Werwölfe weggesperrt wegen ein paar toten Kühen.«

»Es waren 124 tote Kühe«, sagte ich. »Das sind nicht bloß ein paar.«

Jeffrey gab einen verächtlichen Laut von sich. »Dann eben 124. Aber niemand weiß, ob es wirklich Werwölfe waren.«

»Aber es ist die einfachste Erklärung und Menschen mögen einfache Erklärungen.«

Jeffrey nickte. »Stimmt.«

»Tut mir leid«, entschuldigte ich mich für meine Spezies. »Wir wissen es nicht besser.«

Jeffrey winkte ab. »Schon gut. Wir sind es doch nicht anders gewöhnt.«

»Schlimm genug«, sagte ich und fühlte mich schlecht. Seit Jahrhunderten hielten wir die Werwölfe klein, um uns selbst größer zu fühlen. Irgendwann würden wir für diese Arroganz die Quittung bekommen.

»Willst du was trinken?«, fragte Jeffrey. »Geht aufs Haus.«

Zum hundertsten Mal sah ich zur Tür, doch sie öffnete sich nicht, und ganz unvermittelt, wie durch eine innere Eingebung, wurde meine Ahnung zur Gewissheit. Guz würde nicht kommen. Er würde nicht kommen, weil ihm etwas passiert war. Oder weil ihm klar geworden war, dass ein Mensch wie ich keine zweite Chance verdient hatte.

Bitte lass ihm nichts passiert sein, dachte ich, denn damit, dass

Guz mich möglicherweise versetzte, würde ich klarkommen, irgendwann. Damit, dass er nicht mehr auf dieser Erde weilte, weil er bei Glatteis mit seinem Toyota gegen einen Baum geknallt war, niemals.

»Ich muss Guz suchen«, hörte ich mich sagen, im nächsten Moment eilte ich zur Tür und hinaus in den Schnee. Guz' Apartment befand sich fünf Blocks von der Bar entfernt, das war schaffbar, auch unter Weltuntergangsbedingungen. Wenn der Toyota vor Guz' Haustür stand – prima. Dann würde ich umdrehen und erst losheulen, wenn ich den Stacheldrahtzaun hinter mir gelassen hatte. Sollte der Toyota nicht da sein, würde ich die Polizei alarmieren. So oder so war der Abend ein Desaster und meine Hoffnung auf einen guten Ausgang geplatzt, doch das war egal, solange es Guz gut ging.

Wie von Sinnen stapfte ich los. Die Böen peitschten eisige Luft und Massen von Schnee in mein Gesicht, doch das spürte ich kaum. Mein das Weltuntergangswetter wahrnehmendes Ich war im Tunnel. Alles, was ich wollte, war ein freier Blick auf Guz' Toyota. Die Häuserblocks flogen wie überdimensionale Straßenpfosten an mir vorbei. Um mich herum nichts als gespenstische Stille, leere Straßen, blinkende Ampeln, Schneeberge. Schneller als erwartet kam mein Ziel in Sicht. Zwischen dunstigen Schneewogen zeichnete sich der Zaun ab. Jener Zaun, mit dem die Menschen den Werwölfen zeigten, wo sie hingehörten. Heftig außer Atem erreichte ich das Nordtor. Es stand offen, wie immer bei abnehmendem Mond, und über die Dächer der niedrigeren Blockhäuser hinweg erkannte ich bereits das Hochhaus, in dem Guz wohnte. Noch drei Straßenecken, dann stand ich vor seinem Toyota. Guz' Toyota. Guz war zu Hause. Oder zumindest nicht tot. Erleichterung oder Enttäuschung – ich wusste nicht, welches Gefühl schwerer wog. Mit zitternden Knien bewegte ich mich um die Hausecke und sah hinauf. In seinem Fenster brannte Licht. Mein altes Ich wollte wegrennen, doch mein neues Ich verlangte nach einer Konfrontation. Wenn ich in den letzten Jahren etwas gelernt hatte, dann, dass mich Angst und Selbstmitleid nicht weiterbrachten. Ich war eine erwachsene Frau. Und ich liebte

Guz. Wenn ich jetzt flüchtete, würde ich mir das nie verzeihen.

Ohne einen weiteren Gedanken drückte ich die Klingel. Zweimal kurz und einmal lang. Unser Erkennungszeichen. Es dauerte fünf lange Sekunden, bis er öffnete. Während ich die Stufen zum fünften Stock hochstapfte, dachte ich an nichts, außer daran, dass ich Guz wiedersehen würde.

Ab Stockwerk vier wurden meine Beine schwer, doch das hielt mich nicht davon ab, mein Tempo beizubehalten. Vor sechs Jahren hatte ich mich wie eine Diebin aus seinem Leben geschlichen, doch jetzt wollte ich zurück. Jetzt *konnte* ich zurück. Endlich: die letzten Stufen. Mit klopfendem Herzen hob ich den Blick. Guz stand in der geöffneten Tür, sah mich an. Ein Lächeln lag auf seinen Lippen, unsicher, ängstlich, auf jeden Fall anders, als ich es in Erinnerung hatte. Auch meine Unsicherheit war riesig, trotzdem grinste ich. Obwohl alles anders lief als geplant und Guz unser Treffen boykottiert hatte, freute ich mich wahnsinnig, ihn zu sehen. Am liebsten hätte ich ihn umarmt, aber es fühlte sich richtiger an, es nicht zu tun.

»Hey«, sagte ich.

»Hey«, sagte er. Seine Stimme klang rauer als früher. Und seine Haare waren länger. Er trug eine Jogginghose. Seine Körpersprache hielt mich auf Distanz.

»Du bist nicht gekommen.« Ich lehnte mich pseudolässig gegen das Treppengeländer. »Ins *Scroochs*.«

Guz kratzte sich am Hinterkopf. »Ich weiß.«

Einen Augenblick lang schwiegen wir, dann nahm ich allen Mut zusammen und fragte: »Warum nicht?«

Guz überlegte, wirkte unentschlossen. Es fühlte sich an, als ständen wir an einem Scheideweg. Als hinge unsere Zukunft von Guz' Antwort ab. Die Sekunden zogen sich in die Länge, dann endlich öffneten sich seine Lippen. »Willst du reinkommen?«

Ich nickte schüchtern, ließ das Geländer los und überwand die Distanz, die mir eben noch unüberwindbar erschienen war. Guz nahm mir die Jacke und die Mütze ab und hängte sie an einen Haken neben der Tür. Seine Wohnung roch wie früher. Nach Zwiebeln in der Pfanne, Großeltern-Möbeln und Guz. Ein Anflug von Geborgenheit legte sich auf mein nervöses Herz, gleichzeitig überkam mich tiefe Traurigkeit. Es war, als wäre ich nie weg gewesen – und als wäre ich ewig weg gewesen. Sechs Jahre hatte ich gebraucht, um meine Ängste abzulegen. Sechs lange Jahre, in denen ich mich nirgends zu Hause gefühlt hatte.

Sobald ich meine Schuhe ausgezogen hatte, führte Guz mich ins Wohnzimmer. Er hatte das Sofa ausgetauscht. Es war jetzt braun statt grau und passte besser zu dem Perserteppich seiner Großeltern. Wir setzten uns hin. Ich auf das Sofa, Guz auf den Sessel gegenüber.

»Ich liebe dich noch«, sagte Guz, bevor ich das erste Mal Luft holen konnte.

Ich sah ihn an, mein Herz klopfte. In einem Liebesfilm wäre ich ihm um den Hals gefallen, doch dies hier war kein Liebesfilm, sondern Guz' und meine Realität und in dieser Realität hatte ich immer gewusst, dass er mich noch liebte. Weil es unmöglich war, dass eine so tiefe Liebe, wie ich sie für ihn empfand, ohne Resonanz blieb. Das Universum wollte große Liebesgeschichten und mit Guz und mir bekam es eine.

»Ich liebe dich auch«, erwiderte ich daher ruhig und konzentriert.

Guz nickte. Die Anspannung in seinem Blick löste sich etwas, aber nicht vollständig. Ich spürte, dass wir an einem weiteren Wendepunkt standen, wusste aber nicht, wohin uns dieser Wendepunkt führte. Guz hatte unser Treffen sausen lassen. Er liebte mich noch, aber er hatte mich nicht treffen wollen.

Sein Blick in meine Augen wurde fester. »Deshalb bin ich nicht gekommen.«

»Du bist nicht ins *Scroochs* gekommen, weil du mich noch liebst?«, fragte ich ruhig, aber mit wachsender Nervosität. Unvermittelt erinnerte ich mich daran, wie schrecklich es sich anfühlte, verletzlich zu sein. Wie schrecklich und wie wunderbar. Mit Guz wollte ich verletzlich sein. Ich wollte mein Herz in seine Hände legen. Sechs Jahre hatte ich für diese einfache Erkenntnis benötigt.

»Komm her«, sagte er.

Ich ging zu ihm, setzte mich auf seinen Schoß, legte meinen Arm um seinen Hals und vergrub meine Nase in seinen Haaren, um seinen Geruch in mich aufzunehmen. Guz streichelte meinen Rücken, schmiegte seine Wange an meine Brust, schloss die Augen und atmete. Alles fühlte sich richtig an. Endlich fühlte ich mich stark genug für seine Liebe. Endlich konnte ich annehmen, was er mir zu geben hatte. Tränen traten mir in die Augen. Tränen der Freude und des Schmerzes. Guz und ich waren wieder vereint – und hatten so viel Zeit verloren.

»Es tut mir leid«, flüsterte ich in seine Haare.

»Nein«, sagte Guz mit belegter Stimme. »Das muss es nicht.«

Ich schmiegte mich enger an ihn, legte meine Hand an seine Wange. »Ich hatte so viel Angst.«

»Ich weiß.« Guz' Nase fuhr sanft an meiner Wange entlang.

»Dass du mich verlässt«, flüsterte ich. »Ich hatte so viel Angst, dass du mich verlässt.«

Guz küsste meinen Mundwinkel. Seine Augen waren geschlossen, sein Atem ging ruhig und gleichmäßig. »Ich hätte dich nie verlassen, Lizzy.«

Ich erwiderte seinen Kuss. Pries Gott für diese Lippen. Genoss jede Sekunde. Schließlich machte ich mich los, weil ich etwas sagen wollte. »Ich weiß. Heute weiß ich das. Aber damals war ich so …«, ich suchte das richtige Wort, »… unsicher. Mit allem.«

Guz sah mich an, sein Blick undeutbar. »Lizzy …«

»Weil du ein Werwolf bist, Sohn einer jahrtausendealten Werwolfdynastie, und ich bloß ein Mädchen, das das College geschmissen hat, um Uhren zu basteln.«

»Deine Uhren sind unglaublich.«

Ich lächelte. »Nur manche.«

Guz lächelte auch. Ganz kurz. Dann fielen seine Mundwinkel nach unten. So tief nach unten, dass ich das Atmen vergaß.

»Lizzy …«

Aus lauter Unsicherheit lächelte ich weiter. Er nahm mein Gesicht in beide Hände, sah mir tiefer in die Augen als je zuvor. Sein linkes Lid zuckte.

»Was ist?«, fragte ich, während mein Lächeln erstarb. Auf einmal spürte ich eine dritte Präsenz im Raum. Einen Schatten. An der Decke, über unseren Köpfen. Er war die ganze Zeit über da gewesen, von dem Moment an, als ich Guz in der Tür hatte stehen sehen, doch ich hatte ihn ignoriert. Weil ich so glücklich gewesen war, Guz wiederzusehen. Doch Guz hatte nicht gewollt, dass ich ihn wiedersah, denn er war nicht zum Treffen erschienen. Bevor ich auf seinen Schoß geklettert war, hatte ich ihn gefragt, warum nicht, und er hatte nicht geantwortet. Das war der Schatten. Guz' Antwort war der Schatten.

»Warum bist du nicht gekommen?«, fragte ich zum zweiten Mal, diesmal mit Tränen in den Augen, weil mir die bedrohlichen Ausmaße des Schattens mit jeder Sekunde, in der Guz seine Antwort hinauszögerte, bewusster wurden.

»Wir greifen euch an«, sagte Guz, ohne unseren Blickkontakt zu unterbrechen.

»Was?«, fragte ich, obwohl ich ihn verstanden hatte. Ich hatte seine Worte verstanden, aber ihre Bedeutung nicht. Mein Verstand blockierte.

»Wir versammeln uns zum Angriff. Heute Nacht.« Guz sah zerstört aus. Als hätte ihn der Schatten aus dem Hinterhalt angegriffen und niedergestreckt. »Ich konnte dir nicht absagen. Ich konnte dich nicht anlügen. Es ist … FUCK, das ist alles so beschissen.«

»Wer ist *wir*?«, fragte ich mechanisch. »Wer macht da mit?«

»Die Rudelführer und die Beta-Rüden«, antwortete Guz. »Es ist alles von langer Hand geplant. Wir verwandeln uns im Koy Park und fallen in das Stadtzentrum ein.«

Panik ergriff mich, kroch in meine Brust, zerquetschte mein Herz. Guz und sein Rudel würden uns angreifen. Heute Nacht. Das war … *unvorstellbar*.

»Aber es ist kein Vollmond!«, stieß ich hervor.

»Den brauchen wir heute nicht.«

»Aber …« Ich sprang von seinem Schoß auf. »Wie?«

Guz stand ebenfalls auf, lief durch den Raum und fragte ungehalten: »Ist das wichtig?«

»Ja … nein … *keine Ahnung*.« Ich schüttelte mich vor Verwirrung.

Guz fiel gegen die Fensterbank in seinem Rücken, raufte sich die Haare. »Du hättest nicht kommen sollen.«

»Aber wieso, ich meine ... WARUM?«, fragte ich schrill.

»Wie *warum*?«, fragte Guz – ebenso schrill. »Weil ich dich liebe und weil du ein Mensch bist und weil das alles WAHNSINN ist.«

»Nein, also ja, scheiße, das ist totaler Wahnsinn, aber warum, scheiße ...« *Scheiße*, ich war so aufgelöst, dass mein Gehirn keinen vernünftigen Satz in meinen Mund pumpte.

»Warum wir euch angreifen?«, half Guz aus.

»Ja«, sagte ich und dann deutlich hochtoniger: »Warum macht ihr das?«, obwohl ich die Antwort auf diese Frage eigentlich kannte. Die Werwölfe hatten genug. Genug Unterdrückung, genug Ausgrenzung, genug von einer Existenz zweiter Klasse. Trotzdem: Ein Angriff bedeutete Krieg. Einen Krieg, der unsere Stadt in ein Schlachtfeld verwandeln würde. Es würde Tote geben. Auf beiden Seiten. Und Guz und ich, wir würden ... Ich schluckte einen frischen Schwall Tränen hinunter ... *Wir würden auf verschiedenen Seiten kämpfen.*

»Weil das aufhören muss, Lizzy«, erwiderte Guz dumpf.

»Ja«, sagte ich. »Ja, das muss es. Aber Krieg ist keine Lösung. Krieg ist nie eine Lösung!«

»Das sieht meine Mutter anders.«

»Aber deine Mutter ist ... ich meine ... deine Mutter glaubt auch, dass die Simpsons die Zukunft vorhersagen. Und dass es geheime Tunnelsysteme gibt, in denen die Menschen Vampirhybride züchten.«

»Ich weiß, verdammt.« Guz verzog angewidert das Gesicht. »Meine Mutter ist verbittert und verzweifelt, aber sie ist eine Kämpferin, die bereit ist, alles zu riskieren, damit die Zäune fallen. Und sie hat das Rudel hinter sich gebracht – ohne Ausnahmen.«

»Auch dich?«, fragte ich tonlos.

»Ich bin ihr Sohn.«

»Aber das heißt nicht, dass du ihr folgen musst. Du kannst für dich selbst denken.«

Guz fuhr sich mit den Händen über das Gesicht. »Bei Vollmond brauchen wir die Energie des Waldes, Lizzy. Weil wir ohne diese Energie kaputt gehen. Nicht sofort, aber schleichend.

Wir verlieren die Fähigkeit, uns zu verwandeln, und damit uns selbst. Wir müssen raus. Wir müssen frei sein.« In seinen Augen lagen Trauer und Zorn. Und Liebe. Und Verzweiflung. So viele Emotionen – und ich konnte jede davon nachvollziehen.

Werwölfe waren nicht wie Menschen. Sie trugen Energien in sich, die uns fremd waren und Unglaubliches vollbrachten. Wir Menschen waren neidisch auf diese Energien. Niemand sprach diese Tatsache aus, aber so war es. Wir waren neidisch und besessen von unserer eigenen Angst. Deshalb sperrten wir die Werwölfe ein. Deshalb waren wir solche Arschlöcher.

»Wir müssen frei sein, Lizzy«, sagte Guz noch einmal, als wäre mir diese Tatsache nicht bewusst. Als wüsste ich nicht, dass er genauso frei sein sollte wie ich. Als würde ich zwischen ihm und mir irgendeinen Unterschied machen.

»Aber du hast gesagt, dass ihr euch jetzt auch ohne Vollmond verwandeln könnt«, bemerkte ich schwach.

»Durch gebündelte Energien«, erwiderte Guz. »Aber das geht nur alle zehn Jahre. In den Jahren dazwischen verlieren wir unsere Lebenskraft.«

Ich schloss die Augen, konnte nicht fassen, was hier passierte.

»Sag was«, flehte Guz.

»Das …«, fing ich an, doch dann wusste ich nicht weiter. Was wollte Guz von mir hören? Er, der Mann, den ich über alles liebte, zog in den Krieg. Im Namen seiner Mutter. Für ein Ziel, das ich verstand und uneingeschränkt unterstützte. Und trotzdem war es falsch. Weil Krieg immer falsch war. Weil er Leben nahm und Leid schaffte. »Kämpft für diese Freiheit, macht alles, was ihr für nötig haltet«, sagte ich schließlich. »Aber nicht mit Krallen und Reißzähnen. Nicht, indem ihr Unschuldige tötet.«

Guz drückte sich vom Fenstersims ab und stromerte durch den Raum. Alles an ihm wirkte plötzlich gehetzt, als hätte er nur noch wenig Zeit. »Wir haben bereits alles versucht, Lizzy, das weißt du.«

»Aber da muss es doch noch was geben. Irgendetwas, das ihr noch nicht ausprobiert habt. Erpressung, Manipulation,

Täuschung, Entführung des Bürgermeisters – irgendwas!«

Guz schüttelte den Kopf und erwiderte: »Wir überfallen die City Hall und stürzen die Regierung«, als würde er sich für diesen Plan meine Absolution abholen wollen, doch statt einer Absolution hatte ich bloß Verzweiflung für ihn.

»Sie werden auf euch schießen«, schrie ich.

Guz kam näher, legte seine Arme um mich. Ich drückte mein Gesicht gegen seine Brust, ganz fest, sodass ich kaum atmen konnte, dann umschlang ich ihn mit meinen Armen. Vielleicht würde Guz dableiben, wenn ich ihn nur fest genug umklammerte.

Plötzlich klingelte es an der Tür. Guz und ich sahen uns an. Die Zeit stand still.

»Das ist Jonah«, sagte Guz.

»Ich gehe mit dir«, sagte ich.

»Hör auf.«

»Nein. Im Ernst. Ich komme mit.«

»Das kannst du vergessen.«

»Nein. Du kannst vergessen, dass ich hierbleibe und tatenlos zusehe, wir du dich wegen einer beschissenen Idee deiner Mutter erschießen lässt.«

»Lizzy ...«

»Nein, Guz. Einfach nein.«

Er sah mich fassungslos an. Jegliche Farbe war aus seinem Gesicht gewichen.

»Wenn du gehst, gehe ich mit. Weil ich lange genug ohne dich war und weil ich dieses Leben ohne dich nicht will. So sieht es aus und so wird es passieren.«

Guz ließ meine Worte im Raum stehen. Eine Sekunde, zwei Sekunden, dann drückte er mich an seine Brust, fester als je zuvor. Dann: ein Geräusch aus Richtung des Flurs. Die Tür flog auf. Guz' Bruder Jonah stand im Raum, sah mich an. Wenig überrascht. Eher so, als hätte er längst mit mir gerechnet.

»Lizzy ...«

»Jonah.« Ich lächelte nicht. Natürlich nicht.

Er seufzte und sagte: »Verdammt schlechtes Timing, Liz, verdammt schlechtes Timing.«

Jonah und Guz wechselten einen Blick, Jonah nickte Guz zu. Guz nickte nicht, sondern wirkte abwesend, hadernd, unschlüssig, dann ging alles ganz schnell. Guz drehte sich, stieß mich nach hinten, ich flog auf den Sessel, Guz und Jonah rannten aus der Tür, ich schrie »GUZ!«, sprang aus den Sesselpolstern auf, im Schloss drehte sich ein Schlüssel, Gepolter auf der Treppe, dann Stille. Stille und Wut. So viel Wut, dass meine Beine nachgaben. Ich fiel zu Boden und ließ meiner Verzweiflung freien Lauf. Mein Herz stach, mein Kopf wummerte. In der Manteltasche vibrierte mein Handy.

Guz: *Es tut mir leid. Ich liebe dich.*

Da ich vor Wut kaum tippen konnte, brauchte ich mehrere Anläufe für meine Antwort. *Aber ich hasse dich!*

Sobald ich auf »Senden« geklickt hatte, hechtete ich durch den Flur und rüttelte an der Tür, obwohl ich wusste, dass sie abgeschlossen war. Dann stürmte ich auf den Balkon, keine Ahnung, wieso, vielleicht weil ich es für den Bruchteil einer Sekunde in Erwägung zog, aus dem fünften Stock zu springen. Schließlich zog ich das Handy aus der Tasche, um Paulina anzurufen.

»Paulina! Du musst sofort in den Koy Park! Bitte!«

Just in diesem Augenblick fuhr ein Auto die Straße entlang, deshalb rief ich: »Hey, hier oben, hallo, ich brauche Hilfe!«, doch das Auto fuhr ungerührt weiter. Aus Frust trat ich gegen die Balkonbalustrade. Sie schepperte lautstark.

»Was ist los?«, schellte Paulinas Stimme durch das Display. »Wo bist du? Was ist passiert?«

Ich drückte das Handy wieder ans Ohr. »Ich bin in Guz' Wohnung. Du musst sofort in den Koy Park!«

»Warum? Was ist passiert? Geht es dir gut? Geht es Guz gut?«

»Guz und die anderen wollen das Rathaus angreifen.«

»Angreifen? Das Rathaus? Aber —«

»Du musst ihn aufhalten!«, brüllte ich ins Telefon.

»Was? Aber … WIE?«

»KEINE AHNUNG! Sag ihm, dass er das nicht tun darf, dass er erschossen wird, dass ich ihn für immer hassen werde, wirf dich vor seine Füße, schieß ihm ins Knie, keine Ahnung, aber tu irgendwas!« Paulina sagte nichts. »Pauli, bitte …«

»Lizzy …« Paulinas Ton klang verändert. »Du weißt doch …«

»Nein«, fiel ich Paulina ins Wort. »Ich will das nicht hören, klar?! Es gibt andere Möglichkeiten. Die Werwölfe müssen uns nicht angreifen. Gewalt ist keine Lösung. Gewalt ist schlecht. Gewalt macht alles kaputt.« Jetzt weinte ich wieder, schlimmer als zuvor.

Ein paar Sekunden schniefte und wimmerte ich vor mich hin, dann erwiderte Paulina mit leiser Stimme: »Für die Werwölfe ist das die letzte Chance, Lizzy. Sie haben alles versucht.«

Ich rutschte an der Balustrade nach unten. »Aber ich liebe ihn so sehr …«

»Es tut mir so leid, Lizzy.«

Der letzte Rest meines Herzens zersprang. Guz und ich würden kein Happy End bekommen. Wir würden ein gescheiterter Versuch bleiben. Weil diese Welt ein gescheiterter Versuch war.

Ich drückte Paulina weg, wankte zum Sofa und griff nach der Fernbedienung. Auf CNN wurden bereits die ersten wackeligen Handybilder übertragen, von Werwölfen, die durch die Straßen schlichen, und von ängstlichen Menschen, die sich hinter Mülltonnen versteckten. »Breaking News« stand da und darunter lief ein Text, in dem ich den Namen unserer Stadt erkannte. Der Krieg hatte begonnen und ich saß auf Guz' Sofa und zitterte. Doch die Angst, das wusste ich, war bloß ein Impuls. Eine Reaktion auf die Welt, in der ich lebte. Eine Welt, die von Angst regiert wurde. Aber ich, ich war nicht diese Angst. Ich war mutig genug, um zu lieben. Mutig genug, um endlich ich selbst zu sein. Eine Frau ohne Collegeabschluss, die Uhren bastelte und Elefantenpullover liebte. Und ich würde nicht zulassen, dass meine Geschichte so endete – ohne Guz, eingesperrt in einem Apartment, gelähmt vor Furcht. Mit Wucht schleuderte ich die Fernbedienung gegen den Fernseher, rannte zurück auf den Balkon, sah nach unten und – sprang.

Ricarda Seidl, Jahrgang 1990, schreibt Fantasy und Romantasy unter dem Pseudonym Cecilia R. Urben. Sie ist gelernte Mediendesignerin und passionierte Schreibverliebte. Diesem Weg kehrt sie als junge Erwachsene den Rücken und erkennt erst fünfzehn Jahre später, dass der Weg der richtige, nur die Zeit nicht die passende war. Derzeit macht sie eine Ausbildung zur Autorin und arbeitet an weiteren Fantasy-Romanen. Sie lebt mit ihrem Mann und ihren drei Kindern im schönen Österreich.

Website: www.ricarda-seidl.at
Instagram: www.instagram.com/schreibklauberei

Bisherige Veröffentlichungen:
Allegro – Klang der Magie (2024)
Asche ist alles, was bleibt – Spendenanthologie
Weltenwanderung: Es begann mit Poesie – Spendenanthologie

Ricarda Seidl

Ein aufstrebendes ... Berufsfeld

Prolog

Alle dachten, es würde langsam passieren. Schritt für Schritt. Doch dann kam der Klimasprung und mit ihm das Ende einer Welt, wie alle sie kannten. Die Temperaturen schnellten in die Höhe und kehrten nicht mehr zu ihrem Ausgangspunkt zurück. Das Schmelzwasser der Pole überflutete nicht nur Inseln, sondern ganze Kontinente, Milliarden ließen ihr Leben in den Wassermassen. Und so schnell das Wasser gekommen war, so schnell war es auch verdunstet und hinterließ weite Teile der Erde als flächendeckendes Wüstenmeer. Wie viele noch auf der Erde lebten und wie lange diese noch überleben würden, war ungewiss.

Die verzweifelte Suche nach einer neuen Heimat

Die Sonne brannte heiß auf die Erde, Schweiß rann Kapitän West von seiner Stirn unter dem Piratenhut. Der Untergrund schwankte, fast fühlte er sich wie früher auf hoher See. Doch diese Zeiten gehörten der Vergangenheit an und das taumelnde Gefühl kam von dem gemäßigten Schritt seines Kamels und dem Hunger. Er ließ den Blick über seine Crew schweifen, einer dünner und ausgemergelter als der Nächste. In den letzten Tagen waren vier Piratenmitglieder gestorben. Nicht einmal begraben konnte man sie in diesem verfluchten Sand. Früher hatten gefallene Piraten eine ehrenhafte Wasserbestattung erhalten, heute mussten sie die leblosen Körper einfach liegen lassen, die Aasgeier stürzten sich darauf.

Ein weiterer Mann fiel aus seinem Sattel. Die anderen Piraten stiegen von ihren Reittieren, stahlen dem Toten die letzten Lumpen, die noch von seiner Piratenkluft übrig waren, und stiegen wieder auf. Beim Ersten waren sie alle noch aufgebracht gewesen und hatten getrauert, nun waren sie emotional und körperlich zu ausgelaugt, um noch etwas zu empfinden.

»Kapitän, wie soll es weitergehen?« Steuermann Reek sah den Kapitän müde an.

»Hast du einen Vorschlag?«, erwiderte dieser.

Der Steuermann senkte den Kopf. »Nein, aber ich bin auch nicht der Kapitän und als Steuermann ist das wohl kaum meine Aufgabe.«

Die Stimmen der anderen wurden laut.

»Kapitän, wir brauchen Wasser.«

»Ja genau, du lässt uns hier draufgehen wie die Tiere.«

»Kapitän, was sollen wir tun?«

»Sollen noch mehr von uns in dieser Hitze krepieren?«

Kapitän West hob seinen Säbel, die Crew verstummte.

»Kapitän, da vorne befindet sich ein Dorf!«, schrie Terris, der Aussichtsmann, der vorausgeritten war. Er wedelte mit dem Fernglas und deutete in eine Richtung. »Eine alte Frau steht am Rand der Häuser.«

Der Kapitän atmete aus. Er war nicht abergläubisch, aber das war eindeutig ein Zeichen. Es wurde immer schwieriger, ermutigende Worte für seine Leute zu finden. Vermutlich hätte er heute versagt. Doch es war noch nicht alles verloren, der Himmel schickte ihnen ein Dorf zum Plündern. Seine Mundwinkel wanderten nach oben, ein grimmiges Lächeln brachte seine halb verfaulten Zähne zum Vorschein. Er strich sich über die dicke Narbe über seiner rechten Augenbraue – eine Gewohnheit, die sein Gegenüber an seine gewonnenen Schlachten erinnern sollte.

»Habt ihr gehört, Leute? Schwingt eure Säbel. Nehmt alles, was ihr wollt. Setzt die Segel, lichtet den Anker. Machen wir uns einen Namen als die mächtigsten Piraten aller Zeiten!«

Die Mannschaft sah ihn mit großen Augen an, niemand

reagierte. Der Kapitän streckte mit einer Hand seinen Säbel noch ein Stück weiter in die Höhe, die andere legte er auf einen alten Lederbeutel, in dem die letzten Goldmünzen ihrer vergangenen Raubzüge klimperten. Seufzend stieß er die Luft aus. »Ach, kommt schon, auf die guten alten Zeiten!«

Zaghaft lachte Reek und streckte ebenfalls seine Waffe in die Luft, nach und nach stiegen weitere Piraten mit ein und schließlich fegte schallendes Gelächter wie ein Sturm über den Wüstensand hinweg. In schnellstem Kamel-Tempo ritten sie auf das Dorf zu.

Die Alte vor dem Dorf beobachtete die Piraten, die grau-weißen Augen leicht zusammengekniffen, umspielt von tiefen Furchen, ihre Haltung erstaunlich aufrecht für ihr Alter. Weißes Haar fiel ihr geflochten über die Schulter, die Hände hatte sie in den Taschen ihrer beigen Tunika versteckt.

»Werdet ihr uns nun überfallen?«

Zugegeben, die Sache mit dem Überraschungsangriff gestaltete sich mit Kamelen schwierig.

»Wir sind Piraten …«

»Ja, das sehe ich«, unterbrach die Alte den Kapitän und deutete auf die zerfranste Flagge, die Terris hoch erhoben schwang.

»Unterbrich mich nicht!«

Die Alte unterdrückte ein Lachen. »Aye, aye, Käpt'n.«

West schnaubte.

»Hör zu, wir werden euch jetzt überfallen. Wir nehmen uns euer Essen, euren Wein und eure Weiber. Hast du das verstanden?«

Ein Klicken. Kapitän West sah auf. Hinter der Alten lugten Flinten um die Ecken der Häuser hervor.

Verflucht.

»Kapitän, ich habe einen Vorschlag für Euch. Wir gewähren euch Zutritt in unser Dorf, ihr bekommt Nahrung und Wasser, und dann verschwindet ihr wieder.«

Der Kapitän ballte seine Hände zu Fäusten.

Was fällt dieser alten Schachtel ein?

»Wir sind Piraten, wir kämpfen, wir …«

»So wie Eure Männer aussehen, könnt ihr euch einen Kampf mit ungewissem Ausgang nicht leisten. In eurem Zustand würde ich Euch raten, unser Angebot anzunehmen und kein Risiko einzugehen. Aber ich bin nur eine unwissende alte Frau.«

Die Mundwinkel der Frau zogen sich nach oben, Spott triefte aus jeder Pore ihres Daseins. Der Kapitän atmete tief durch. Er musste weder seine Männer ansehen noch ihre Worte überdenken, um zu wissen, dass sie recht hatte. Ein Angriff wäre Selbstmord.

Der Kapitän nickte, seine Männer senkten ihre Säbel.

»Gute Entscheidung, Kapitän …«

»Kapitän West.«

»Kapitän West, Ihr und Eure Männer seid willkommen. Die allgemeinen Sitten sind auch in unserem Dorf gebräuchlich. Ich denke, trotz Eures *Berufes* sind Euch diese bekannt.« Sie spuckte ihm das Wort *Beruf* vor die Füße.

Der Kapitän verdrehte die Augen. »Benehmt euch, Männer!«

»Aye«, schallte es ihm im Chor entgegen.

Die alte Frau zeigte der Piratenbande einen offenen Stall, in dem sie ihre Kamele anbanden, und eine Kiste für ihre Waffen. Die Piraten stutzten.

»Wer seine Waffen behalten möchte, kann das gerne außerhalb des Dorfes machen«, erklärte die Alte kurz und ging weiter. Der Kapitän legte seinen Säbel in die Kiste, die anderen folgten zögernd seinem Beispiel.

Das Dorf bestand aus runden Gebäuden, gebaut aus gelbem Stein, die scheinbar wahllos verstreut in den Sand gesetzt worden waren. Die Piraten betrachteten erstaunt die Bauwerke. War es möglich, Stein auf Sand zu bauen? Die wenigen Dörfer, die sie bis jetzt geplündert hatten, waren einfache Zeltsiedlungen gewesen. Ein Plätschern erregte Wests Aufmerksamkeit. Sie kamen an einem Brunnen vorbei. Wie war das alles möglich?

Die Alte brachte die Männer in eines der größten Gebäude des Dorfes. In der Mitte standen mehrere runde Tische, gedeckt mit Fleisch, Käse, Brot, Gurken und Wein. Es war lange her, dass Kapitän West eine derartige Auswahl an Lebensmitteln gesehen hatte. Zwischen den Tischen schlängelte sich eine junge, leicht bekleidete Frau hindurch und füllte die Weinkrüge nach.

Die Alte lehnte mit verschränkten Händen an einem runden Türstock. Ihr Blick wirkte abwesend, die hellen Augen leuchteten gespenstisch. West stand auf und lehnte sich neben ihr an die Mauer.

»Kann sich dieses junge Ding nicht was überziehen? Meine Männer werden nervös.«

Die Alte überging den Kapitän, als hätte sie seine Aufforderung nicht gehört.

»Wenn sich Eure Männer überessen und übergeben, seid Ihr für die Reinigung verantwortlich.«

Der Kapitän lachte. »Du holst dir Piraten in dein Haus und das ist deine einzige Sorge?«

»Ihr seid meine Gäste und habt euch an die Regeln zu halten. Ob ihr mal Piraten oder Bauern wart, interessiert mich nicht.«

Der verbale Tritt presste West den Atem aus den Lungen. »Weißt du denn nicht, wer hier vor dir steht?«

»Habt Ihr nicht zugehört? Es interessiert mich nicht.«

»Ich bin Kapitän West, der größte –«

»Euren Namen nanntet Ihr bereits.« Sie verdrehte die Augen. »Dankbarkeit ist offensichtlich ein Fremdwort für Euch.«

Er ballte seine Hände. »Warum sollte ich mir nicht all das hier nehmen, dich abschlachten und *dein* schönes Leben führen?«

Die Alte lachte. »Und dann? Werdet Ihr sesshaft und bleibt hier? Ihr seid mir ja ein schöner Piratenkönig.«

Der Kapitän verengte die Augen.

Sie weiß, wer ich bin! Seit dem ersten Augenblick hält sie mich zum Narren!

Er holte mit der Faust aus, sie blieb gelassen im Türrahmen stehen. Wenn sie Angst vor einem Schlag hatte, ließ sie es ihn nicht merken.

»Kapitän West, kennt Ihr die Onlinewelt hoch oben im Norden?«

Er ließ seine Faust wieder sinken und atmete aus. »Ja.«

»Dann kennt Ihr auch die Geschichten, die man sich erzählt?«

Seine Augenbrauen zogen sich zusammen. Er hatte die Nachrichten über den Wiederaufbau nach der Flutkatastrophe gehört, er glaubte sie jedoch nicht.

Die Alte setzte fort: »Nach dem Klimasprung und der Erderwärmung und der Flutkatastrophe durch die schmelzenden Pole und der Meeresvertrocknung durch die steigenden Temperaturen und –«

»Ich will keine Geschichtsstunde, komm zum Punkt.«

Die alte Frau hob abwehrend die Hände. »Ihr wisst wahrscheinlich ohnehin, dass die Onlinewelt das einzige Land auf der Erde ist, das die Technologien wieder aufgebaut und sogar weiterentwickelt hat.«

»Worauf willst du hinaus?«

Sie starrte ihn an. Unter ihrem Blick erstarb der letzte Funken seines Feuers und vereiste die zurückbleibende Glut. Er fröstelte, obwohl es heiß war.

»E-Book-Piraterie. Ein aufstrebendes … Berufsfeld.«

Er winkte ab und schüttelte den Kopf. »So einen Unsinn kann sich auch nur eine verrückte Alte ausdenken. Tzz.« Er stemmte sich von der Mauer ab und ging.

»Ihr wollt also nicht zu Euren glanzvollen Zeiten als der größte Pirat der Weltmeere zurückkehren? Kein Hunger. Kein Durst. Ein Leben in Fülle. Ein neues Zuhause in den Weiten der Onlinewelt.«

Er hielt inne. »Nur Spinnereien einer alten Närrin.«

»Ihr habt vermutlich recht.«

Er wandte sich zu ihr um, ihr Gesicht umspielte ein Lächeln, so unwiderstehlich wie der süße Wein in den Krügen. Es enteiste seine innere Glut, ein Funken der Hoffnung entzündete sich.

»Und woher weiß ich, dass du die Wahrheit sagst?«

Die Mundwinkel der Alten zuckten.

»Woher willst *du* Alte das alles wissen?«

Ihr Blick verfinsterte sich.

»Entweder Ihr glaubt mir oder eben nicht. Vegetiert weiterhin in der Sandwüste herum und schaut Euren Männern beim Sterben zu, mir soll's recht sein.«

West ließ die Schultern hängen, sie hatte recht. Welche Möglichkeiten hatten sie denn als Piraten noch? Die See war ihr Zuhause gewesen. Die Wüste hätte es wieder werden sollen, doch bis jetzt hatten sie kaum darin überleben, geschweige denn es als ein Zuhause ansehen können. Vielleicht wäre diese Onlinewelt ihre Möglichkeit, wieder als Piraten Fuß zu fassen, sich einen Namen zu machen, ein Zuhause zu finden.

»Nach Norden, sagtest du?«

Die Alte nickte. Schweigend standen sie nebeneinander und sahen den Piraten beim Festmahl zu. Die junge, leicht bekleidete Dame gesellte sich zu ihnen und drückte West ein Glas mit einer bernsteinfarbenen Flüssigkeit in die Hand. Ein zweites hatte sie für die Alte mitgebracht, danach kümmerte sie sich wieder um die Männer. Der Kapitän schwenkte das Glas in der Hand und beobachtete, wie das Getränk Kreise zog und dabei einen erdigen, holzigen Geruch verströmte.

»Ist das …?« Der Kapitän riss die Augen auf und starrte die Alte an. Diese gluckste und trank. »Woher hast du Whisky?«

Sein Gegenüber zuckte mit den Schultern und überging seine Frage. »Ihr solltet euch stärken, der Weg ist lang und beschwerlich.«

Als die Piraten fertig gegessen hatten, stimmten sie Piratenlieder an. Die Krüge füllten und leerten sich, die ausgelassene Stimmung war ansteckend. Wann waren die Männer das letzte Mal so fröhlich gewesen?

Ein greller Schrei durchbrach das Gegröle der feiernden Piraten.

Scheiße.

Reek drückte die leicht bekleidete Dame an die Wand, seine Hände kneteten ihre Brüste.

Ein Klicken. Ein Knall. Der leblose Körper des früheren Steuermanns ging vor ihr zu Boden, das junge Ding stand zitternd und mit Blut bespritzt an der gelben Mauer.

Terris baute sich auf, schwankte dabei jedoch. »Was soll der Scheiß?«, lallte er. »Wedelt da mit ihren Titten vor unseren

Gesichtern und wir sollen ruhig zuschauen. Ich will die Schlampe fi…«

Ein weiteres Klicken, ein weiterer Knall, ein weiterer Pirat, dessen Körper auf dem Boden aufschlug und sich nicht mehr bewegte. Kapitän West zuckte zusammen, seine Gesichtsfarbe glich der des über den Zenit schreitenden Mondes.

Die Alte stellte sich neben ihn. »Die Dorfbewohner dürfen tragen, was sie möchten, und auch wenn sie sich vollkommen nackt vor euch rekeln, habt ihr kein Recht, sie anzusehen oder gar zu berühren. Das wisst ihr ebenso wie ich.«

West kannte die allgemeinen Sitten. Er starrte auf die beiden Leichen, die nicht nur seine besten Männer, sondern auch langjährige Freunde von ihm gewesen waren.

Mit eisiger Ruhe sprach die Alte weiter: »Ihr habt meine Gastfreundschaft mit Füßen getreten. Das ist nun eure einzige und letzte Chance, das Dorf lebend zu verlassen.«

Daran, dass sie es ernst meinte, bestand kein Zweifel. Der metallische Geruch des Blutes mischte sich mit der süßen Duftnote des blutroten Weins. Diese Komposition war ebenso surreal wie die Tatsache, dass der Sand die Piraten des Meeres willkommen heißen würde – manches passte einfach nicht zusammen. Sie mussten in den Norden und sich in der Onlinewelt durch E-Book-Piraterie eine neue Zukunft schaffen.

Epilog

Die alte Frau beobachtete, wie die Silhouetten der Piraten am Horizont kleiner wurden. Eine junge Frau gesellte sich zu ihr. Ihre Erscheinung war wie die aufgehende Sonne, die das Land in ein zartes Rosa tauchte und die Hitze des Neubeginns mit sich brachte. Die Alte wandte den Blick und sah in ihr jüngeres Ebenbild. Ihre bereits erwachsene Enkeltochter hatte seidenschwarze, hüftlange Haare, goldene Augen und zarte Gesichtszüge. Feine Blutspritzer zierten ihr Gesicht, die Kleidung hatte sie bereits gewechselt.

»Hast du den Piraten wieder den Quatsch von der Onlinewelt und der E-Book-Piraterie erzählt?«

Die Alte zuckte mit den Schultern, ein Lächeln umspielte ihre Lippen. »Zumindest sterben die Männer mit einem Funken Hoffnung im Herzen.«

Ihre Enkeltochter schüttelte den Kopf. »Diese Naivität ist bedenklich.«

»Verzweiflung verändert Menschen.«

Auch die junge Frau starrte nun auf die schwarzen Punkte im Norden. »Was machen wir mit den Waffen? Kein Mensch kämpft mehr derart altmodisch mit Säbeln.« Sie verdrehte die Augen.

»Aufpolieren. Vielleicht können wir sie einem Händler als Antiquitäten verkaufen.« Die Alte warf ihrer Enkeltochter einen kleinen Lederbeutel mit klimpernden Münzen zu.

Die Augen der hübschen Frau weiteten sich. »Damit kommen wir ja wochenlang über die Runden! Aber dass es dem Kapitän gar nicht aufgefallen ist, dass sein Geldbeutel fehlt?«

Die Alte lächelte. »Er trägt jetzt einen mit Steinen bei sich.«

Die junge Frau schmunzelte, wandte sich ab und ging. Ein Räuspern ließ sie innehalten. »Ja, Großmutter?«

»Dein Schauspiel heute war gut, es war sogar sehr gut.« Die junge Frau lächelte verlegen. »Sag deinem Großvater, dass sein Timing perfekt war, aber er muss die Attrappen an den Häuserecken nachjustieren. Und konserviert die Leichen. Es werden wieder Piraten kommen, wir müssen vorbereitet sein.«

Die junge Frau nickte und ging.

Die Alte starrte wieder dem Horizont entgegen, die schwarzen Punkte der Piraten waren verschwunden. Sie seufzte und wandte sich ab. Das schlechte Gewissen schüttelte sie ab.

Wir kämpfen alle nur ums Überleben – jeder auf seine Weise! Und manche sind dabei erfolgreicher als andere …

Gina Kurle ist in einer kleinen Gemeinde in Baden-Württemberg aufgewachsen. In Würzburg studierte sie Germanistik, Ethnologie und Russisch. Nun lebt sie wieder auf dem Lande, wo sie ihre Freizeit mit Gärtnern, Lesen, Schreiben und Häkeln verbringt. Ihre großen Helden sind Douglas Adams und Marc-Uwe Kling.

Gina Kurle

Die Weichspüler-Witwe

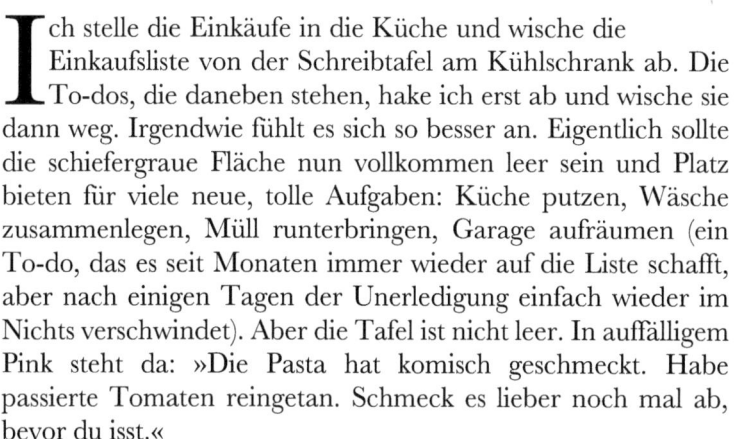

Ich stelle die Einkäufe in die Küche und wische die Einkaufsliste von der Schreibtafel am Kühlschrank ab. Die To-dos, die daneben stehen, hake ich erst ab und wische sie dann weg. Irgendwie fühlt es sich so besser an. Eigentlich sollte die schiefergraue Fläche nun vollkommen leer sein und Platz bieten für viele neue, tolle Aufgaben: Küche putzen, Wäsche zusammenlegen, Müll runterbringen, Garage aufräumen (ein To-do, das es seit Monaten immer wieder auf die Liste schafft, aber nach einigen Tagen der Unerledigung einfach wieder im Nichts verschwindet). Aber die Tafel ist nicht leer. In auffälligem Pink steht da: »Die Pasta hat komisch geschmeckt. Habe passierte Tomaten reingetan. Schmeck es lieber noch mal ab, bevor du isst.«

Die Nachricht irritiert mich. Ich habe Linsencurry für heute vorbereitet, keine Pasta. Ich öffne den Kühlschrank und sehe den Topf mit dem Linsencurry. Unberührt steht er da. Das weiß ich, weil der Post-it noch auf dem Deckel klebt: »Mittagessen – aufwärmen und Reis dazu kochen«. Der Fall wird immer mysteriöser.

»Hast du nicht das Linsencurry aus dem Kühlschrank gegessen?«, schreibe ich meinem Mann.

»Linsencurry? Nein, die Pasta, die auf dem Herd stand. Hat aber komisch gerochen und geschmeckt. Habe Tomaten und Gewürze reingetan« kommt zurück.

Pasta? Herd? Verwirrt lasse ich meinen Blick dorthin schweifen. Auf dem Herd steht nur der Topf, dessen Inhalt ich gestern Abend eingeweicht habe, damit ich ihn heute spülen kann. Langsam steigt eine Ahnung in mir auf, was passiert sein könnte. Dieses Gefühl ist nicht besonders angenehm und wenn ich mit meiner Vermutung recht habe, könnte das im schlimmsten Fall zum Tod führen, vermutlich aber nur zu Bauchschmerzen. Aber was weiß ich schon, ich bin ja kein Arzt.

Ich beschließe, lieber nicht zu antworten, bis ich den Fall lückenlos aufgeklärt habe.

Ich schaue in den Topf und meine Ahnung wird bestätigt. In einer Art Tomatensoße wabern kleine Nudelreste und Stücke der angebrannten Soße vom Vortag. Kein Einzelfall, muss ich zugeben. Mir brennt ziemlich oft was an. Das ist nicht nur schade ums Essen, es stellt mich auch immer wieder vor die Herausforderung, das Eingebrannte aus dem Topf oder der Pfanne zu lösen. Ich habe viele Taktiken ausprobiert und eine hat sich mittlerweile bewährt. Eine Putz-Influencerin gab mir diesen Tipp: Den Topf mit Wasser füllen, eine halbe Kappe Weichspüler dazugeben, kurz aufkochen lassen, bis sich die Verkrustungen lösen. Bei hartnäckigen Verkrustungen über Nacht einweichen lassen.

Das gefiel mir. Ich brauchte nicht viel dazu und ich musste auch nicht viel machen. Hausarbeit für Faule ist genau das Richtige für mich, vermutlich habe ich deswegen einen Staubsaugerroboter. Next Level wäre eine Putzhilfe, aber das ist ein anderes Thema.

Mein Erste-Hilfe-Kurs liegt schon Jahre zurück und den Großteil habe ich vergessen. Doch auch wenn ich nicht mehr weiß, wie man einer Person den Motorradhelm abnimmt, ohne sie dabei zu töten, weiß ich noch, was man in einem Weichspüler-im-Essen-Notfall tun muss. Also schnell bei der Giftnotrufzentrale anrufen.

Natürlich lande ich in einer Warteschleife. Ist das in einem Notfall nicht lebensgefährlich? »Bitte geben Sie Ihre Postleitzahl ein.« Warum denn das? Wem hilft es denn zu wissen, in welcher Ortschaft jemand am Verzehr von Weichspüler stirbt? Im Zweifelsfall der Bild-Zeitung, die morgen bei mir anrufen wird, um die »Weichspüler-Witwe« zu interviewen.

»Giftnotruf, Sie sprechen mit Frau Hahn, wie kann ich Ihnen helfen?«

»Hallo Frau Hahn, Fischbuch hier. Das ist mir etwas peinlich, aber ich glaube, mein Mann hat Weichspüler gegessen.«

»Okay. Welchen Weichspüler und wie viel?«

»Er duftet nach Vanille. Zur Menge kann ich nichts sagen. Er hat ihn verdünnt. Wie gefährlich ist das?«

»Womit wurde der Weichspüler verdünnt?«

»1,5 Liter Wasser und passierte Tomaten.«

»Passierte Tomaten? Wieso denn das?«

»Ich habe das Angebrannte in einem Topf mit Weichspüler eingeweicht, um die Verkrustungen zu lösen. Und weil es wohl komisch gerochen und geschmeckt hat, hat er das Ganze mit Tomaten gestreckt.«

»Wieso hat er es denn gegessen, wenn es doch so komisch gerochen und geschmeckt hat? Das spricht aber nicht für Ihre Kochkünste.« Frau Hahn unterdrückt ein Lachen, das kann ich fühlen. Ich entscheide später, ob das meinem Humor entspricht oder nicht.

»Ich weiß nicht, warum er es gegessen hat. Ich weiß nur, dass er es gegessen hat. Und ich muss jetzt wissen, ob er sterben wird oder einfach nur Durchfall bekommt.«

»Wie groß ist Ihr Mann und wie schwer?«

»Vielleicht 1,75 und circa 90 Kilo.«

»Na, das Gewicht hat er bestimmt nicht, weil Sie so gut kochen, oder?« Jetzt lacht sie doch, die gute Frau Hahn. Möchte sie die Situation auflockern oder sich über mich lustig machen? Egal, ich lache mal lieber mit, immerhin ist sie die Person, die eventuell das Leben meines Manns retten kann. »Wie viel Weichspüler war denn in dem Topf?«

»Eine halbe Kappe.«

»Bei der Menge Wasser und Tomaten ist der Weichspüler ausreichend verdünnt. Ihrem Mann wird nichts passieren. Vielleicht bekommt er etwas Magengrummeln, aber mehr auch nicht. Eine Frage habe ich noch: Wieso säubern Sie Ihren Topf mit Weichspüler?«

»Das habe ich auf Instagram gesehen.«

»Aha, und Sie dachten, das ist eine gute Idee?«

»Das *ist* eine gute Idee«, antworte ich, mittlerweile etwas gereizt. In der Mittagspause bin ich mit meiner Weichspüler-Geschichte bestimmt die Lachnummer im Pausenraum der Giftnotrufzentrale. »Ich habe das schon ein paarmal gemacht. Und das funktioniert hervorragend.«

»Wirklich? Können Sie mir sagen, wie man das genau macht? Ich lasse auch hin und wieder was anbrennen und habe noch nicht die richtige Methode gefunden, um das Eingebrannte zu lösen. Fest steht, dass die Spüli-Werbung lügt.«

Das Gespräch verläuft in eine Richtung, die ich so nicht erwartet habe. Doch die Frau hat mir geholfen, also werde ich auch ihr helfen. Ich erkläre ihr kurz, wie der Trick mit dem Weichspüler funktioniert.

»Das nächste Mal einfach nicht den Topf auf dem Herd stehen lassen. Und besuchen Sie doch bei Gelegenheit einen Kochkurs. Ich kann Ihnen auch gern ein paar Influencer empfehlen, die einfache, leckere Gerichte –«

Ich lege wortlos auf.

Am Ende des Tages bin ich zwar nicht die »Weichspüler-Witwe«, aber wohl auch keine gute Köchin.

Bereits als Kind zeichnen sich bei Karolina Stauber ihre ausgeprägte Fantasie und ihre Liebe zum Erzählen ab. Sie wurde 1999 in der Nähe von Nürnberg geboren. Mit 13 beginnt sie, ihre eigenen Geschichten zu schreiben. Ihre Freizeit verbringt sie neben dem Schreiben und Lesen am liebsten mit dem Kickboxen oder mit ihren Freunden, sowohl live und in Farbe als auch online beim Zocken. Seit März 2023 betreibt sie einen Instagram-Account unter dem Namen »Writtenbykaro«, über den sie sich mit ihren Followern zu gelesenen Büchern und ihren eigenen Buchideen austauscht.

Veröffentlichungen:
- Kurzgeschichte »Die Essenz des Winters« in der Anthologie *Winterwaldträume – Geschichten der verschneiten Jahreszeit*
- Kurzgeschichte »Oscuridad« in der Anthologie *Lichtfunken und Schattenmärchen – Geschichten zwischen Tag und Nacht*
- Kurzgeschichte »Gebrochenes Herz« in der Anthologie *Zwischen uns*

Karolina Stauber

Von Gefühlen, Gerüchen und Gentlemen

»Bäh.« Ich stieß die Tür zu meinem Zimmer auf und verzog angewidert das Gesicht. »Was zum verdammten Vollmond stinkt hier so?«

Ein kurzer Blick durch den Raum bestätigte, dass sich seit meinem Verlassen heute Morgen nichts verändert hatte. Mein goldenes Himmelbett in der Mitte des Raumes mit den dichten dunkelroten Vorhängen war immer noch ungemacht. Neben meinem Schreibtisch stapelten sich unzählige Bücher, die in meinem übervollen Regal keinen Platz mehr gefunden hatten. Außerdem lagen auf dem hellen Laminat noch die T-Shirts herum, die ich heute Morgen auf der Suche nach meinem Lieblingspullover aus dem Schrank geschmissen hatte.

Hatte Conall wieder ein Eichhörnchen erlegt und es in meinem Zimmer versteckt, um mich zu ärgern? Mein jüngster Bruder hatte nichts als Flausen im Kopf, seitdem er sich verwandeln konnte. Zuzutrauen wäre es ihm also. Aber auch ein Blick unter mein Bett brachte keine Klarheit darüber, woher dieser Gestank kam.

Ich schnupperte vorsichtig erneut und ließ mich von meinen scharfen Sinnen zum Ursprung führen. Auf meinem Nachttisch lag ein Stapel frisch gefalteter Wäsche. Vorsichtig hob ich das oberste Kleidungsstück, ein grünes Top mit Spaghettiträgern, an und … ja. Der klinische Geruch reizte meine empfindliche Nase so sehr, dass ich sofort zu niesen begann. Das hier war definitiv der Ausgangspunkt und ich wusste genau, wessen Schuld das war. Angewidert warf ich das Oberteil zurück auf den Stapel und stürmte die Treppe hinunter.

»Mama?«

»In der Küche«, rief mir diese entgegen,

als ich am Fuße der Treppe angelangt war.

Ich bog rechts ins Wohnzimmer ab und stapfte vorbei an meinen beiden älteren Brüdern, die auf der Couch mit der Xbox spielten, geradewegs in die offene Küche.

»Hast du meine Sachen wieder mit Weichspüler gewaschen?«, fragte ich, sobald meine Füße den dunkel gefliesten Boden berührten, und verschränkte die Arme vor der Brust. Mom kramte gerade einige Gewürze aus einem der cremefarbenen Hängeschränke und stellte sie dann vor sich auf der Mom kramte gerade einige Gewürze aus einem der cremefarbenen Hängeschränke und stellte sie dann vor sich auf der Kücheninsel ab. Sie hatte ihre langen roten Haare hochgebunden und das Rosé ihres T-Shirts brachte ihre blasse Haut gut zur Geltung. Wenn man sie betrachtete und dann uns Kinder ansah, musste man sich wirklich fragen, ob Dads Gene überhaupt versucht hatten, sich durchzusetzen.

Abgesehen vom Werwolf-Gen natürlich.

»Ja«, antwortete sie, ohne von dem vor ihr blubbernden Kochtopf aufzusehen. »Aber ich habe extra den für Allergiker, also die Sorte ohne Parfümstoffe genommen.«

Nur ein Nichtwerwolf konnte allen Ernstes glauben, dass das einen Unterschied machte.

»Meine Klamotten riechen wie ein verdammtes Krankenhaus«, knurrte ich. »Mein gesamtes Zimmer stinkt.«

»Du übertreibst maßlos, mein Schatz. So schlimm ist es nicht.« Sie winkte ab. Wie konnte sie nach zwanzig Jahren Ehe mit meinem Vater, einem geborenen Werwolf, immer noch solche Ansichten vertreten?

»Mom?« Mein kleiner Bruder Conall schlitterte zu uns in die Küche. »Warum riecht meine Wäsche nach Leichenschauhaus und Desinfektionsmittel?«

Ich deutete mit meiner Hand in seine Richtung. »Genau das meine ich.«

Mom warf die Hände in die Luft. »Nichts kann man euch recht machen.« Dann zuckte sie mit den Schultern. »Wisst ihr, wie anstrengend es ist, für vier Kinder die Wäsche zu machen? Ihr könnt das zukünftig sehr gerne selbst erledigen.«

Mein Blick glitt zu Conall, der bereits wieder aus der Küche gestürmt war, um spielen zu gehen. Mit seinen zehn Jahren hatte er definitiv anderes im Kopf, als seine Wäsche zu waschen. Ich sah schon vor mir, wie er nur noch in Müllbeuteln herumlief, sobald sein Schrank leer war. Bei dem Gedanken schüttelte es mich.

»Darum geht es doch gar nicht«, erwiderte ich daher besänftigend. »Wir wollen doch nur Energie und Zeit sparen. Jetzt müssen wir die Sachen nämlich noch mal waschen, damit wir sie tragen können.«

Mom schnaubte. »Wie zuvorkommend von euch.« Dann seufzte sie und fragte: »Um welches Teil geht es denn konkret?«

»Alle?«, erwiderte ich unschuldig. Es war nicht gelogen. Der gesamte Stapel stank. Aber Mom kannte mich zu gut und zog fragend eine Augenbraue hoch. Ihre grün-braunen Augen fanden meine und fixierten mich, bis ich einknickte.

»Na gut«, grummelte ich. »Ich wollte das grüne Spaghettiträgertop heute Abend auf die Party anziehen.«

Der Abend würde anstrengend genug werden. Da wollte ich mich wenigstens in meiner eigenen Haut wohlfühlen.

»Hm. Ich habe leider nur noch Weißwäsche heute, sonst hätte ich angeboten, es mit reinzuwerfen.« Sie überlegte einen Moment. »Aber du kannst doch stattdessen das mintfarbene Kleid anziehen, das wir letzte Woche gekauft haben«, schlug sie vor.

Auf keinen Fall. Das Kleid war großartig, aber passte weder zum Anlass noch zum Stil der Party. Ich wäre maßlos overdressed.

Mom las mein Gesicht wie ein Buch. Noch bevor ich ihre Idee abschlagen konnte, fügte sie hinzu: »Eliano würde es gefallen.« Dabei wackelte sie mit ihren rötlich-braunen Augenbrauen und ich wurde rot. Sofort hörte ich, wie das Klicken der Controller verstummte, was bedeutete, dass meine großen Brüder ihr Spiel pausiert hatten.

Am liebsten hätte ich etwas nach Mom geworfen. Den Basilikum-Streuer vor ihr auf der Kücheninsel zum Beispiel. Da vertraute ich meiner Mutter an, dass ich heimlich auf meinen besten Freund stand und keine Ahnung hatte, wie ich damit umgehen sollte, und sie plauderte es ganz entspannt vor all meinen Geschwistern aus. Als ob mein Leben mit drei Brüdern nicht sowieso schon die Hölle wäre.

»Mika steht auf El?« Mein ältester Bruder Hunter machte große Augen und musterte mich dann skeptisch. Als sähe er in mir noch immer die kleine Schwester, die kaum laufen konnte, und nicht die beinahe ausgewachsene Werwolffrau, die ich mit siebzehn nun mal war.

»Ich glaube, dann sollten wir mal ein ernstes Wörtchen mit ihm sprechen, Vidar«, folgerte er und stieß meinen zweitältesten Bruder an.

»Einen Scheiß wirst du tun, Hunter«, drohte ich. »Er weiß davon nichts und das soll auch so bleiben.«

Aber keiner der beiden schien mir zuzuhören.

»Lass ihn mal am Montag abpassen«, schlug Vidar locker vor. Beide nickten sich einstimmig zu und wollten ihr Videospiel fortsetzen.

Sprach ich etwa Chinesisch?

Ich trat ans Sofa heran und entzog den beiden in einer fließenden Bewegung die Controller. »Habt ihr mir nicht zugehört? Ihr sollt die Klauen stillhalten.«

Beide fixierten mich mit ihren grün-braunen Augen und gaben ein Knurren von sich, das ich sofort erwiderte. Meine Muskeln spannten sich an und ich war bereit, mich mit Zähnen und Krallen gegen sie durchzusetzen. Wäre nicht das erste Mal.

Zwar konnte ich mich aktuell nicht verwandeln, schließlich war es früher Nachmittag und außerdem kein Vollmondtag, aber meine Stärke war dennoch nicht zu unterschätzen.

Erst eine Ermahnung unserer Mutter brachte uns drei dazu, uns wieder wie Menschen zu verhalten.

Hunter zuckte gelassen mit den Schultern.

»Du warst doch diejenige, die ihm vor zwei Jahren von unserem Familiengeheimnis erzählt hat. Dann muss er auch damit rechnen, dass wir mal in voller Stärke Hallo sagen, wenn er mit unserer kleinen Schwester ausgeht.«

»Wir gehen aber nicht miteinander aus!«

Es folgte ein weiteres Schulterzucken gepaart mit einem gelangweilten Gesichtsausdruck, als würde meine Aussage keinen Unterschied machen.

»Und ja. Das stimmt schon«, gestand ich. »Aber ich habe es ihm nur deshalb gesagt, weil er gerne campen geht und die unangenehme Angewohnheit hatte, mich immer an Vollmondnächten dazu einzuladen. Mir sind die Ideen für Absagegründe ausgegangen.«

Vidar nahm mir die Controller aus der Hand. »Wenn er dich mag, wird er mit uns klarkommen.«

»Ich hasse diese Familie«, stöhnte ich und verließ das Wohnzimmer.

»Mika!«, kam es tadelnd von meiner Mom, aber ich ignorierte sie, während ich die Treppen hinaufstapfte und »Ihr macht mich alle wahnsinnig« vor mich hin murmelte.

Am Ende trug ich nicht das Kleid, das Mom vorgeschlagen hatte. Aber auch nicht das grüne Oberteil. Denn das roch nach wie vor einfach nur widerlich steril. Stattdessen entschied ich mich für ein Crop-Top in Kornblumenblau, schwarze Hotpants und dunkle Sneaker. Als es klingelte, überprüfte ich gerade mein Make-up zum letzten Mal im Spiegel. Ich hatte es sehr natürlich gehalten, um meine Sommersprossen zur Geltung kommen zu lassen. Meine Wimpern waren getuscht und lediglich meinen Lippen hatte ich mit einem hellen Pfirsichton etwas Farbe gegeben. Ich schnappte mir meine weiße Handtasche und lief die Treppen hinunter.

Mit einem breiten Grinsen öffnete ich die dunkelrote Haustür und strahlte meinen besten Freund an. »Hi.«

Er erwiderte mein Lächeln und es war, als würde mich die Sonne anstrahlen.

El war die Sonne zu meinem Mond.

»Hey, mein roter Wolf.«

Bei meinem Spitznamen schlug mein Herz wie immer ein wenig schneller und als er mich schließlich in eine Umarmung zog, erlaubte ich es mir, kurz die Augen zu schließen und neben seiner angenehmen Wärme auch seinen Geruch zu genießen. Elianos Dad war Förster, weshalb auch er viel Zeit draußen verbrachte und meist nach Tannennadeln und frischem Tau roch. Das Ganze wurde untermalt von einer zitronigen Note, die dem Zitronengarten seiner Mutter geschuldet war, in dem aktuell Erntezeit herrschte.

Viel zu schnell war dieser Moment auch schon wieder vorbei und er löste sich von mir. Lässig fuhr er sich durch die blonden Haare und strich anschließend sein offenes, dunkles Hemd glatt, das er mit einem weißen T-Shirt kombiniert hatte. Dazu trug er eine tiefsitzende Jeans und ebenfalls Turnschuhe.

»Hast du alles? Sollen wir los?«, fragte er und ich nickte.

»Bye, Mom«, rief ich in Richtung Küche.

»Bis später, ihr beiden. Habt viel Spaß«, antwortete diese. Die letzten drei Wörter betonte sie viel zu deutlich.

»Aber nicht zu viel!«, kommentierten meine Brüder einstimmig vom Sofa aus, während sie El mit finsterer Miene musterten. Ich warf ihnen einen drohenden Blick zu und schob Eliano dann eilig aus dem Haus.

Die Hoffnung, dass ihm ihr eisiges Verhalten nicht aufgefallen war, hielt allerdings nicht lange.

»Sag mal, habe ich deine Brüder irgendwie … verärgert?«, fragte El, als ich die Haustür hinter mir zugezogen hatte und wir gemeinsam zu seinem Auto liefen.

Eilig kramte ich in meinem Kopf nach einer plausiblen Ausrede.

»Ach was. Die haben heute nur zu viele Runden bei CS:GO verloren und sind daher schlecht drauf.« Ich warf ihm einen unsicheren Seitenblick zu und hoffte, dass er meine Antwort einfach so hinnehmen würde. Erleichtert atmete ich auf, als er mit den Schultern zuckte und grinste.

»Na dann.«

Als wir bei seinem dunkelblauen Ford ankamen, öffnete er mir die Beifahrertür, bevor er auf der Fahrerseite einstieg. Seine zuvorkommende Art war nur einer der vielen Gründe, warum ich irgendwann Schmetterlinge bekommen hatte, wenn er mich ansah. Wer stand bitte nicht auf einen Gentleman?

Ich lehnte mich entspannt zurück, während er losfuhr und mir von seinem letzten Campingausflug erzählte.

»Nächstes Mal musst du unbedingt wieder mitkommen. Die

Stelle am See war der Wahnsinn. Wir haben den ganzen Abend kaum Lampen gebraucht, weil der Himmel so von Sternen erleuchtet war«, schwärmte er.

»Klingt wirklich toll. Ich wäre auch dieses Mal gern dabei gewesen, aber … na ja. Du weißt ja, wieso es nicht ging.«

Es war wieder Vollmond gewesen.

»Klar. Vielleicht können wir beim nächsten Mal auch einfach mal wieder nur zu zweit fahren. Das wäre sicher weniger stressig für dich mit all den Gerüchen und Eindrücken«, überlegte Eliano laut und mein Herz machte einen kleinen Sprung. Wann immer er konnte, versuchte er mir das Leben einfacher zu machen.

Als mein Lieblingssong, der ein fester Bestandteil seiner dauerhaften Playlist war, angespielt wurde, begann ich den Text mitzusingen, während am Fenster die Häuser meiner Straße vorbeizogen. »*I feel so high school. Every time I look at you …*«

Die Sonne ging bereits unter und färbte den Himmel langsam violett, während die ersten Straßenlaternen zu leuchten begannen.

»Ich kann diesen dummen Song nicht mehr hören«, brummte El, als die letzten Noten verklungen waren.

»Der Song ist ein Meisterwerk!«, entgegnete ich empört. »Außerdem sagst du das jedes Mal und dennoch löschst du ihn nicht«, erinnerte ich ihn lächelnd, als wir gerade vor einer weißen Villa im Südstaaten-Stil zum Stehen kamen. Unzählige Menschen tummelten sich auf dem Rasen und der Veranda. Einige spielten an einem langen Tisch Bierpong, während andere auf dem Gras lagen oder locker in kleinen Gruppen tanzten. Die weißen Fenster und die dunkle Haustür standen sperrangelweit offen und ein lauter Beat dröhnte aus dem Haus. Ich spürte ihn bereits von hier tief in der Brust vibrieren und mein Herzschlag beschleunigte sich. Aber ich wollte mir mein Unwohlsein nicht anmerken lassen und wendete mich wieder meinem besten Freund zu.

»Weißt du, ich habe auch eine Theorie, wieso du den Song nicht entfernst.«

Er lachte, was in meinen Ohren der schönste Klang war und

das unangenehme Wummern verdrängte.

»Dann schieß mal los.«

»Du weißt, dass das Lied mich glücklich macht, und du würdest alles tun, um mich glücklich zu machen. Selbst wenn es heißt, deine Ohren zu foltern«, erläuterte ich.

El legte bei meinen Worten grinsend den Kopf leicht schief und musterte mich fragend. Erst da wurde mir bewusst, dass meine Worte irgendwie etwas Zweideutiges an sich hatten.

»Das stimmt. Ich würde vieles tun, um dich glücklich zu machen, Mika.«

Sein koketter Unterton in der Stimme entging meinem feinen Gehör nicht. Einen Moment lang war ich sprachlos und komplett überfordert. Was sollte ich darauf antworten? Das Blut rauschte in meinen Ohren und schoss mir in die Wangen.

Dann schob ich hastig hinterher: »Natürlich nur, weil wir so gut befreundet sind. Außerdem glaube ich, dass du ihn insgeheim inzwischen lieb gewonnen hast und nur deshalb weiterhin meckerst, weil du sonst zugeben müsstest, dass ich einfach einen besseren Geschmack habe.«

Einen Moment war es still im Wagen, während mein Herz wie wild klopfte und die Musik von draußen den Wagen leicht erzittern ließ.

Dann lachte El laut los. »Du hast auf gar keinen Fall einen besseren Musikgeschmack als ich.«

Er zog den Schlüssel ab und stieg aus. Während er zu mir herumkam, um mir erneut die Tür zu öffnen, holte ich erleichtert Luft. Das war knapp.

Ich stieg aus dem Wagen und warf einen Blick zum Haus hinüber. Der Bass war hier draußen um ein Vielfaches lauter und ich zuckte zusammen, als er meine empfindlichen Ohren traf. Eine unangenehme Gänsehaut überzog meinen gesamten Körper. Sofort spürte ich Els warme Hand an meinem nackten Arm und ich sah zu ihm auf.

»Du weißt, dass wir jederzeit gehen können, wenn es dir zu viel wird.« Seine himmelblauen Augen waren voller Sorge.

»Ich bin okay.«

»Mir ist klar, dass es für deinen Dad wichtig ist, dass ihr so normal wie möglich lebt. Aber man sensibilisiert sich nicht an einem Abend. Das hier wird auch nicht die letzte Feier unserer Jahrgangsstufe sein. Es wird noch mehr Gelegenheiten für dich geb–«

Ich unterbrach ihn, da es nicht das erste Mal war, dass er mir diesen Monolog vortrug. »Schon klar.«

Ich wusste seine Sorge zu schätzen, aber ich musste das hier tun. Denn ich konnte es nicht ewig vermeiden. Ich wollte irgendwann aufs College und einem Beruf nachgehen, da konnte ich nicht bei jedem Geräusch oder Geruch zusammenzucken und mich verkriechen.

Also hakte ich mich kurzerhand bei ihm unter und zog ihn über den gepflasterten Weg in Richtung Haustür. Es war eine der wenigen Formen von körperlicher Nähe, die ich mir von ihm stehlen konnte, ohne mich zu verraten. Und wie jeder Wolf stand ich nun mal auf Berührungen.

Bereits nach wenigen Metern schlug mir der süßliche Duft von Marihuana entgegen. Ich zwang mich dazu, nicht stehen zu bleiben, wie ein Drogenspürhund es getan hätte, und hielt weiter auf den Eingang zu. Meine Ohren zuckten bereits unaufhörlich, was glücklicherweise von meinen offenen Haaren verdeckt wurde, als wir die Türschwelle erreichten, und ich zögerte einen Moment. Unauffällig rieb ich den Schweiß an meinen Händen an meiner Jeans ab. Eliano bemerkte meine Unruhe und legte mir beruhigend eine Hand auf die Schulter. Vermutlich wollte er mir gleich erneut verdeutlichen, dass wir einfach wieder gehen konnten, aber stattdessen gab mir die sanfte Berührung den nötigen Mut, um einzutreten.

Drinnen roch es aufdringlich nach Bier und Schweiß, was nicht überraschend war bei der Anzahl an Menschen in der geräumigen Eingangshalle. Ich wusste von Erzählungen, dass hier überall weißer Marmor verlegt war, aber davon war nun kein bisschen zu sehen. Zwischen Schichten von Shishadämpfen und Gras fand meine Nase auch Unternoten von Axe-Bodyspray, Jägermeister und Zigarettenrauch. Ich verzog angewidert das Gesicht, unterdrückte ein Würgen und konzentrierte mich darauf, ruhig weiter zu atmen.

»Du machst das echt gut.« Obwohl El direkt neben mir stand, musste er schreien, damit ich ihn verstehen konnte.

Ich schenkte ihm ein kurzes Lächeln und trat dann unruhig von einem Fuß auf den anderen. Was nun?

Eliano deutete fragend in Richtung des Wohnzimmers, wo die Tanzfläche zu sein schien, und ich nickte. Während wir uns einen Weg durch die Menge bahnten, hielt ich mich dicht an ihn. Mein bester Freund hatte meine Hand in seine genommen, um mich nicht zu verlieren, und sein Daumen zog beruhigende Kreise auf meinem Handrücken. Mein gesamter Arm kribbelte unaufhörlich und ich musste mir auf die Lippen beißen, um nicht dämlich vor mich hin zu grinsen. Wie schaffte es eine solch kleine Berührung, meinen gesamten Fluchtinstinkt auszuhebeln?

Wir ließen uns schließlich auf einem großen cremefarbenen Sofa neben der Tanzfläche nieder. Ob das morgen noch dieselbe Farbe haben würde?

Es dauerte nicht lange, bis El von Maisie, einer Mitschülerin mit schwarzen, langen Haaren und einem grauen Minirock, in ein Gespräch verwickelt wurde. Unruhig wippte ich mit dem Bein auf und ab und beobachtete das Treiben in dem Raum. Es musste fast die gesamte Schule hier sein. Überall entdeckte ich bekannte Gesichter.

Da tippte mich El an. »Ist es okay, wenn ich dich kurz allein lasse?«, fragte er und sein Blick glitt zur Tanzfläche, während meiner zu Maisies Hand auf seinem Oberschenkel wanderte. Ich sah von ihm zu ihr und wieder zurück. Dann nickte ich langsam und sah dabei zu, wie die beiden sich erhoben und in einiger Entfernung zu tanzen begannen. Zunächst war der Beat schnell und kräftig, aber schon bald wurde er langsam und romantisch. Zu meinem Entsetzen musste ich dabei zusehen, wie Maisie ihre Arme um Els Hals legte und er sie eng an sich zog, sodass ihre Brüste, die in einem hinreißenden petrolfarbenen Top steckten, gegen seinen Oberkörper gedrückt wurden. Seine Hand lag ganz knapp oberhalb ihres Pos.

Plötzlich war mir viel zu heiß. Mein gesamter Körper begann zu kochen. Wölfe konnten sehr territorial sein, aber ich hatte nun mal kein Anrecht auf Eliano. Daher erhob ich mich hastig, bevor ich eine Szene machen konnte, und flüchtete in die moderne Edelstahlküche nebenan. Dort schnappte ich mir einen roten Plastikbecher, befüllte ihn mit dem ersten Alkohol, den ich finden konnte, und leerte ihn in einem Zug. Sofort begann ich wie wild zu husten. Verdammt.

Was auch immer das für ein Zeug gewesen war, es brannte in meinem Rachen und schmeckte widerlich. Allerdings half es auch gegen den dumpfen Schmerz in meiner Brust und ließ mich die brodelnde Eifersucht vergessen, weshalb ich mir einen zweiten Becher füllte und mir dann einen Weg hinaus in den Garten bahnte.

Frische Luft hatte schon immer geholfen, meinen Kopf frei zu machen. Daher atmete ich zunächst einige Male tief ein und aus und sah mich anschließend um. Die grünen Hecken waren auf den Millimeter exakt geschnitten und die Blumenbeete perfekt gepflegt. Trotz der weitläufigen Fläche war hier deutlich weniger los. Nur drei Jungs saßen auf den aufwendig geflochtenen Gartenmöbeln herum, weshalb es ein Leichtes war, dort einen Platz zu ergattern. Einer von ihnen bemerkte mich sofort und schenkte mir ein Lächeln mit seinen unnatürlich weißen Zähnen. Ich kannte sein Gesicht, konnte mich aber nicht an seinen Namen erinnern. Glücklicherweise half er mir aus.

»Ian.« Er hielt mir seine Hand hin und ich ergriff sie nach kurzem Zögern.

»Mika.«

Er fuhr sich mit der Hand durch seine braunen, kurzen Haare und ließ seinen Arm dann auf der Lehne der Sofagarnitur hinter uns ruhen. Mir wurden auch seine Kumpel, Dex und Will, vorgestellt. Wir unterhielten uns eine Weile locker. Dabei erfuhr ich, dass sie in eine Parallelklasse von mir gingen und leidenschaftliche Wrestler waren. So ganz wollte mich das Gespräch über Wurftechniken und Haltegriffe aber nicht fesseln, weshalb meine Gedanken immer wieder zu Maisie und El abschweiften.

Ob seine Hand noch immer *dort* lag? Oder bereits ganz woanders? Hatte er überhaupt bemerkt, dass ich verschwunden war?

Bevor ich weiter in meinen Gedanken versinken konnte, stieß mir Ian leicht gegen die Schulter.

»Willst du?«, fragte er und hielt mir sein Kristallglas mit bernsteinfarbener Flüssigkeit vor die Nase. »Ist sehr gut.«

Dachte er wirklich, ich würde aus einem fremden Glas trinken? Dankend lehnte ich ab und fügte hinzu: »Ich trinke keinen ... ähm ... Bourbon.«

Er verzog einen Moment lang missbilligend das Gesicht. »Wohl keine Whisky-Kennerin, hm? Das ist Scotch!« Dann grinste er. »Aber ich bringe dir gern den Unterschied bei.«

Ich runzelte die Stirn. Warum ließ er das so zweideutig klingen?

Als seine Fingerspitzen plötzlich meinen Rücken streiften und ich seinen lüsternen Blick wahrnahm, wusste ich wieso.

Oh nein. Ganz sicher nicht.

Automatisch versuchte ich, ein Stück von ihm wegzurutschen, aber er schloss die neu geschaffene Lücke sofort wieder.

Unsicher sah ich mich nach einer Möglichkeit um, um mich zügig von ihm zu distanzieren. Dabei stellte ich fest, dass wir nun vollkommen allein waren. Dex und Will schienen sich in Luft aufgelöst zu haben und auch der restliche Garten war leer.

Ich schluckte. Ganz sicher bemerkte Ian mein Unwohlsein, doch er entschied sich dazu, es zu ignorieren. Er legte mir seine schwitzig-heiße Hand auf den nackten Oberschenkel und begann, ihn zu streicheln. Mir wurde schlecht.

»Du musst dich mal locker machen!« Das leichte Lallen in seiner Stimme machte deutlich, dass er schon etwas zu viel gehabt hatte.

Ein unangenehmer Schauer ging durch meinen gesamten Körper und augenblicklich schob ich seine Hand von mir. Ich räusperte mich, um den Kloß in meinem Hals loszuwerden, der sich plötzlich gebildet hatte. »Ich sollte mal wieder reingehen.«

Doch bevor ich mich erheben konnte, umfasste er mein Handgelenk und hielt mich fest. »Ach komm. Es ist doch gerade so schön.«

Sein Griff fühlte sich an wie ein Schraubstock. Mit einer

schnellen Bewegung stellte er sein Glas auf dem Beistelltisch ab, dann versuchte er mich mit seiner nun freien Hand in das Sofa zu drücken. Oh Scheiße.

Mein Verstand schrie mich an, mich zu bewegen und mich zu wehren. Aber ich war vor Schock erstarrt und meine Muskeln wie gelähmt. Ich wollte das nicht und schaffte es trotzdem nicht, den Mund zu öffnen, um »Nein« zu sagen.

In Schockstarre gefangen konnte ich nur dabei zusehen, wie sich seine Lippen beinahe in Zeitlupe auf mich zubewegten, während seine Hände versuchten, unter mein Oberteil zu gelangen. Er roch unangenehm nach allerlei Alkohol von Absinth bis Zapfbier. Beinahe hätte ich gewürgt.

Wobei … Vielleicht sollte ich ihn ankotzen. Das würde sicher dafür sorgen, dass er mich losließ.

Endlich schaffte ich es, mich gegen seinen Griff zu wehren. Ich hob meine Arme und versuchte, ihn von mir zu stoßen, aber er hielt trotz all meiner Anstrengung problemlos dagegen. Wäre heute Vollmond, würde ich den Kerl mit links plattmachen. Wie konnte man so kraftvoll und hilflos zugleich sein?

Seine Lippen waren kurz davor, meine zu berühren, und ich schloss angewidert die Augen, um es einfach über mich ergehen zu lassen.

»Hey! Lass sie los!«, rief jemand und plötzlich wurde Ian von mir heruntergezogen. Zum ersten Mal seit Minuten hatte ich das Gefühl, wieder atmen zu können. Als ich mich traute, meine Augen zu öffnen, erblickte ich Eliano, der Ian gerade mit einem sauberen Kinnhaken zu Boden beförderte. Er stöhnte schmerzerfüllt auf.

»Zieh ab!«, wies El ihn an, woraufhin sich mein Mitschüler aufrappelte und unter Gemoser und Gemecker à la »Sie wollte es doch auch« von dannen zog.

»Bist du in Ordnung?« El musterte mich besorgt von oben bis unten, dann zog er mich von dem Sofa und direkt in seine Arme. »Mir ist klar, dass du dich normalerweise sehr gut allein verteidigen kannst, aber egal was der Typ sagt, *das* sah alles andere als einvernehmlich aus.«

Als ich seinen vertrauten Geruch einatmete, beruhigte sich

mein Herzschlag allmählich wieder.

»Ich habe dich überall gesucht«, sagte er schließlich.

Ich drückte meine Nase tiefer in sein T-Shirt und meine zitternden Finger klammerten sich an sein Hemd.

»Danke.«

Dieses Wort beschrieb nicht einmal ansatzweise die Welle voller Erleichterung und Dankbarkeit, die mich gerade durchströmte.

»Jederzeit.« Er strich mir sanft mit der Hand über den Kopf. »Ich weiß ja, dass normalerweise die übernatürlichen, gut aussehenden Wesen die schwachen, durchschnittlich aussehenden Teenager retten und nicht umgekehrt. Aber ich war schon immer gegen Klischees und Schubladendenken.«

»Wer sagt, dass du schwach bist und nur durchschnittlich aussiehst?« Es rutschte mir heraus, während ich mich noch immer an ihn schmiegte. Verdammter Alkohol.

Seine Brust vibrierte, als er lachte.

»Vorsicht, Mika. Sonst könnte ich noch auf die Idee kommen, dass du mit mir flirtest.«

Es war, als hätte man Eiswasser über mich gekippt. Ich löste mich von ihm und erkannte, dass seine Augen amüsiert funkelten.

»Und wir wollen doch nicht, dass ich herausfinde, dass du auf mich stehst«, fuhr er fort.

Mein Kopf drehte sich und mein Herz setzte einen Moment aus. »W-Was? So ein Blödsinn.« Ich lachte auf, aber es klang zitterig und wenig überzeugend. »Wie kommst du denn auf so was?«

Leugnen. Leugnen. Leugnen.

Er grinste so breit, dass ich seine perfekten Zähne sehen konnte. Dann zog er mich wieder an sich und ich spürte seinen Mund ganz nah an meinem Ohr. »Ganz ruhig, mein roter Wolf. Mir geht es doch genauso.«

Seine Stimme löste eine angenehme Gänsehaut aus und es dauerte einen Moment, bis ich seine Worte verarbeitet hatte. Er lehnte sich ein Stück zurück, um mir in die Augen zu sehen. Ich erkannte Aufrichtigkeit darin, woraufhin mein Herz begann, in meiner Brust Purzelbäume zu schlagen.

Vergessen waren Ian und der beschissene Teil dieses Abends.

»Aber du hast nie was gesagt!«, antwortete ich perplex.

»Du doch auch nicht«, entgegnete er. »Ich dachte, du wärst dir vielleicht noch nicht sicher mit mir, und ich wollte dich nicht in eine unangenehme Lage bringen. Aber langsam war es echt hart zu warten …«

Etwas Sehnsüchtiges lag in seinem Blick, während dieser von meinen Augen zu meinen Lippen glitt. Ich schmolz beinahe dahin, aber es gab noch etwas, das ich nicht verstand. »Warte. Warum hast du dann vorhin mit Maisie *so* getanzt?« Allein bei dem Gedanken daran begann mein Blut wieder zu kochen.

»Oh!« Er kratzte sich verlegen am Hinterkopf. »Sie hat es sich zur Mission gemacht, uns zusammenzubringen, und war der festen Überzeugung, dass sie dich mit Eifersucht aus der Reserve locken kann.«

Ich boxte ihm gegen die Schulter. »Wie bitte? Und dem hast du zugestimmt?«

Seine Wangen färbten sich leicht rosa. »Mir gingen die Ideen aus und ich dachte, es wäre vielleicht einen Versuch wert.«

Mit offenem Mund starrte ich ihn an.

»Also? Was meinst du? Können wir endlich von hier verschwinden?«, fuhr er fort, als ich nichts sagte. Seine warmen Finger umfassten meine. »Mir fallen ein Dutzend bessere Orte ein, um diese Unterhaltung fortzuführen.«

Er hatte nicht unrecht. Mit dem lauten Bass im Hintergrund und den angetrunkenen Teenagern, die aus der Villa heraus- und in diese hineinstolperten, war das wirklich kein besonders romantischer Ort. Dennoch rührte ich mich nicht.

»Eine Sache noch.«

Ich sah ihm tief in die Augen und löste unsere verschränkten Finger. Ich wollte diesen Ort mit einer guten Erinnerung verlassen, nicht mit dem, was beinahe mit Ian passiert wäre. El beobachtete mich aufmerksam, während ich meine Arme um seinen Hals legte. In meinem Kopf vernahm ich die Worte »*It's true, swear, scouts honor. You knew what you wanted, and, boy, you got her*«, als ich seinen Kopf zu mir herunterzog. Kurz bevor sich unsere Lippen berührten, flüsterte ich: »Du solltest meinen Brüdern in nächster Zeit nicht zu nahe kommen.« Dann küsste ich ihn.

Kessy Warstat lebt mit ihrer kleinen Familie im malerischen Elbflorenz Dresden. Zu ihrem Alltag aus Homeoffice, Homecaring und Pandemie hat sie einen guten Ausgleich im allabendlichen Schreiben gefunden. Dabei wurde sie von guten Worten und ihrer eigenen inneren Eingebung ermutigt und schließlich erfüllte sie sich den lang gehegten Wunsch, ihr Buch mit anderen zu teilen. Motiviert durch all den Zuspruch und das positive Feedback sprudeln die Ideen nur so und lassen auf weitere Bücher hoffen. Ihr Debütroman *Charlotte*, eine charmante Hollywood-Lovestory, ist daher gewiss nicht ihr letztes Werk.

Kessy Warstat

Familienbande

Schwer hing sein Atem in der Luft. Zweige und Blätter peitschten ihm ins Gesicht, seine Augen füllten sich mit bitteren Tränen. Seine Sicht war verschwommen, doch er rannte. Er rannte, so schnell seine kurzen Beine es zuließen. Bäume und Sträucher rasten an ihm vorbei. Die großen, bemoosten Felswände, hinter denen er sich sonst so oft zurückgezogen hatte, passierte er, ohne ihnen Beachtung zu schenken. Heute würden sie ihm keinen Schutz bieten.

Unzählige Male hatte er diesen Pfad schon genommen, mal schlendernd, mal laufend, doch nie mit der Todesangst im Nacken, die ihn heute antrieb. Er fürchtete um sein Leben, so sehr, dass es ihm beinahe egal war, ob sein rasendes Herz aus seiner Brust sprang oder er vor Erschöpfung bewusstlos zu Boden ging. Das Ziel fest vor Augen kümmerte er sich nicht um seine schwindenden Kräfte, sondern stürmte unbeirrt durch das Dickicht des Waldes. Alles, was zählte, war, dass er hier rauskam, den rettenden Waldrand und damit das Dorf auf der anderen Seite erreichte. Dorthin würden sie ihm nicht folgen. Dort würde er in Sicherheit sein.

Fest entschlossen hetzte er über Wurzeln und Steine, duckte sich unter umgefallenen Bäumen hindurch und sprang über abgestorbenes Geäst. Hinter ihm hörte er seine Verfolger. Ein Zeichen, dass er langsamer wurde, gefährlich langsam. Noch einmal nahm er all seine Willensstärke zusammen und sprintete im Eiltempo. Er durfte jetzt nicht aufgeben, das Feld auf der anderen Seite des dunklen Waldes konnte nicht mehr weit sein.

»Da vorn! Ich kann ihn hören! Los! Gleich haben wir den Schwächling!«

Er hörte das laute Gebrüll in seinem Rücken. Aus Furcht zu fallen, wagte er nicht einmal einen kurzen prüfenden Blick, um seinen verbliebenen

Vorsprung abzuschätzen. Stattdessen fixierte er mit seinen Augen den Horizont und suchte nach dem einfallenden Licht, welches das Ende der Dunkelheit verkünden würde.

Endlich, wenige Meter später sah er es.

Nicht nachlassen! Lauf!, ermahnte er sich selbst.

»Gleich haben wir ihn!«, tönte es hinter ihm.

Sein Herz schlug noch schneller. Waren sie ihm tatsächlich so dicht auf den Fersen? Er wollte sich umdrehen, wollte wissen, wie nah … Nein! Das Risiko war zu groß.

»Ich kann den Waldrand sehen. Nie im Leben wagt der Schwächling es, diese Grenze zu überschreiten!«

»Ruhe, sonst verlieren wir diese jämmerliche Kreatur noch! Schnappt ihn euch endlich!«

Noch circa zehn Meter, er musste es schaffen. *Lauf! Lauf um dein Leben!*

Dann – endlich! – waren die letzten Bäume zum Greifen nah. Plötzlich ergriff ihn eine ganz andere Art von Angst. Noch nie war einer seiner Leute so weit gegangen, hatte die letzten Bäume passiert und sich in die unbekannte Welt der »Anderen« gewagt. Die Legenden seiner Ahnen besagten, dass sie früher Jagd nach seinem Volk gemacht hatten und seither eine Bedrohung darstellten.

Binnen wenigen Sekunden musste er sich entscheiden: Entweder er entkam der Gefahr und rannte in ein ungewisses Leben. Oder er blieb augenblicklich stehen und ergab sich den Grausamkeiten, die hinter ihm lauerten.

»Ich kann ihn nicht mehr sehen. Wo ist diese verweichlichte Laune der Natur?«

Mit einem letzten großen Satz sprang er durch das Geäst ins gleißende Licht. Geblendet von den Sonnenstrahlen kniff er die Augen zusammen und duckte sich ins hohe Gras. Schwer atmend bahnte er sich so seinen Weg nach vorn, darauf hoffend, dass der Wind seine Bewegungen verheimlichte und sie ihm nicht folgen würden.

Ein lautes, markerschütterndes Brüllen des obersten Jägers ließ ihn schließlich erstarren. »Wo ist er? Selbst so ein Winzling und Dummkopf wie Magnus ist nicht so lebensmüde und verlässt die Grenzen unseres Landes. Er muss hier irgendwo sein. Sucht ihn! Und wenn ihr nicht das gleiche elendige Schicksal wie dieser räudige Köter erfahren wollt, dann beeilt ihr euch besser!«

Untergeben befolgten die Jäger seinen Befehl. Hinter ihm tobten sie wütend durch das Dickicht. Brutal ließen sie Äste brechen.

»Magnus, Junge, komm raus. Ich verspreche, dir wird nichts geschehen«, rief Viktor, der Hauptmann der Jäger.

Von wegen. Magnus kannte Viktor genau. Zu oft hatte er die Geschichten über dessen siegreiche Treib- und Hetzjagden gehört. Heimlich hatte er gelauscht, wenn sein Vater wieder einmal ausführliche Berichte über die Verfolgung von Verrätern und in Ungnade gefallenen Untergebenen verlangt hatte. Wenn all das stimmte, was Viktor berichtet hatte, dann sollte er sich nun ganz sicher nicht ergeben.

»Magnus, meine Geduld schwindet. Komm raus! Mach es nicht schlimmer, als es ist. Je länger du das hier rauszögerst, desto schmerzvoller wird es für dich.« Viktors Brüllen klang unheilvoll.

Angsterfüllt presste Magnus seinen zitternden Leib auf den Boden. Er bewegte sich nicht einen Millimeter, in der Hoffnung, dass niemand auf ihn aufmerksam werden würde.

»Seid mal ruhig! Ich glaube, ich habe dahinten etwas gehört«, rief einer der Häscher.

Dann wurde es langsam ruhiger. Seine Verfolger schienen sich zurückzuziehen.

»Los, suchen wir an den Felsklippen. Da treibt er sich oft rum.«

Erleichtert atmete Magnus aus und brachte ein wenig Abstand zwischen seinen Bauch und die kalte Erde. Dennoch war er vorsichtig. Er war vielleicht klein, jung und unerfahren, aber er hatte genug Zeit mit seinem Vater verbracht, um zu wissen, dass man jemandem wie Viktor und seinen Leuten nicht trauen durfte.

Eine gefühlte Ewigkeit verharrte er so in dem hohen Gras, bis er sich schließlich traute, seinen Weg fortzusetzen. Zu seinem Glück hatte der Wind aufgefrischt und verschleierte die

Bewegungen des Grases, die er auslöste.

Mit der Zeit wurde das Gras lichter, es bot ihm keine Möglichkeit mehr, sich zu verstecken. Vorsichtig reckte Magnus den Kopf und sah sich nach einem Unterschlupf um. Einige Meter weiter befand sich ein großer Busch. Wenn er weit genug in die Mitte vordringen könnte, wäre er sicher vor den Augen seiner Verfolger geschützt.

Zaghaft wandte er den Blick nach hinten. Wenn er zu dem Gebüsch rennen wollte, musste er sich aus der Deckung begeben. In diesem Moment wäre es ein Leichtes für Viktor und seine Vasallen, ihn zu entdecken und zu schnappen. Wer konnte schon ahnen, wie sehr sie sich fürchteten, die Baumgrenze zu überschreiten?

Ein kurzer Blick, auf den bald ein zweiter folgte, dann fasste Magnus sich ein Herz und sprang so schnell er konnte aus seinem Versteck hinüber zu dem neu auserkorenen. Dort suchte er nach einer Lücke im Gestrüpp, kroch hindurch und kauerte sich so weit in die Mitte der Haselnusssträucher, wie es ihm nur möglich war.

Dunkelheit und Kälte zogen herauf und nagten an Magnus' Kräften, sodass er schlussendlich zusammengerollt auf dem harten Erdboden einschlief.

***

Vereinzelte Lichtstrahlen bahnten sich ihren Weg durch das üppige Gebüsch und kitzelten sanft Magnus' Nase. Langsam öffnete er die Augen. Sein Körper zitterte. Die Luft war kalt und feucht. Wie gern hätte er sich zu Hause in sein warmes Bettzeug gewickelt und geschlafen. Während er an sein Heim und das weiche Bett dachte, wurde ihm bewusst, dass er dies und seine Familie nie wieder sehen würde. Brennende Tränen füllten seine Augen. Mama, Papa. Obgleich er wusste, dass ihm eine Rückkehr ein Leben voller Pein und Qual bescheren würde, vermisste er sie.

Das laute Knurren seines Magens ließ ihn hochschrecken. Er hatte seit gestern Mittag nichts gegessen. Kein Wunder, dass sich sein Bauch beschwerte. Ein weiteres grimmiges Brummen veranlasste ihn, sich vorsichtig aus seinem Versteck zu wagen und nach etwas Essbarem zu suchen.

Außerhalb der Sträucher hatte der Tag bereits begonnen. Dichte Nebelschwaden hüllten Magnus' Unterschlupf ein und beschränkten die Sicht auf wenige Meter. Solange er sich vorsichtig bewegte, würde er vom Waldrand aus nicht zu sehen sein. Auf dem Boden fand er zahlreiche Nüsse. Sie waren nicht das, was ihm zum Frühstück vorschwebte, aber sie waren besser als nichts. Ein paar Meter weiter stieß er auf eine wild bewucherte, steinerne Mauer. An ihr wuchs nicht nur Moos, sondern auch ein riesiger, dicht verzweigter Himbeerstrauch. Auch hier bediente er sich, soweit er an die saftigen, roten Früchte heranreichte. Obwohl sich sein Bauch mit der Zeit füllte, wünschte er sich ein richtiges Frühstück herbei.

Mittlerweile hatte sich der Nebel verzogen. Er nutzte den Moment, um seine Umgebung ein wenig zu erkunden, aber nur so weit, wie sie ihm Schutz bot. Der Blick nach hinten ließ ihn erleichtert aufatmen. Das Gras, durch das er gestern geflohen war, war so hoch, dass er nicht einmal die Wipfel der höchsten Bäume sehen konnte. Die Mauer, die nunmehr im Sonnenlicht lag, erstreckte sich zu beiden Seiten, so weit das Auge reichte. An den grauen Steinen entlang wuchsen Sträucher, kleine Büsche, Farne und andere große Pflanzen, die im Zweifel eine Zufluchtsstätte boten. Für den Moment beschloss er, sich auf einem weichen, bemoosten Fleckchen Erde niederzulassen und sich in der Sonne aufzuwärmen. Noch immer erschöpft von seiner Flucht, döste er schon bald ein.

Die Wärme der Sonnenstrahlen hatte ihn so sehr entspannt, dass aus einem kurzen Nickerchen ein tiefer, fester Schlaf geworden war, aus dem ihn ein furchterregendes, vertrautes Gebrüll weckte.

»Magnus, du verweichlichte Missgeburt von einem Werwolf, komm raus und ergib dich!« Viktor und sein Gefolge hatten die Suche nach ihm nicht aufgegeben und waren zurückgekehrt zu der Stelle, an der sie ihn gestern verloren hatten. »Falls du wirklich so dumm und einfältig bist, dich unseren Gesetzen und

Grenzen zu widersetzen, stirbst du besser auf der Stelle, ehe ich dich Stück für Stück hinrichte!«

Der Hauptmann war vielleicht in der Jagd und grausamen Folter befähigt, sonderlich clever war er jedoch nicht. Selbst Magnus mit seinen acht Jahren wusste, dass er nur eine Chance hatte, wenn er sich nicht zu erkennen gab. Er presste seinen kleinen schwachen Körper so gut es ging flach auf den Boden. Er hatte Angst, große Angst. Für den Moment war er hier sicher, aber er wusste, irgendwann würde auch Viktor die Waldgrenze hinter sich lassen und ihn suchen. Denn eines war klar: Er würde nicht mit seiner Suche aufhören, ehe er Magnus in seinen Fängen hatte.

Zitternd schaute sich der junge Werwolf um. Zu seinem Versteck im Haselnussgebüsch traute er sich nicht zurück. Der Weg war zwar nicht weit, aber relativ ungeschützt. Viktor und seine Vasallen waren um Längen größer als er und wer wusste schon, ob sie ihn nicht über das Gras hinweg entdecken würden. Das dichte Gestrüpp und die Stacheln des Himbeerstrauchs vereitelten eine Flucht dorthin. Für einen Sprung über die Mauer war er zu klein. Außerdem hätte er einigen Anlauf gebraucht, um so hoch zu kommen. Mal davon abgesehen, dass er nicht gerade der Sportlichste war, war ihm auch hier das Risiko, entdeckt zu werden, zu groß.

Eventuell konnte er sich unter dem breit gefächerten Farn verstecken. Langsam kroch er auf allen vieren an der Steinwand entlang. Endlich erreichte er das leuchtende Grün des Farns. Die Blätter waren fast so groß wie Magnus selbst und boten daher einen vortrefflichen Sichtschutz. Wachsam krabbelte er darunter und wartete ab. Er wusste, irgendwann würden sie seinem Vater Bericht erstatten müssen. Das wäre seine Chance, einen Weg auf die andere Seite der Mauer zu finden.

Es kam ihm vor wie eine Ewigkeit, bis das Geheul seiner Verfolger leiser wurde und schließlich verstummte. Die beginnende Dämmerung kündigte eine weitere Nacht unter freiem Himmel an. Vorsichtig bewegte er sich unter den Blättern. Als die Verzweiflung in ihm aufkeimte und er seine Suche fast schon aufgeben wollte, entdeckte er eine Lücke zwischen den Steinen. Sie war nicht sonderlich groß, aber das war er auch nicht, schon gar nicht in seiner Wolfsgestalt. Vorsichtig abschätzend steckte er zunächst seinen Kopf hindurch, dann eine Pfote und gleich darauf die zweite. Die Hälfte war geschafft. Jetzt musste er nur noch sein Hinterteil und die Hinterläufe durchquetschen. Das allerdings war ein Problem. Das Loch war in der vierten Steinreihe und seine Beine nicht sonderlich lang und ganz offensichtlich war sein Gesäß dicker als der Rest von ihm.

Es bedurfte einiger Anläufe, bis er sein Hinterteil in das Loch gezwängt hatte. Jetzt musste er es nur noch durch die dicke Mauer schaffen. Kaum hatte er diesen Gedanken beendet, trat ein, wovor er sich gefürchtet hatte: Er steckte fest. Nein, das durfte nicht sein! Panik überfiel ihn. Er strampelte mit den Beinen, doch es tat sich nichts. Schließlich fiel er in sich zusammen und hing wie ein nasser Sack zu beiden Seiten der Mauer heraus. In dieser Position war er ein gefundenes Fressen für jeden. So durfte es nicht mit ihm zu Ende gehen, er musste kämpfen. *Los, Magnus, du schaffst das! Du bist schlau, lass dir was einfallen!*, redete er sich mutmachend zu. Er strampelte mit den Beinen, versuchte, die Pfoten gegen die Mauer zu stemmen und sich so durchs Loch zu schieben. Vergeblich.

Magnus grübelte und überlegte. Als die letzten Sonnenstrahlen erloschen, kam ihm die rettende Idee: Er drückte seine Vorderpfoten mit aller Kraft gegen die Steine, machte sich so schlank wie möglich, indem er die Hinterläufe streckte, und schaffte es mit Hängen und Würgen endlich hindurch. Derart fokussiert auf sein Hinterteil fiel er kopfüber aus dem Loch, kullerte eine kleine Böschung hinunter und direkt in das kalte Wasser eines Bachlaufs hinein.

Wunderbar! Das hatte ihm gerade noch gefehlt. Bedröppelt sah er an sich hinab. Bis auf ein paar wenige Stellen war er patschnass. Das Fell klebte an seinen dünnen, staksigen Beinen. Kein Wunder, dass er kaum die Kraft gehabt hatte, sich durch das enge Loch zu stoßen. Wie er es allerdings geschafft hatte, durch den gesamten Wald zu fliehen, ohne eingeholt zu werden, war dagegen ein Wunder. Sein Blick ruhte auf dem erbärmlichen Geschöpf, das ihn von der Wasseroberfläche aus ansah. Sein Vater, seine Mutter, Viktor und alle anderen hatten recht: Er war seines Standes nicht würdig. Das Mondlicht offenbarte es. Anstatt eines prächtigen, stattlichen jungen Werwolfs sah er die runde, knuffige Schnauze eines schmächtigen Welpen mit dem blonden kurzen Fell eines Labradors und einer struppigen und so gar nicht majestätisch anmutenden Mähne eines verwahrlosten Löwen. Seine Eltern hingegen waren imposante und mächtige Wolfsgestalten, sie waren stark, hatten dichtes, glänzendes Fell mit einer beeindruckenden Zeichnung und Augen, die wie Amethysten funkelten. Sie waren das Alpha-Pärchen, und schon deshalb war Magnus' jämmerliche Gestalt eine Schande für sie. Doch nicht nur optisch war er eine Enttäuschung. Er hasste den Kampf- und Jagdunterricht, er hatte nicht das geringste Interesse daran, jemanden in den Tod zu schicken. Magnus steckte seinen Kopf lieber in Bücher. Er las alles, was ihm in die Hände kam. In seinem Jahrgang war er der Beste und sogar schlauer als einige von den älteren, dafür aber körperlich überlegenen Wölfen.

Das Schlimmste jedoch war, dass er sich noch immer nicht verwandeln konnte, wann er es wollte. Wenn er es musste, klappte es grundsätzlich nicht, wenn er es wollte, brauchte es viel Konzentration und Willenskraft, aber wenn er nieste oder Schluckauf hatte, war es gewiss, dass er sich verwandelte. So auch gestern, bei einer der wichtigen Ratsversammlungen seines Vaters. Ein winziges Staubkörnchen hatte ausgereicht und schon hatte er sich vor aller Augen in dieses erbärmliche Wesen verwandelt. Das wiederum hatte genügt, um bei seinem Vater das Fass zum Überlaufen zu bringen, sodass dieser die Beherrschung verloren und seinem Beta befohlen hatte, Magnus wegzusperren. Da er wusste, was das bedeutete, hatte er die Flucht ergriffen, und nun saß er hier, in der Dunkelheit, nass und frierend.

Niedergeschlagen erhob er sich aus dem Wasser, schüttelte sich und kroch direkt in ein Maisfeld hinein. Auf der anderen Seite waren zahlreiche Holzstümpfe aufgestapelt. Dort suchte er nach einem Unterschlupf für die Nacht. Kaum hatte er diesen gefunden, fauchte ihn etwas drohend an. Erschrocken und verängstigt wich Magnus zurück, doch das Wesen, dessen Augen im Mondlicht aquamarinblau strahlten, folgte ihm. Fasziniert von dem Anblick blieb er stehen. Die Kreatur jedoch schritt weiter auf ihn zu. Der helle Mondschein enttarnte sie bald darauf: Vor Magnus stand eine Katze. Er hatte außerhalb von Büchern noch nie eine gesehen. Alte Geschichten sagten, dass Katzen heilige Tiere der alten ägyptischen Götter waren, und als solche fürchteten die Werwölfe sie. Deshalb hielt niemand sie als Haustier.

Sie starrten sich an, musternd, abwartend und dennoch mit Neugierde für den jeweils anderen. Keiner rührte sich, bis in der Ferne das markerschütternde Heulen von Wölfen erklang. Magnus wusste sofort, dass es ihm galt. Das Tier vor ihm schien seine plötzliche Nervosität zu bemerken. Mit wenigen Sätzen sprang es auf den obersten Holzscheit und hielt Ausschau. Seine Haltung und Körpersprache waren majestätisch und imposant. Schließlich sprang es hinunter und verließ Magnus, der wiederum sah dem Tier mit dem langen Fell hinterher. Nach etwa drei Metern blieb die Katze stehen, drehte den Kopf zu ihm um und mauzte, ganz als ob sie ihm sagen wollte, dass er ihr folgen sollte. Sobald sich der kleine Werwolf in Bewegung gesetzt hatte, lief auch sein tierischer Anführer weiter. So marschierten sie ein ganzes Stück, bis hinter einer leichten Anhöhe die Spitze eines Daches zu sehen war. Während die Katze unbeirrt ihres Weges ging, wurden Magnus' Schritte immer vorsichtiger. Wo brachte ihn das Tier hin? Was würde ihn dort erwarten?

Sein Begleiter schien bemerkt zu haben, dass er zögerte. Erneut blieb die Katze stehen, mauzte und wartete, bis Magnus ihr folgte. Dieses Mal hielt er Schritt, zumindest bis sie an der Treppe hinauf zur Veranda ankamen. Das Haus war groß, beeindruckend und wirkte dennoch freundlich. Ganz anders als sein Elternhaus.

Die Katze erklomm die Stufen, schritt durch die Katzenklappe und wartete auf der anderen Seite der Tür darauf, dass er ihr folgte. Magnus nahm all seinen Mut zusammen. Drinnen angekommen, schaute er sich suchend um. Er zitterte aus lauter Angst vor dem Ungewissen. Ein leises, aber forderndes »Miau!« erregte seine Aufmerksamkeit. Folgsam ging er hinüber zur Katze, die auf einem Berg frisch gewaschener Wäsche saß.

Ob er sich dazusetzen sollte?

Fordernd wartete das Tier ab, bis Magnus sich tatsächlich dazu durchrang, sich ebenfalls auf den Wäschestapel zu setzen. Kaum saß er, sprang die Katze davon, riss eine Decke von der Wäscheleine und zog sie über Magnus. Wollte ihn die Katze etwa retten?

Gebieterisch trampelte sie auf ihm herum. Nicht so, dass es schmerzte, sondern eher wie eine energische Aufforderung, sich hinzulegen. Wenn er dem nachgab, würde er einschlafen. War das der Plan des flauschigen Wesens?

Er war so müde und fror so sehr. Wenn er nur ein Weilchen schlafen würde, wäre er vielleicht vor dem Morgengrauen fit genug, um sich davonzumachen, bevor man ihn entdeckte. So schwach wie er war, schien ihm das eine vernünftige Idee zu sein. Also legte er sich hin, schloss die Augen und schlief schon bald zum sanften Schnurren der Katze ein.

***

»Oh Whisky, wie oft habe ich dir schon gesagt, du sollst nicht auf meiner frisch gewaschenen Wäsche schlafen? Sogar die Decke hast du runtergerissen!«

Magnus wurde von einer fremden Frauenstimme geweckt. Sie schien verärgert zu sein, aber nicht so sehr, dass sein kleiner Retter ernsthaft in Schwierigkeiten war.

»Du bist ein frecher kleiner Kater. Wenn du nicht so unfassbar flauschig und charmant wärst…«, sprach sie in versöhnlichem Ton weiter.

Obwohl die Person freundlich und liebevoll klang, hatte Magnus Angst und rollte sich zusammen.

»So, Whisky, dann mal runter von der Wäsche, damit ich sie wegräumen kann, bevor ich sie noch mal waschen muss.«

»Miau!« Der Kater weigerte sich energisch.

»Whisky! Was versteckst du da?«

Unter der Decke spürte Magnus das Gewicht, das auf ihm gelastet hatte, schwinden und plötzlich wurde es hell und ihm schlagartig wieder kalt.

Stille herrschte.

»Oje! Wo kommst du denn her? Geht es dir gut?«

Magnus kniff die Augen fest zusammen und rollte sich weiter ein.

»Hab keine Angst, ich tue dir nichts. Möchtest du mich nicht ansehen?«

Die Besorgnis in der Stimme veranlasste ihn dazu, seine Augen vorsichtig zu öffnen. Neben ihm kniete eine freundlich aussehende Frau mit dunkelblondem Haar und einem aufmunternden Lächeln auf den Lippen.

»Du kannst mich verstehen, oder?«

Magnus nickte.

»Kannst du auch reden?«

»Ja«, antwortete er leise.

»Möchtest du mir vielleicht deinen Namen verraten?«

Magnus schwieg, er war sich nicht sicher, ob er ihr wirklich antworten sollte.

»Du hast recht. Wie unhöflich von mir. Ich bin Clara.« Sie streckte ihm die Hand entgegen und lächelte ihn an.

»Magnus«, erwiderte er mit dünner, zittriger Stimme.

»Freut mich, dich kennenzulernen, Magnus. Das ist Whisky.« Sie streichelte dem Kater, der neben ihnen saß, über sein glänzendes Fell.

»Clara, Schatz, das Frühstück ist fertig, kommst du?«

Magnus erschrak beim Klang der Männerstimme, die von ein paar schweren Schritten begleitet wurde.

»Ah, da bist du ja.« Ein hochgewachsener, kräftiger, aber dennoch schlanker Mann trat zu ihnen auf die verglaste Veranda. »Hat Whisky wieder auf der Wäsche geschlafen? Ich sage ja, du benutzt zu viel Weichspüler, das zieht ihn magisch an.« Der Mann lachte.

»Jaja, lach du nur. Whisky hat uns noch was ganz anderes mitgebracht.«

Der Fremde stutzte und versuchte, an seiner Frau

vorbeizuschielen. Diese erhob sich und gab die Sicht frei. »Wir haben Besuch. Magnus, das ist Emil, mein Mann.«

Emil kam freundlich lächelnd auf Magnus zu, hockte sich vor ihn und hielt ihm die Hand hin. »Freut mich, dich kennenzulernen. Magst du Rührei und Pancakes?«

Magnus zuckte mit den Schultern.

»Hm, dann lass es uns doch herausfinden und falls nicht, dann haben wir sicherlich etwas, das du magst.« Dann stand er auf und ging mit Clara zusammen zur Haustür. Dort angekommen, sahen sie sich nach ihrem unerwarteten Gast um. »Na komm, Magnus. Du hast doch sicher Hunger.«

Magnus saß noch immer auf seiner Schlafstätte und nickte bestätigend.

»Dann los. Du brauchst wirklich keine Angst zu haben.« Sie lächelten ihn herzlich an, woraufhin er sich ein Herz fasste und zu ihnen ging.

Drinnen roch es umwerfend gut, so gut, dass ihm das Wasser im Mund zusammenlief und sein Magen spontan knurrte.

»Du musst ja Hunger wie ein Wolf haben«, alberte Emil fröhlich, doch Magnus fand das gar nicht lustig.

Wie hätten sie wohl reagiert, wenn sie ihn in seiner Wolfsgestalt gefunden hätten?

Bald schon saßen sie am Tisch, aßen und redeten. Nicht nur das leckere Essen und die wohlige Wärme sorgten dafür, dass Magnus auftaute. Die beiden waren zwei herzliche Menschen, die scheinbar gern teilten und sich um andere kümmerten. Dennoch erzählte Magnus nur das Nötigste, er war vorsichtig, denn immerhin kannte er sie nicht. Als sie ihn fragten, wo er herkomme und wo er hinwolle, senkte er den Kopf und blieb stumm.

»Also wenn du magst, kannst du gern ein paar Tage bleiben, immerhin bist du Whiskys Besuch. Wir haben genug Platz und würden uns freuen«, lud Clara ihn ein.

Magnus sah den beiden nacheinander in die Augen, sie lächelten, nickten ihm aufmunternd zu und ehe er etwas anderes sagen konnte, sprang der Kater mit dem braunen Schimmer im Fell auf seinen Schoß.

»Ich glaube, Whisky will auch, dass du bleibst«, untermauerte Emil die Einladung.

Daraufhin sahen sich alle an und lachten kräftig. Bald schon blickte Clara zwischen Emil und Magnus hin und her. »Wisst ihr was, ihr seht aus, als könntet ihr verwandt sein. Beide die gleichen strubbeligen roten Haare und Sommersprossen.«

»Ja, aber die Augen hat er von Whisky, die sind genauso blau«, ergänzte Emil und brachte die kleine Runde wieder zum Lachen.

***

In Windeseile hatte Clara ein Zimmer für Magnus hergerichtet. Täglich wurde es heimeliger und kindgerechter. Neue Kleidung und Spielzeug fanden ihren Weg in die Schränke und Regale. Der kleine Junge selbst fühlte sich schnell willkommen und gemocht. Er freundete sich mit den beiden an und schloss sie in sein Herz, ebenso die Tiere auf dem Hof. Tage vergingen, in denen er unbeschwert, eben wie ein achtjähriger Junge, spielte und lebte. Während er den Kater tagsüber fast gar nicht zu Gesicht bekam, wich ihm dieser abends kaum von der Seite. Zur Verwunderung seines Frauchens schlief er sogar bei Magnus im Bett, so als ob er ihn beschützen wollte.

Eines Abends jedoch geschah etwas sehr Merkwürdiges: Rund um das Haus versammelten sich unzählige Katzen. So viele hatten sie noch nie auf ihrer Farm gesehen, allein schon, weil Whisky keine Fremden in seiner Nähe duldete. Doch an diesem Abend schien es, als ob ihre Anwesenheit gewünscht war, vor allem die einer hübschen kurzhaarigen Katze. Ihr Fell leuchtete weiß-silbrig im hellen Licht des Vollmonds.

Als Emil und Clara später ins Bett gingen, vernahmen sie in der Ferne das unheimliche Heulen von Wölfen. Sie hatten immer geahnt, dass es welche in den Wäldern jenseits der dicken Steinmauer gab, doch nie hatten sie einen gehört, geschweige denn gesehen. Besorgt ging Clara zu Magnus. Er schlief tief und fest in seinem Bett. Doch diesmal lag nicht Whisky bei ihm, sondern die weiße Katze. Der Kater saß auf dem Fensterbrett, die Augen in die Ferne gerichtet. Zärtlich strich sie Whisky über den Kopf. »Was auch immer da draußen ist, hier sind wir sicher.« Dann verließ sie das Zimmer und ging selbst ins Bett.

Ja, hier bei ihm, der weißen Schönheit und der Samtpfoten-Armee dort draußen war Magnus sicher. Immerhin beschützten sie die Menschheit schon seit Jahrhunderten vor den Gräueltaten der Schattenwesen. Wer die Legenden kannte, wusste, dass sie mit der göttlichen Fähigkeit ausgestattet waren, den dunklen Wesen der Nacht die Kräfte zu nehmen und sie damit zum Tode zu verurteilen.

Von diesem Abend an wiederholte sich das Spektakel alle vier Wochen. Die Samtpfoten-Armee versammelte sich in ihrem Garten, die weiße Katze schlief bei Magnus und Whisky hielt auf der Fensterbank Wache.

So verstrichen Wochen und Monate, in denen die drei sich immer besser kennenlernten und einander ins Herz schlossen. Dennoch kam es Emil und Clara mit der Zeit immer merkwürdiger vor, dass niemand nach Magnus suchte und er scheinbar niemanden vermisste.

Eines Tages, sie hatten gerade gegessen, fragten die beiden ihn behutsam nach seinen Eltern. Schlagartig raste sein Herz, Angst und Furcht ergriffen ihn, führten zum Schluckauf, der wiederum die unausweichliche Verwandlung zum Werwolf nach sich zog.

Mit weit aufgerissenen Augen, am ganzen Leib zitternd, saß er vor den beiden, die ganz schön überrascht waren. Ehe sie etwas sagen konnten, sprang der kleine Wolf, der eher wie ein Labradorwelpe aussah, davon und stürmte hinauf in sein Zimmer. Als sie vorsichtig die Tür öffneten, sahen sie den kleinen rothaarigen Jungen, der panisch seinen Rucksack packte.

»Magnus, Schatz, was machst du da?«, fragte Clara ruhig.

Seine Antwort bestand aus derart vielen und herzzerreißenden Schluchzern, dass nichts zu verstehen war. So nahmen sie ihn bei den Händen, zogen ihn zwischen sich aufs Bett und versuchten ihn zu beruhigen. Als dies gelungen war, berichtete Magnus, was ihm in seinem Elternhaus widerfahren und weshalb er fortgelaufen war. Schockiert und in Tränen aufgelöst, schlossen sie ihn in ihre Arme und versicherten ihm, dass er bleiben durfte, solange er wollte.

Wer dachte, dass sich Clara und Emil nun von ihrem kleinen Dauergast distanzierten, der irrte sich. Es war ihnen mehr als zuvor ein Herzensbedürfnis, ihm ein liebevolles Zuhause zu bieten. Weitere Wochen vergingen, in denen die drei mehr und mehr zu einer Familie zusammenwuchsen.

***

Am Morgen von Magnus' neuntem Geburtstag erhielt das Paar einen großen, wichtig aussehenden Briefumschlag. Geheimnisvoll steckten Emil und Clara die Köpfe zusammen, lasen und berieten sich. Schließlich, als die Kerzen auf dem Kuchen ausgepustet waren, reichten sie Magnus den Brief. Bangend nahm er ihn entgegen.

Clara hielt es allerdings nicht länger aus und ergriff mit zittriger Stimme das Wort: »Wir möchten, dass du bei uns bleibst. Wir haben uns erkundigt und weil nach all den Monaten niemand nach dir sucht, dürfen wir dich als Pflegekind bei uns aufnehmen und später auch adoptieren, wenn du willst.« Clara machte eine Pause.

Da der Junge nichts sagte, fuhr Emil fort: »Wir würden uns sehr freuen, wenn du bei uns bleibst.«

Magnus' Augen wurden feucht. »Aber ich bin kein richtiger Junge und ich bin auch kein richtiger Wolf, ich bin falsch, ich bin nicht gut genug.«

Das war zu viel für Clara. Im Handumdrehen zog sie Magnus auf ihren Schoß. »Das will ich nie wieder von dir hören. So etwas darfst du nicht einmal denken. Du bist ein wundervoller Mensch, du bist richtig und gut – so wie du bist. Es ist doch vollkommen egal, ob du groß und stark oder klein und schlau bist, wir lieben dich, als Jungen und auch als Werwolf.« Sie untermauerte ihre Worte mit einem zärtlichen Kuss auf seine Stirn.

Und auch Emil schloss ihn in seine Arme. »Es gibt nichts, was an dir falsch sein könnte. Du bist so mutig und tapfer. Wenn ich mir einen Sohn aussuchen dürfte, dann würde ich immer dich wählen.«

Nachdem sie eine Weile schweigend dagesessen hatten, durchbrach Emil die Stille: »Also, was meinst du, willst du bei uns bleiben?«

Magnus sah ihnen nacheinander mit festem Blick in die Augen. Ernst und dennoch zaghaft stellte er eine letzte Frage: »Darf ich dann auch ›Mama‹ und ›Papa‹ zu euch sagen?«

Clara und Emil fielen dem kleinen Mann erleichtert und glücklich um den Hals. »Es wäre uns eine Ehre, wenn du das tust.«

Nie zuvor in seinem Leben hatte er so viel Herzlichkeit, Wärme und Liebe erfahren. Clara und Emil waren ihm mehr Familie, mehr Eltern, als es seine leiblichen jemals gewesen waren. Von dem Moment an, in dem ihm dies bewusst wurde, war er der glücklichste Junge auf Erden, nichts und niemand würde ihm das jemals nehmen können, dessen war er sich sicher.

An diesem Abend setzte sich Whisky vor die Verandatreppe, hielt Wache und blickte in Richtung des dunklen Waldes, aus dem Magnus einst angsterfüllt gestürzt war. Dann richtete er seine funkelnden Augen gen Himmel und verharrte. Es war, als ob er auf etwas wartete – ein Zeichen. Und dieses sollte er auch erhalten.

Der zarte, blass leuchtende Schleier, der allabendlich durch die Nacht waberte, war auch heute Abend zu sehen. Das schwache Flimmern zog sich wie ein Band vom Haus hinüber zum Forst und darüber hinweg. Ein einziges Mal verfolgte sein Blick das sanfte Leuchten, kurz darauf verschwand es und löste sich in Rauch auf. Der bernsteinfarbene Ring in Whiskys Augen flammte einmal auf. Entspannt und zufrieden senkte er den Kopf und gähnte. Danach erhob er sich und schritt majestätisch zurück ins Haus und die Treppe hinauf.

Als Whisky zufrieden schnurrend die Stufen erklomm, erlosch auf der anderen Seite des Waldes jegliche Erinnerung an den kleinen Jungen. Niemand von ihnen würde sich an Magnus erinnern oder daran, dass ihr Anführer einst einen Sohn gehabt hatte, der unfähig gewesen war, sich in den großen, starken

Werwolf zu verwandeln, der er sein sollte – nicht einmal das Alpha-Pärchen selbst würde sich seiner Existenz besinnen.

Während sich die letzten Spuren seines alten Lebens für immer verflüchtigten, lag Magnus in seinem Bett, neben ihm schlummerte Gwinny, die weiße Katze, die mittlerweile bei ihm eingezogen war. Beide schliefen friedlich, fest eingekuschelt in die wohlduftende, weichgespülte Wäsche.